KB048561

인공지능의 시대, 인간을 다시 묻다

철학과 과학을 넘나드는 사고력 강의

인공지능의 시대, 인간을 다시 묻다

Réunion de Philosophie et Science

김재인 지음

동아시아

이 책은 지난 일곱 학기 동안 서울대학교 철학과에서 개설한
교양과목 "컴퓨터와 마음" 강의에 바탕을 두고 있다.
강의를 마련해준 철학과와 강의에 함께해준
학생들에게 고마움을 전하고 싶다.
초고를 읽고 소중한 조언을 준 덴버대학교 오온욱 교수와
시골의사 노국일에게도 감사드린다.
원고를 쓰는 중에 부쩍 커버린 아침놀,
다 쓰고 나면 보드게임을 함께 하자며 기다려준 가온,
여름 내내 식구를 지키며 격려해준 아내 문경미는 이 책의 산파이다.

들어가는 말

2016년 봄, 컴퓨터와 인간의 바둑 대결에서 알파고AlphaGo가 이겼죠. 사실상 완승이었어요. 1997년 체스에서 컴퓨터가 이겼고, 이제 바둑을 이겼고, 그럼 10년 후엔? 섬뜩한 일이 벌어질 수도 있겠죠. 그리고 1년이 흘러 2017년 5월, 알파고는 다시 '바둑의 미래 정상 회합The Future of Go Summit'이라는 이름으로 당대 바둑 랭킹 1위인 중국의 커제를 비롯한 중국 정상 기사들과 대결을 벌여 완승을 거두고, 바둑계를 은퇴했습니다. 총 전적 73승 1패. 이세돌 9단은 알파고를 상대로 1승을 거둔 유일한 인간 기사로 남게 되었습니다.

철학과에서 '컴퓨터와 마음'이라는 주제를 강의할 때의 장점은, 철학이 원리를 다루는 학문이라는 데 있어요. 철학의 장점은 어떤 사실이 성립하기 위한 바탕, 토대에 대해 질문을 던진다는 점입니다. 물론 철학만 그런 질문을 던지는 건 아니지만, 과학자들이 잘 다루지 않는 걸 철학이 많이 다루는 것도 사실이에요. 기술의 발전 속도는 놀랄 정도로 빨라 미리 예측해서 분석하기 어려울 정도입니다. 하루가 다르게 새로운 사례가 등장하고 있어서 다 따라잡기도 바빠요.

다행히도 철학은 원리의 문제를 주로 다루기 때문에 그런 속도에 얽매일 필요가 없습니다. 실제 사례를 몰라도 된다는 뜻이 아니고, 거시적인 조망을 할 수 있다는 말입니다. 예를 들어볼게요. 인공지능artificial intelligence이란 기계로 지능을 구현하는 걸 말합니다. 인공지능 연구는 당연히 인간지능human intelligence 연구와 밀접하게 관련됩니다. 그런데 우리는 정작 인간지능이 무엇인지 아직 잘 몰라요. 잘 모르는 것을 구현할 수가 있을까요? 공학자들은 이런 질문에는 관심이 별로 없어요. 인간지능이 인공지능과 본성상 같다는 걸 전제로 깔고 작업하니까요. 그래서 연구가 성공할지 말지 알 수 없습니다. 그렇지만 우리는 철학적으로 이런 물음들을 던질 수 있고, 이런 작업은 결코 무의미하지 않습니다.

알파고를 볼까요. 바둑은 경우의 수가 정말 많아요. 우주에 존재하는 원자의 수보다도 많다고 하지요. 그렇긴 해도 바둑은 어쨌건 수학 계산입니다. 그런 점에서 바둑은 비인간적인 활동이에요. 인간은 본래 계산을 잘 못해요. 그게 정상입니다. 계산 대결에서 컴퓨터가 인간에게 이겼다고 충격적일 것도 없어요. 인간보다 컴퓨터가 계산을 더 잘하는 건 당연하니까요. 컴퓨터는 '계산기'라는 뜻이고, 계산 기능은 발전에 발전을 거듭해왔잖아요. 컴퓨터가 인간보다 잘하는 모든 분야는 컴퓨터가 '원리상' 더 잘하는 분야일 수밖에 없어요. 이 점에 주목해야 합니다.

알파고 후에 대략 세 가지 정도의 중요한 사건이 있었어요. 첫

째는 IBM의 인공지능 왓슨Watson이 의료 정보를 학습한 후 임상에서 진단과 처방을 내린 일입니다. 둘째는 구글 번역이 신경망 학습을 통해 상당히 높은 정확도로 언어 간 번역을 해낸 일입니다. 셋째는 포커 게임에서 인공지능이 인간 챔피언에게 이긴 일입니다. 바둑을 은퇴한 알파고는 전략 시뮬레이션 게임인 스타크래프트를 학습해서 인간에게 도전할 예정이라고 합니다. 이 사례들은 모두 기계학습machine learning의 획기적 발전과 관련됩니다. 자세한 건 강의를 진행하면서 살펴보겠지만, 우리가 물어야 할 건 이 사례들에 활용된 기계학습이 계산의 영역에 속하는지 여부입니다. 계산의 영역에 속하는 사안이라면 인공지능이 인간을 능가하리라는 건 너무도 분명합니다. 그런데 계산과 상관없는 사안이라면 어떨까요? 자연과 사회의 모든 현상은 다 계산 가능한 걸까요? 이 우주는 인간이 아직 다 계산해내지 못했고 앞으로도 인간 혼자서는 계산할 수 없겠지만, 본래는 계산 가능한, 따라서 인공지능이 풀 수 있는 그런 성질을 지니고 있는 걸까요? 이런 물음에 답해야 할 겁니다. 지레짐작해서 답하는 게 아니라 따질 때까지 따지면서 답해야 합니다.

수학은 인간이 자연스럽게 잘할 수 있는 일이 아니라는 점에서 비인간적인 활동입니다. 자연과학도 이 점에서는 마찬가지이고요. 자연과학은 인간의 오감으로 다룰 수 없는 세계까지도 탐구합니다. 초음파, 자외선, 전자기파 등은 인간이 보거나 느낄 수 없잖아요. 그런 것들을 감지하고 적절히 기술하고 이용하는 활동이 과학입니다. 인간이 다른 동물보다 과학을 잘하는 건 맞아요. 100년 전의 인간과 비교해도 오늘날 인간은 할 수 있는 일이 더 많아졌어요. 인간이 현재 할 수 있는 많은 일들은 자연적이지natural 않은, 즉 인공적인artificial 일들이에요.

100년 전 사람이 보면 지금 세상은 해리포터의 세계로 보일 겁니다. '쿠쿠'가 사람보다 밥을 더 잘 짓지요? '트롬'은 빨래를 더 잘하고요. 밥솥이나 세탁기도 인공지능의 분류 측면에서 보면 알파고와 같은 등급인 걸 아시나요? 인공지능은 세 가지 등급으로 구분됩니다. 인간보다 1,000배 이상 높은 지능인 초인공지능artificial super or ultra intelligence, 그보다 조금 낮은 등급인 인간 수준 범용인공지능artificial strong or general intelligence, 한 가지 일을 아주 잘하는 약인공지능artificial narrow intelligence이 있는데, 알파고는 약인공지능에 속해요. 그런데 쿠쿠나 트롬도 같은 등급이에요. 참고로 현재는 인공지능 연구의 제3기에 해당하는데, 약인공지능에 대한 연구는 제2기인 '인공지능의 암흑기'에 많이 발전했습니다.

인공지능이 인간보다 얼마나 많은 것을 잘하게 될까요? 이 물음에 답하기 전에 인간지능에 대한 중요한 오해 하나를 짚고 가야 할 것 같아요. 보통 인간지능의 핵심으로 꼽는 건 '추상적 활동'의 능력입니다. 수학과 과학 같은 활동이요. 이런 일은 자연에서 어떤 동물보다도 인간이 탁월하게 해요. 그런 점에서 '인공적인 것'의 능력이라고 표현해도 좋아요. 본래 artificial이라는 말도 '공예품이나 예술작품 같은 걸 만드는 능력'이라는 뜻에서 왔거든요. 인간에게 아주 중요한 특성이기 때문에 여기에 주목해왔던 건 당연합니다.

아주 흥미로운 건, 인공적인 것의 능력이 인간한테 자연스럽다는 점입니다. 자연에서 인간은 유별나게 인공적인 것의 능력을 갖고 있어요. 그리고 이 능력을 특화한 것이 컴퓨터이지요. 요컨대 인공지능은 인간지능의 '한 부분'을 극단적으로 발전시키려는 시도 속에서 탄생했다고 말할 수 있습니다. 그런 점에서 알파고는 인간지능의 성취인 거죠.

수학과 과학에서 드러나는 인간의 추상적 활동은 객관적objective으로 평가할 수 있다는 특징을 갖습니다. '객관적'이라는 건 제3자에게 동의를 얻을 수 있다는 뜻입니다. 누구라도 함부로 반박할 수 없어요. 수학과 과학에서 얻은 앎이 자연의 모습 그대로인지 아니면 인간에게 그러하다고 알려진 모습에 불과한지에 관해서는 논쟁이 있습니다만, 지금 강조하고 싶은 건 그런 앎이 자연 안에서 모순 없이 아주 잘 작동한다는 점입니다. 인간이 어떤 앎을 얻고 그 앎에 입각해서 어떤 활동을 했을 때 충돌이나 모순이 생겨나지 않는다면 그 앎은 아주 잘 작동한다고 평가할 수 있겠지요. 이런 측면에서 그 앎은 객관적입니다. 어느 누군가가 제멋대로 생각한 것에 불과한 건 아니라는 거죠. 망상일 수도 있지만, 자연의 운행과 맞아떨어지는 상당히 그럴듯한 망상인 셈입니다. 요약해보죠. 인간지능의 한 부분인 추상적 활동의 능력은 객관화될 수 있고 인공지능의 형태로 특화되어 발전했으며, 앞으로도 더 발전할 것이 분명합니다.

이제 인간지능의 다른 부분으로 눈을 돌려보겠습니다. 바로 마음입니다. 마음이 지능의 일부인지 아닌지는 논란이 있을 수 있는데, 이 문제는 강의를 진행하면서 살필게요. 지금은 마음의 가장 중요한 특성에 집중하는 게 좋겠어요. 마음은 객관화되지 않습니다. 바로 옆에 있는 사람이 로봇인지 인간인지 알 수 있는 방법이 있을까요? 마음을 갖고 있어야 인간일 텐데, 마음이 있는지 없는지는 객관적으로 검증이 안 됩니다. 마음이 있는지 없는지는 자기만 알 수 있어요. 이런 특성을 '주관적subjective'이라고 합니다. 1인칭으로만 접근이 가능한 거죠. 누군가가 '나는 마음을 갖고 있다'라고 말한다고 해서 그가 진짜 마음을 갖고 있다고 입증되지는 않습니다. 마음이란 영원히 들여다볼 수 없는 블랙박스인 거죠. 그래서 마음이 있다는 건 망상일 뿐이고, 사실 마음이라는 건 없다는 주장도 나옵니다. 이 주장은 마음의 존재를 객관적으로 입증할 수 없다는 논거에 기대고 있어요.

하지만 객관적으로 입증할 수 없다는 것과 아예 존재하지 않는다는 건 별개의 문제입니다. 없다는 건 본래 증명이 어려워요. 현실적으로 증명이 불가능하죠. 그래서 행동주의behaviorism를 택하는 이들도 있어요. 마음이 있는지 없는지는 모르겠고, 겉으로 드러난 행동만, 즉 자극과 반응의 관계만 봐야 한다는 거죠. 그렇다면 행동주의의 방법으로는 로봇과 인간을 구분할 수 없겠지요? 행동주의는 그런 구분을 애초부터 무시하겠다는 접근이니까요. 우리가 주목해야 하는 건, '적어도 나 자신은 마음을 가지고 있다'라는 확신이 누구에게나 있다는 점입니다. 자기 안쪽을 들여다보면 마음이 있어요. 하지만 바로 옆 사람이 마음이 있는지는 확실치 않아요. 따라서 마음의 탐구는 내성內省, introspection에 의존할 수밖에 없습니다. 내면을 면밀히 살피는 거죠. 물론 그 탐구는 제멋대로일 수 있기 때문에 분명히 한계가 있습니다. 하지만 그렇게 들여다본 걸 열심히 적어놓는다면 참고할 수는 있겠지요. 오랜 세월 동안 철학자들이 그 일을 해왔고, 그중에는 아주 탁월한 것들도 있습니다. 그 자료들을 검토할 필요가 있어요.

마음은 뇌에 있기 때문에 뇌를 탐구하면 된다는 주장도 있습니다. 그런데 뇌는 몸의 일부입니다. 몸의 다른 기관들이 세포들로 이루어져 있는 것과 마찬가지로 뇌는 신경세포들로 이루어져 있어요. 뇌가 몸이라는 걸 잊어서는 안 됩니다. 뇌를 연구하는 일과 마음을 연구하는 일은 관련은 있지만 동일한 작업이 아닙니다. 뇌 과학을 통해서는 마음이 어디에 있는지 알 수 없어요. 마음이 무엇인지는 더더욱 알 수 없습니다. 뇌는 객관적 존재인 반면 마음은 주관적인 존재이기 때문입니다. 이건 뇌 연구의 현실적 어려움보다 더 근본적인 차원과 관련됩니다. 이런 걸 철학에서는 원리상de juri, in principle의 문제라고 부르죠. 마음은 분명 뇌에 상당히 의존하고 있지만, 마음과 뇌는 원리상 동일하지 않습니다. 그렇다면 그 관계는 무엇일까요? 이 물음에 대한 답변은 결국 마음이 무엇인지를 분명히 하는 데 의존할 수밖에 없습니다. 그런데 마음은 객관적으로 접근할 수 없는 영역입니다. 심지어 마음이 있는 장소locus를 말하는 것조차 어렵습니다. 마음의 탐구가 철학적 작업일 수밖에 없는 이유도 여기에 있습니다.

마음이 무엇인지 모른다는 게 현재까지의 연구가 이른 한계입니다. 그런데도 인간은 인간지능을 기계적으로 구현하겠답시고 인공지능을 연구하고 있습니다. 물론 인공지능이 인간지능과 똑같은 본성을 지닐 필요는 없습니다. 인간중심주의에 갇힐 필요는 없어요. 인공지능이 탁월한 계산기여도 상관없으니까요. 어쩌면 인간지능을 모델로 하지 않는 편이 인공지능 발전에 더 도움이 될지도 모릅니다(이 문제는 나중에 다룰 텐데 중요한 의미를 내포하고 있으니 일단 기억하고 갑시다). 하지만 인공지능이 인간지능을 뛰어넘었다는 말도 삼가야 합니다. 계속 말했듯이 인간지능이 무엇인지, 인간의 마음이 무엇인지 아직 모르기 때문입니다. 영원히 모를 수도 있습니다. 인간지능을 탁월한 계산기라고 묘사하는 건 '비유적으로만' 타당합니다. 이제는 그 비유도 버려야 할 때입니다. 솔직하게 인간지능이 무엇인지 모른다고 고백해야 합니다. 다만 마음의 본성을 완벽하게 알아낼 수 있다면, 더 엄밀히 말해 객관화할 수 있다면, 알고리즘(프로그램)으로 구현할 수 있을 것이라고 덧붙일 수만 있을 겁니다.

지능은 생물학적인 능력이에요. 유인원이나 돌고래나 꿀벌도 지능이 있어요. 인간이 제멋대로 기준을 정해 측정해서 어떤 동물의 지능이 높다 낮다 말하지만 지능은 종마다 특유해서 서로 비교하는 게 무의미합니다. 진화의 역사를 통해 종별로 생존을 위해 갖추게 된 능력이기에 인간의 기준으로 논해서는 안 돼요. 돌고래의 기준에서 돌고래는 자신의 생존에 필요한 충분한 지능이 있어요. 돌고래는 자신의 환경에서 생존할 능력이 있는 데 반해, 인간은 돌고래의 환경에서 살아남지 못하고요.

지능은 생명 진화의 마지막에, 우주 진화의 마지막에 나타난 특별한 현상입니다. 따라서 지능을 얘기하려면 진화론적 접근을 해야만 합니다. 나아가 자연과의 관계, 다른 인간과의 관계를 고려하면서 인간지능의 특성을 살펴야 합니다. 넓은 의미의 생태학적 접근이 필요한 거죠. 더욱이 개체가 지닌 지능individual intelligence 말고 집단이 지니는 지능collective intelligence도 있어요. 집단지능은 꿀벌이나 개미에게서도 확인되지만, 인간의 민주주의 같은 제도에서도 나타납니다. 아니, 사회라는 것 자체가 일종의 집단지능을 갖고 있다고 봐도 좋겠네요. 그렇다면 인공지능은 개체지능과 집단지능 둘 중 어느 것과 가까울까요? 이런 것도 물어봐야 할 겁니다.

여러분은 앞으로 뛰어난 인공지능과 살아갈 시간이 길 거예요. 그 속에서 잘 살 수 있는 방법이 무엇일까요? 새로운 시대에 인간만이 할 수 있는 일, 또는 인간이 더 잘할 수 있는 일을 고민해봐야 합니다. 바로 여러분의 문제이니까요. 인공지능 시대에 무엇을 어떻게 공부할까? 이 물음을 이 강의의 부제로 삼고 싶어요. 각자의 전공과 상관없이 인간이 잘할 수 있는 일을 탐구해보자는 거죠. 공부는 시험 잘 보는 것과는 달라요. 배운다는 것도 따져보면 그 의미가 분명하지 않습니다. 배움이나 학습의 의미도 다시 살펴봐야 할 거예요. 새로운 시대가 요구하는 그런 것을 함께 고민하는 시간이 되었으면 좋겠습니다.

철학 활동은 그 무엇도 예단하지 않는 걸 기본으로 합니다. 모든 것에 대한 전면적 비판이 가능하다는 말입니다. 인공지능을 살피는 데 있어 나는 튜링이 던진 질문을 살피려 합니다(1장). "기계가 생각할 수 있을까?" 이 질문에는 많은 생각거리가 있습니다. 그러나 한꺼번에 다루는 건 불가능합니다. 얼마간 순서를 밟지 않으면 곤란하겠지요.

그래서 먼저 살피고 싶은 건 오늘날 전문가들에게서 진행되고 있는 실제의 '인공지능 프로젝트'입니다(2장). 일반 사람들에게는 어렵게 느껴질 수도 있겠지만, 최대한 쉽게 설명하려 합니다. 사실 실제의 인공지능 연구에 대해 모른 채 인공지능을 논하는 건 부질없는 짓입니다. 나는 현장에서 연구하는 인공지능이 무엇인지를 현장의 언어로 살피려 했습니다. 인공지능을 추상적이고 막연하게, 아니면 의인법을 통해 지레짐작으로 고찰해서는 안 된다고 생각했기 때문입니다. 그래서 생각의 중심, 문제의 말뚝을 분명히 하는 일이 우선이라고 보았습니다.

다음으로 살필 것은 인공지능이 구현하려는 목표인 인간지능의 정체입니다(3장). 이를 위해 마음, 몸, 생명 등에 대해 생물학, 뇌 과학, 심리학, 철학, 공학 등의 분야에서 연구된 성과들을 확인하고 가야겠습니다. 특히 여기에서는 동물 에이전트의 구조를 밝히는 데 많은 부분을 할애했습니다. 인공지능 에이전트와 비교함으로써 중요한 차이를 발견할 수 있다고 보았기 때문입니다.

뜻밖이라고 여겨질 수도 있겠지만, 나로서는 가장 중요하다고 보는 것이 '인과'라는 주제입니다(4장). 인간지능을 다루려면 몸과 마음의 관계를 고찰할 수밖에 없는데, 그 과정에서 가장 중요하게 제기되는 문제가 몸과 마음 사이의 상호작용입니다. 상식적으로야 그게 문제가 되나 싶기도 하겠지만, 따져보기 시작하면 만만찮은 문제입니다. 그리고 그 핵심에 인과가 있습니다. 이와 관련해서 '시간'이라는 주제도 새롭게 고찰했습니다. 뜻밖의 반전이 있을 테니 함께 잘 생각해봅시다.

그다음에는 철학 문헌 두 편을 함께 읽으려 합니다(5장, 6장). 주인공은 플라톤과 데카르트입니다. 두 철학자는 몸과 마음에 대한 서양의 전통적인 견해를 잘 정리해주고 있습니다. 하지만 단순한 정리 이상이라는 점도 확인할 필요가 있습니다. 교과서에 요점 정리된 내용을 받아들이기보다 고전 문헌을 직접 읽는 것이 왜 필요한지를 함께 느껴보려 합니다. 동시에 애니메이션 영화 〈공각기동대Ghost in the Shell〉(1995)를 소재로 흥미로운 주제들을 검토하는 자리를 가져보려 합니다.

마지막 7장은 두 가지를 다룹니다. 하나는 '초인공지능이 가능할까'라는 물음에 대한 검토입니다. 나는 현재로서는 불가능하다고 결론을 내렸습니다. 인공지능이 스스로 프로그램을 개정하는 일은 불가능하기 때문입니다. 또 하나는 미래에 대한 대처입니다. 인공지능이 우리 삶의 조건을 바꿀 것은 명백합니다. 그렇다면 우리는, 특히 젊은이들은 어떻게 대처해야 할까요? 당장 무엇을 어떻게 공부해야 할까요? 시험 점수를 높이기 위한 공부가 아닌, 미래 삶을 위한 공부는 어떤 것일까요? 이 문제는 인공지능이 잘하는 것과 할 수 없는 것을 구분하면서 따져야겠지요. 우리는 인공지능이 할 수 없는 쪽을 할 수 있도록 노력하는 길 외에 방법이 없지 않을까요? 나는 그 길을 '창작 활동'에서 찾아보려 합니다.

차례

4. 인과와 시간

5. 철학 문헌 읽기(1):플라톤

6. 철학 문헌 읽기(2):데카르트

7. 무엇을 어떻게 학습할까?

일러두기

- 본문의 인용문 중 대다수는 지은이가 원서를 직접 번역하여 실었고, 원문의 출처를 본문 뒷부분의 〈인용 출처〉에 실었습니다.
- 인용문 중 지은이가 직접 번역하지 않은 경우 또한 그 출처를 〈인용 출처〉에서 밝혔습니다.
- 인용문은 원문을 그대로 싣는 것을 원칙으로 하되, 맞춤법이나 띄어쓰기에 맞게 일부를 수정하거나 약물을 통일했습니다.
- 인용문에서 ( )는 원저자의 것이고 〔 〕는 지은이가 이해를 돕기 위해 삽입한 것입니다.
- 책, 장편소설은 『 』, 논문집, 잡지, 신문은 《 》, 논문, 기사는 「 」, 예술작품, 방송프로그램, 영화 등은 〈 〉로 구분했습니다.

1 기계가 생각할 수 있을까?

Réunion de Philosophie et Science

앞에서 알파고의 충격을 우리가 어떻게 받아들일 것인지, 한 20년 후에 잘 살아가기 위해서 지금 무엇을 준비해야 할지, 이런 것에 좀 더 초점을 맞추어보겠다고 했지요. 인간지능이나 마음이 무엇인지 규명하는 일이 인공지능을 구현하는 일에 앞선다는 말도 했습니다.

철학에서는 개념을 엄밀하게 규명하고 사용하는 것이 중요합니다. 논의를 일관되게 진행하기 위해서죠. 어떤 말이 이걸 가리켰다 저걸 가리켰다 해서도 안 됩니다. 모든 철학자는 자신만의 고유한 개념을 사용하는데, 여기서 개념은 개념 체계 또는 개념 망으로 이해해야 해요. 개념은 늘 다른 개념과 관련되어 있거든요. 본 강의도 여러 철학자들의 개념들을 필요에 맞게 가공해서 사용할 수밖에 없어요. 중요한 것은 그렇게 차용한 개념들의 '내적 정합성'과 '체계성'이에요. 본 강의를 들으면서 개념 정의에 유념하지 않으면, 논의를 따라가기 어려울 겁니다.

1.1 튜링의 흉내 게임

인공지능 얘기를 시작하는 가장 좋은 방법은 인공지능을 처음 본격적으로 논의한 앨런 튜링Alan Turing(1912~1954)이 1950년에 발표한 논문「Computing Machinery and Intelligence(계산 기계와 지능)」을 살피는 거라고 생각합니다. 튜링은 오늘날 우리가 생각하는 디지털 컴퓨터의 가능성을 처음 제안한 수학자이면서 동시에 인공지능의 가능성을 주장한 희대의 천재입니다. 영화 〈이미테이션 게임〉은 튜링의 생애 중 '에니그마'의 암호를 푸는 시기에 초점을 맞추고 있지요. 에니그마는 제2차 세계대전 당시 나치 독일이 사용한 암호기인데, 튜링이 동료들과 함께 그 암호체계를 해독해냈습니다. 원작 평전『앨런 튜링의 이미테이션 게임』도 나와 있으니, 영화이건 책이건 관심을 갖고 보면 좋을 것 같아요. 아무튼 앞에서 언급한 논문의 첫 문장에서 튜링은 이런 질문을 던집니다. "기계가 생각할 수 있을까Can machines think?" 나는 이 질문이 참 흥미롭다고 생각해요.

보통 이 논문의 내용은 교과서에 몇 줄로 요약되어 소개되고 있습니다. 하나만 예를 들어볼게요. 현재 세계적으로 가장 널리 쓰이는 인공지능 교과서 『Artificial Intelligence: A Modern Approach』에 소개된 내용입니다.

> [튜링은] 기계가 생각할 수 있는지 묻지 말고 기계가 행동주의적 지능 검사를 통과할 수 있는지 물어야 한다고 제시했다. 그가 제안한 지능 검사를 이제는 튜링 검사Turing Test라고 부른다. 그 검사에서 인공지능 프로그램은 5분간 조사자(사람)와 대화를 나누어야 한다(온라인으로 메시지를 주고받으면서).
>
> 조사자의 할 일은 대화 상대가 프로그램인지 사람인지 추측하는 것이다. 사람이라고 오인한 경우가 30%를 넘은 프로그램은 검사를 통과한 것으로 간주한다.

물론 이 책의 저자들은 튜링의 통찰을 책 곳곳에서 반복해서 검토하고, 심지어 영어 원서로 1,132쪽이나 되는 책의 마지막을 튜링의 논문 마지막 문장으로 마치고 있습니다. 엄청난 존경심이 느껴져요. 그렇긴 해도, 내가 아는 한, 튜링의 논문은 이렇게 보통의 교과서에서 다뤄지는 것보다 더 깊은 통찰을 담고 있습니다. 우리가 고전을 직접 읽어야 하는 건 교과서로 요약될 수 없는 깊이와 여백을 담고 있기 때문입니다. 고전을 읽다 보면 새로운 영감이 샘솟기 마련인데, 나는 특히 튜링의 이 논문이 그렇다고 보여요.

첫 문장에서 튜링은 '기계가 생각할 수 있을까'라는 물음을 고찰하자고 제안합니다. 그런데 튜링은 이 물음에 곧바로 답하기를 거부해요. '생각하다'라는 말을 정상적인 용법normal use에 따라 정의하게 되면, 이는 여론조사를 통해 정의하는 것과 같기 때문이라는 거예요. 사람마다 '생각하다'라는 말을 실제로 서로 다르게 이해하고 있고 그것들 중 어느 것이 올바른 의미인지 정하기 어려운데, 그걸 다수결로 결정하는 건 부당하거든요. '생각하다'를 정의하는 데 있어 튜링은 원리상의 문제에 봉착했던 셈입니다. 따라서 '생각하다'의 '정확한 정의'라는 문제는 유보한 채, 어떤 에이전트agent가 사람들이 '생각하다'라는 말로 이해하고 있는 그 활동을 상당히 만족할 만하게 흉내 낼 수 있다면 그 경우 '생각하고 있다'라고 판정하자고 제안한 것입니다. '생각하다'라는 말을 직접 정의할 때 져야 할 부담을 원천적으로 방지하기 위한 전략적 접근인 거죠.

내가 튜링이 사용하지 않은 용어인 에이전트라는 말을 쓴 건, 생각하는 존재가 인간이건 기계건 상관없어야 하기 때문입니다. 나는 앞으로 에이전트라는 얼마간 중립적인 용어를 사용할 거예요. 이 말은 '행하다do'라는 뜻의 라틴어 '아게레agere'에서 유래했습니다. '행하는 자'를 가리키는 말이지요. '대리인'이라는 의미로까지 파생되어 사용되기도 하는데 우리 맥락에서는 그런 뜻은 전혀 아니고, (그것이 인간이건 기계이건) '생각하는 자'를 가리킨다고 이해하면 됩니다.

튜링은 '기계가 생각할 수 있을까'라는 물음을 바꾸자고 제안합니다. 그 물음에 대한 답을 다른 물음에 대한 답을 통해 얻어내자는 거지요. 그리고 그 다른 물음을 위해 '흉내 게임'이라는 걸 제안합니다. 앞에서 말했던 〈이미테이션 게임〉이 바로 그 뜻이에요. 튜링의 설정을 직접 보겠습니다.

> 흉내 게임은 세 사람이, 즉 한 남자(A), 한 여자(B), 그리고 남녀 아무나 다 가능한 심문자(C)가 한다. 심문자는 다른 두 사람과 떨어져 있는 방에 머문다. 심문자에게 게임의 목적은 다른 두 사람 중 어느 쪽이 남자이고 어느 쪽이 여자인지 결정하는 것이다. 심문자는 두 사람을 X와 Y라는 표시로 알고 있으며, 게임의 끝에서 'X는 A이고 Y는 B이다'나 'X는 B이고 Y는 A이다'라고 말한다. 심문자는 A와 B에게 질문을 던지는 게 허용된다. … 게임에서 A의 목적은 C가 오인wrong identification하도록 노력해서 유도하는 것이다. 제3의 참가자(B)의 목적은 심문자를 돕는 것이다.

여기서 튜링이 심문자interrogator라는 표현을 썼다는 점도 재미있어요. 심문자는 단순히 질문자questioner도 아니고 심판judge도 아니고, 그 둘을 겸하니까요. 이렇게 흉내 게임이라는 걸 고안한 다음 튜링은 이렇게 제안합니다.

> 이제 우리는 묻는다. '이 게임에서 기계가 A의 역할을 맡을 때 무슨 일이 일어날까?' 심문자는 게임이 이와 같이 행해질 때에도 게임이 남자와 여

자 사이에서 행해질 때와 같은 빈도로 잘못된 결정을 내릴까? 이 물음들은 우리의 원래 물음인 '기계가 생각할 수 있을까?'를 대신한다.

튜링이 생각하고 있는 기계를 튜링은 '디지털 컴퓨터'라고 설명합니다. 당시에는 아직 구현되었다고 보기 어려운 단계였지만, 지금은 우리 주변을 둘러싸고 있지요. 흥미로운 건, 이 논문 안에서 튜링이 저 물음을 변형해 제안한 대목입니다. 첫째 변형은 이렇습니다. "흉내 게임을 잘하게 될 상상의 디지털 컴퓨터가 있을까?" 둘째 변형은 이렇습니다. "잘하게 될 이산 상태 기계discrete state machines가 있을까?" 여기서 '이산 상태 기계' 같은 어려운 말은 건너뛰는 게 정신 건강에 좋겠지요! 이 말을 튜링은 논문에서 길게 설명하고 있는데, 우리는 그냥 컴퓨터라고 이해해도 무방합니다. 주목해야 할 건 셋째 변형입니다. 다음에서 이탤릭체로 된 *C*라는 말은 디지털 컴퓨터의 약칭이지 흉내 게임에서의 심문자가 아니라는 점에 유의해야 합니다.

하나의 개별적인 디지털 컴퓨터 *C*에 주의를 집중하자. B의 역할을 인간a man이 맡을 때, 이 컴퓨터를 적합한 저장소를 갖게 변경하고, 작동 속도를 적절히 증가하고, 알맞은 프로그램을 제공함으로써, [디지털 컴퓨터] *C*가 흉내 게임에서 A의 역할을 만족스럽게 해내도록 만들어질 수 있다는 게 참일까?

튜링이 제시한 물음이 좀 복잡한 건 사실입니다. 특히 남녀를 구별해서 제시함으로써, 사회적 성 역할에 대해 문제를 던졌다는 해석도 있습니다. 이런 해석은 더 깊게 살피지 않고 넘어가겠습니다. 이 논문을 발표한 후 튜링이 다른 논문과 인터뷰를 통해 밝힌 내용에 따르면 이 셋째 변형의 의미는 다음과 같이 정리됩니다. 디지털 컴퓨터가 A의 역할을 한다는 건 B(인간, 뇌)인 척함으로써 심문자가 인간(B)과 컴퓨터(A)를 제대로 식별하지 못하게 만드는 것을 의미합니다. 요점은, 인간인 심문자가 판정하기에 상대방이 인간인지 컴퓨터인지 구분이 명확하지 않다면 그때 상대방은 인간이건 컴퓨터이건 '생각하고' 있다고 판정해야 한다는 거죠. 여기에도 복잡하게 얽힌 문제가 있는데, 그건 나중에 훨씬 뒤에서 살피겠습니다.

마지막으로 튜링이 어느 정도를 '흉내 게임을 만족스럽게 잘해내는' 기준으로 여기는지도 봐야겠지요. 튜링은 이렇게 말합니다.

대략 50년이 지나면, 평균적인 심문자가 5분간 질의응답하고 나서 [인간인지 기계인지] 바르게 식별할 기회가 70%를 넘지 않을 정도로 컴퓨터가 흉내 게임을 잘하도록 10^9의 능력을 갖춘 컴퓨터로 프로그래밍하는 일이 가능할 것이라고 나는 믿는다.

튜링이 믿기에 인간이 봐서 어떤 에이전트가 인간인지 아닌지 70% 이상 맞추지 못하면, 다시 말해 30% 이상 헛갈리면, 그 경우에 그 에이전트는 '생각하고' 있다고 간주해야 한다는 겁니다. 사실 굉장히 강한 기준이지요? 5분 동안 어떤 프로그램과 채팅하고 난 후 상대방이 인간인지 아닌지 10번 중 3번 넘게 헷갈리긴 어렵잖아요. 보통의 대화 상황이면 쉽겠지만, 지금은 상대가 인간인지 프로그램인지 검사하는 상황이니까요. 튜링이 굳이 '심문자'라는 용어를 쓴 것도 이해가 갑니다. 그런 심문을 5분 동안 하게 되면 어지간한 경우가 아니라면 오인 비율이 30%를 넘기기는 어렵겠죠. 2014년 6월 7일 유진 구스트만Eugene Goostman이라는 프로그램이 최초로 튜링 검사를 통과했다는 보고가 있었습니다. 하지만 이 경우는 에이전트(흉내 게임의 A)가 '영어가 모국어가 아닌 13세 소년'이라는 엄청난 전제를 설정하고 있었기 때문에, 엄밀히 말해 튜링 검사를 통과한 게 아닙니다. 이런 전제를 둔다면 심문자가 물음을 자기 검열하게 될 테니까요. 앞에서 보았듯이 튜링은 그런 전제를 둔 적이 없습니다.

나는 지금까지 인공지능을 다룬 최초의 논문을 간략히 소개했습니다. 뒤에서도 다시 언급할 수밖에 없을 겁니다. 튜링은 '기계가 생각할 수 있을까'라는 물음을 변형해서 '흉내 게임을 만족스럽게 잘해내서 인간 심문자가 보기에 어떤 에이전트가 인간인지 아닌지 30% 이상 헷갈리게 하는 프로그램이 만들어지면, 그 프로그램은 생각한다고 보자'라고 제안합니다. 앞에서도 잠깐 언급했지만, 튜링은 '생각하다'가 무엇인지 더 깊이 따지기를 회피합니다. 많은 사람에게 튜링 검사가 행동주의라고 여겨지는 이유가 여기에 있어요. 하지만 나는 행동주의라는 딱지가 불편합니다. 뭔가 비난하려는 의도를 숨기고 있는 것 같거든요. 나로서는 튜링이 다른 선택의 여지가 없었다고 봐요. 어떤 에이전트가 로봇인지 인간인지 확증하는 방법이 과연 있을까요? 본래 타인의 마음에는 접근이 불가능하지 않나요? 튜링은 고육지책으로 어떤 에이전트의 마음의 표출을, 즉 생각을 어떻게 확인할지 그 검사 기준을 제시했다고 봅니다. 나는 튜링에 깊이 공감해요. 그래서 튜링이 던진 질문, 즉 '기계가 생각할 수 있을까'를 소중하게 생각하는 겁니다.

그런데 달리 접근해볼 수는 없을까요? 튜링이 피해간 저 질문을 좀 더 파고들어보는 겁니다. 튜링은 '생각하다'라는 것의 의미를 여론조사에 맡길 수 없다고 했는데, 이 점에는 동의할 수 있어요. 하지만 그렇더라도 여론조사가 아닌 철학적 탐구를 통해 '생각하다'라는 것이 무엇인지 밝혀볼 수 있지 않을까요? 나는 과감히 그 길로 여러분을 초대하려 합니다. 생각하는 기계, 즉 인공지능의 문제를 다루면서 '생각하다'라는 것이 무엇인지도 함께 살피고 싶다는 거예요. 생각을 생각해보고 싶어요. 내가 보기에는 '인간 심문자'라는 튜링의 설정이 굉장히 소중해요. 튜링은 '평균적인avarage 심문자'라는 표현을 썼지만, 그거야 면피용이고, 심문자가 사이코패스라면 어떤 일이 벌어질까요? 아니면, 셋째 변형에서 B의 역할을 맡은 사람이 미친놈이거나 비정상이라면 어떤 일이 벌어질까요?

튜링의 논문은 이런 의문들을 샘솟게 한다는 점에서 경이롭습니다. 특히 그의 논리학적이고 수학적인 냉정한 접근이 이런 의문들을 가능케 한다는 점이 놀랍습니다. 나는 튜링이 영감을 불어넣어준 이런 물음들을 끝까지 추적해보고 싶습니다.

1.2. 중국어 방

튜링은 논문에서 절반 정도의 분량을 예상되는 반론에 대한 방어에 바칩니다. 이건 자기가 검토할 반론이 앞으로 제기될 모든 반론을 망라할 거고 그것들 모두에 대해 방어가 가능하다는 야심처럼 보입니다. 내가 보기에도 실제로 그 이상의 반론이 제기되었던 것 같지는 않습니다. '부처님 손바닥'이라는 말 있지요. 모두가 튜링의 손바닥에서 놀았던 게 아닐까 합니다. 튜링의 논의들은 뒤에서 살필 기회가 있을 겁니다.

여기에서 소개하고 싶은 건 UC버클리의 명예교수로, 아직 살아 있는 존 설John Searle(1932~)이라는 철학자가 제기한 가장 유명한 반론입니다. 설은 튜링 검사 자체에 문제를 던집니다. 그는 튜링 검사를 통과한 인공지능을 강인공지능이라고 보면서 반론을 제기합니다.

다. '중국어 방chinese room'이라는 이름으로 알려진 이 논의는 1980년에 처음 제시되었는데, 가장 최근 저서 『Mind: A Brief Introduction』(2004)의 요점 부분을 볼게요.

강인공지능이 참이라면, 그 어떤 인지 능력을 시뮬레이션하는 컴퓨터 프로그램을 실행하기만 하면 누구라도 그런 인지 능력을 획득할 수 있어야 한다. 중국어로 이 작업을 해보자. 사실 나는 중국어를 전혀 모른다. 일본어 글자와 중국어 글자를 구분조차 못한다. 그런데 이렇게 상상해보자. 나는 지금 중국어 기호로 가득 찬 상자들이 있는 방에 갇혀 있고, 한 권의 규칙 책을, 말하자면 중국어로 내게 제출된 질문들에 내가 답할 수 있도록 해주는 컴퓨터 프로그램을 갖고 있다. 나는 내가 알지 못하는 기호들을 받는데, 그건 질문들이다. 그러면 나는 내가 하기로 되어 있는 것을 규칙 책에서 찾아낸다. 나는 상자들에서 기호들을 꺼내어, 프로그램의 규칙들에 따라 조작해서, 필요로 하는 기호들을 배포하는데, 이건 답변이라고 해석된다. 우리는 내가 중국어 이해를 측정하는 튜링 검사에 합격했다고 상정할 수 있지만, 그와 동시에 나는 중국어를 한 글자도 이해하지 못하고 있다. 그런데 내가 올바른 컴퓨터 프로그램을 실행한다고 해서 중국어를 이해하는 것이 아니라면, 다른 어떤 컴퓨터도 단지 프로그램을 실행한다고 해서 중국어를 이해하는 것은 아니다. 왜냐하면 그 어떤 컴퓨터도 내가 갖고 있지 않은 것을 갖고 있지는 않기 때문이다.

설이 제안하는 '중국어 방'은 중국어 입력, 규칙에 따른 처리, 중국어 출력을 실행하는 가상의 에이전트입니다. 중국어 방 에이전트는 튜링 검사를 통과하겠지만, 설이 보기에 그 에이전트는 중국어를 이해하고 있는 게 아닙니다. 그런 점에서 마음을 갖고 있는 것도 아니고, 생각하는 것도 아니라는 거지요. 그래서 설은 컴퓨터와 인간의 차이를 이렇게 단언합니다.

컴퓨터는 기호들을 조작함으로써 작동한다. 그 과정들은 순수하게 통사론적으로 정의된다. 반면 인간의 마음은 그저 해석되지 않은 기호들just uninterpreted symbols 이상의 것을 갖고 있다. 인간의 마음은 기호들에 의미들을 부착한다.

여기에서 설의 입장은 분명하게 드러납니다. 컴퓨터는 기호와 기호의 관계만을 처리하는 통사론만, 그러니까 알고리즘 또는 프로그램만 갖고 있는 반면, 인간은 각 기호에 부착된 의미에도 접근한다는 거지요. 즉, 인간 마음의 고유한 특징은 '의미 이해를 할 수 있다'라는 데 있다는 겁니다. 인간과 겉으로는 구별되지 않는 정교한 로봇이 바로 이 중국어 방 에이전트라고 가정해볼게요. 중국인 에이전트 몇 명과 중국어 방 에이전트 몇을 섞어놓았다고 할 때, 이들을 구별하는 건 불가능하겠지만 여전히 중국어 방 에이전트가 중국어의 의미를 이해했다고 할 수는 없겠지요. 이게 바로 설의 핵심 논점입니다.

직관적으로는 수긍이 갑니다. 하지만 중국어 방 에이전트가 자신이 중국어를 이해하고 있다고 주장한다면 설은 어떻게 응대할 수 있을까요? 내 생각에는 그 에이전트를 해부해보자고 하는 것 말고는 응대할 길이 없을 것 같아요. 설은 어떤 본질을, 하지만 증명할 수는 없는 본질을 전제하고 있습니다. 그 본질을 설은 '의미 이해'라고 부르고 있지만 좀 더 넓게는 '의식'이라고 말해도 좋을 겁니다. 의식이 무엇을 뜻하는지는 뒤에서 살피기로 하고, 여기에서는 '의식에 바탕을 둔 논증'이라고 부른 것을 튜링이 어떻게 논박하는지 소개하겠습니다.

이 관점의 가장 극단적 형식에 따르면, 어떤 기계가 생각한다는 걸 확신할 수 있는 유일한 길은 기계가 **되어**be the machine 스스로가 생각한다고 느끼는 것이다. 그렇게 되면 이 느낌들을 기술해서 세계에 내보일 수 있을 텐데, 하지만 물론 누구의 주목도 끌지 못할 것이다. 마찬가지로 이 관점에 따르면 어떤 **인간**이 생각한다는 걸 아는 유일한 길은 그 특정 인간이 되는 것이다. 이건 사실상 유아론적 관점이다. 그걸 견지하는 게 가장 논리적인 관점일지도 모른다. 하지만 그건 생각들ideas의 소통을 어렵게 만든다. A는 'A는 생각하지만 B는 생각하지 않는다'라고 믿을 수도 있지만, 동시에 B도 'B는 생각하지만 A는 생각하지 않는다'라고 믿을 수 있다. 이 논점에 대해 계속해서 논쟁하는 대신, 모든 사람은 생각한다는 점잖은 관행polite convention을 따르는 게 보통이다.

튜링은 설의 반론을 미리 논박하고 있었습니다. 중국어 방 같은 에이전트뿐 아니라 주위에 있는 다른 인간에게도 진짜로 의식이 있는지 물어볼 수 있고, 반면 그걸 확인할 길은 없다는 겁니다. 즉, 타인의 마음 상태에 대해 어차피 그 어떤 직접 증거도 없기 때문에 기계에게 더 높은 기준을 강요해야 할 이유가 없다는 거죠. 적어도 튜링은 설이 설정한 것 같은 부당한 전제를 설정하지는 않습니다. 튜링의 전략은 '생각하다'라는 말의 정확한 정의를 피해갔을 때와 정확히 같습니다. 즉, '의미 이해'나 '의식'이 정확히 무엇인지 정의하는 것이 현실적으로 어려운 이상, 간접적이거나 우회적인 방식으로 접근할 수밖에 없다는 겁니다. 그리고 그 길은 '의미를 이해하고 있는지' 또는 '의식이 있는지'를 검사하는 방법을 제시하는 것 말고는 없다는 거지요. 그게 바로 튜링 검사임은 말할 것도 없습니다.

1.3. 구글 번역

중국어 방 에이전트 얘기가 나온 김에 기계 번역의 문제를 검토해보겠습니다. 2016년 9월 27일 구글은 '구句, phrase 기반 기계 번역'을 핵심 알고리즘으로 삼던 구글 번역Google Translation을 대신해서 '구글 신경망 기계 번역 시스템Google Neural Machine Translation system, GNMT'을 발표했어요. 구글 번역이 확 달라졌다는 얘기를 들어본 사람도 많을 거예요. 현재는 한국어 서비스도 되고 있으니까, 실제로 사용해보면 번역의 품질이 확연히 좋아졌다는 걸 확인할 수 있습니다.

사실 언어 번역이라는 문제는 인공지능과 관련해서 오랜 숙제였습니다. 우리가 한 언어(출발 언어)를 다른 언어(도착 언어)로 번역하는 과정을 생각해봅시다. 우선 출발 언어의 문장의 의미를 이해한 다음, 그 의미를 도착 언어 문장으로 표현합니다. 그렇기 때문에 의미를 모르면 번역이 불가능하다는 주장이 성립하지요. 이처럼 번역에는 설이 가정했던 '의미'라는 문제가 개입합니다. 그런데 구글 번역을 사용해보면 꽤 그럴듯하게 번역이 이루어져서 놀라게 됩니다. 그렇다면 GNMT는 언어를 이해하는 걸까요? 또는 언어를 이해한다고 간주해야 할까요? 새 구글 번역의 원리를 간단히 살펴보면 놀라운 점을 확인할 수 있습니다. 어떤 에이전트가 의미를 이해하지 못하더라도 번역을 꽤 잘할 수 있다는 점이요.

먼저 예전 기계 번역의 원리를 보겠습니다. 지난 30년간 기계 번역은 우선 문장을 단어나 숙어로 나누고 각 단어의 의미를 방대한 어휘 데이터베이스에서 찾아 조합한 후, 도착 언어의 문법에 따라 수정해서 결과를 내놓았습니다. 이걸 '구 기반 통계 기계 번역Phrase-Based Statistical Machine Translation'이라고 합니다. 언어학에서 구는 둘 이상의 단어가 모여 절節, clause이나 문장의 일부를 이루는 토막을 가리켜요. '구 기반'이라는 말을 쓴 까닭은 분석의 단위가 구이기 때문입니다. 말하자면 앞뒤의 구나 절이나 문장을 고려하지 않고 각각 별개로 번역한다는 거예요. 어떤 언어를 잘 모를 때 사전을 찾아 단어 대 단어 또는 숙어 대 숙어 형태로 번역한 경험이 다들 있을 겁니다. 물론 결과물은 들쭉날쭉하죠. 지금까지 기계 번역은 이런 식이었던 거고, 원리상 발전하기 참 힘들었습니다.

새롭게 제시된 신경망 번역은 어떤 점이 다를까요? 핵심은 문맥에 대한 고려가 가능해졌다는 겁니다. 문단 전체의 맥락을 고려해서 특정 문장을 번역할 수 있게 된 거죠. 앞으로는 사회·문화적 맥락, 작가의 스타일, 이미지를 비롯한 보조 정보까지도 고려하면서 번역이 이루어질 수 있도록 연구되고 있다고 합니다.

이런 급진적 변화는 어떤 계기로 이루어졌을까요? 두 가지 배경이 있습니다. 딥러닝 및 신경망 학습 기법의 발전과 엄청난 양의 빅데이터big data 확보가 그것입니다. 기계학습이 잘 이루어지려면 엄청난 양의 학습용 데이터가 필요합니다. 번역을 예로 들자면 좋은 품질의 번역 사례들이 충분히 많이 있어야 한다는 거예요. 그런데 정보 통신 기술의 급격한 발달로 이게 가능해진 거죠. 가령 이런 문장이 있습니다. "지금 배의 상태가 어떠냐?" 문맥에 따라 여러 의미로 해석될 수 있지요. 이 문장의 의미는 문맥에 의존해서 정해집니다. 그런데 이제 이 문장이 포함된 여러 문장 묶음이 확보되었고, 분석을 통해 전후에 물과 관련된 말이 있는지, 몸과 관련된 말이 있는지, 음식이나 식물과 관련된 말이 있는지, 발생학과 관련된 말이 있는지 등을 파악할 수 있게 된 겁니다. 그에 따라 '배의 상태'라는 구가 어떤 의미인지 알 수 있게 되는 거죠. 빅데이터가 결정적 역할을 한다는 걸 알 수 있지요.

그런데 데이터의 양이 다는 아닙니다. 기계학습에서는 데이터의 질도 중요해요. 마이크로소프트에서 2016년 3월 23일 공개한 인공지능 테이Tay의 사례를 볼까요. 테이는 딥러닝을 적용해 스스로 학습하는 능력을 갖춘 대화형 인공지능입니다. 그런데 공개된 후 인간들과 대화하는 과정에서 인종차별, 홀로코스트와 히틀러 옹호, 성차별 등의 내용을 학습하고 또 표현했습니다. 이렇게 물의를 빚자 마이크로소프트는 16시간 만에 테이의 운영을 중단했습니다. 결국 어떤 학습용 데이터를 통해 학습하느냐가 중요하다는 겁니다. 요즘 구글 번역의 품질이 다시 떨어지고 있다는 소식이 간간히 들립니다. 그런데 그렇게 된 가장 중요한 이유로 '인간의 개입'을 꼽는다고 해요. 인간이 나쁜 질의 데이터를 되먹이는 거예요. 앞으로도 심각한 문제일 것으로 여겨지는데, 나중에 더 살피겠습니다.

신경망 번역과 관련해서 우리가 눈여겨볼 중요한 특징이 하나 더 있습니다. GNMT 내부에 자체 언어its own internal language가 생성되고 있다는 점입니다. 이를 구글 연구팀은 인터링구아interlingua(중간언어)라고 부릅니다. 재미있게도 연구팀은 영어, 한국어, 일본어로 된 시스템을 사례로 제시합니다. 먼저 영어를 한국어로 번역하고, 또 한국어를 영어로 번역하도록 훈련시킵니다(그림1, 2). 한편 영어를 일본어로 번역하고 일본어를 영어로 번역하도록 훈련시킵니다(그림3, 4).

그러면 영어를 경유하지 않고 한국어와 일본어 사이에 번역이 일어날 수 있을까요? 연구 결과 그런 일이 가능하다는 게 밝혀졌고, 연구팀은 이를 '제로샷 번역zero-shot translation'이라고 부릅니다(그림5, 6). 영어를 경유한 번역을 '원샷one-shot'이라고 부르나 봅니다.

조금 더 일반화를 해보겠습니다. 출발 언어들의 집합이 있고 도착 언어들의 집합이 있다고 할 때, 이들 간에 훈련이 진행될수록 인터링구아가 더 정밀해집니다. 그러면 특정 언어 대 언어, 또는 더 정확히 말해 특정 언어 문장 대 문장 번역의 데이터가 존재하지 않더라

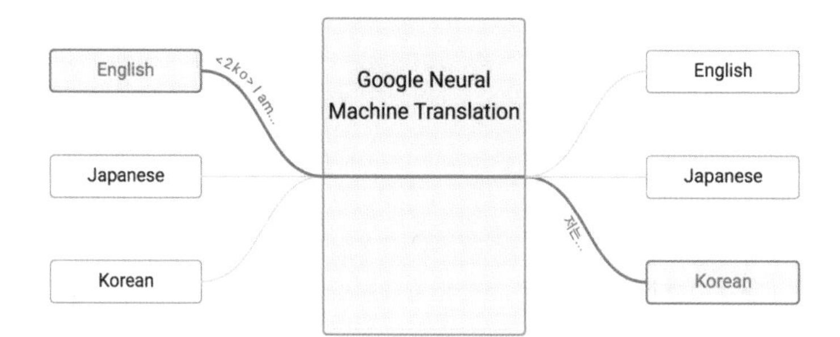
English
Japanese
Korean
<2ko> I am...
Google Neural
Machine Translation
저는...
English
Japanese
Korean

그림 1

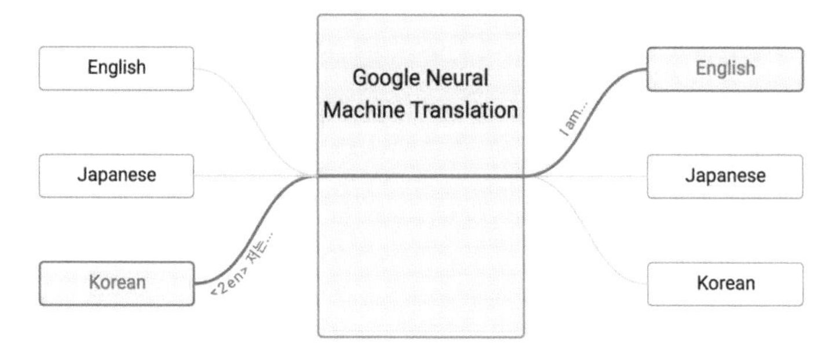
English
Japanese
Korean
<2en> 저는...
Google Neural
Machine Translation
I am...
English
Japanese
Korean

그림 2

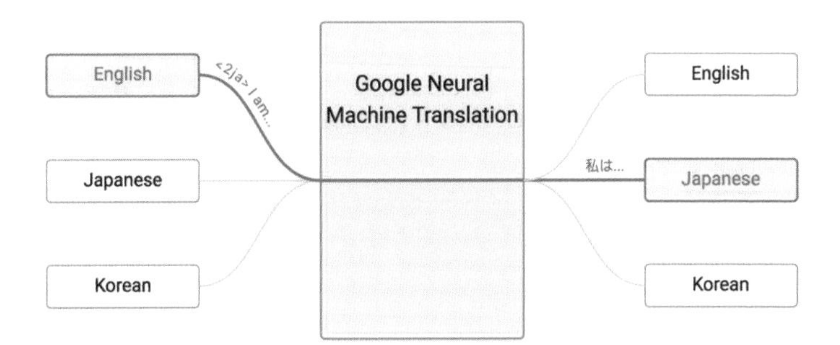
English
Japanese
Korean
<2ja> I am...
Google Neural
Machine Translation
私は...
English
Japanese
Korean

그림 3

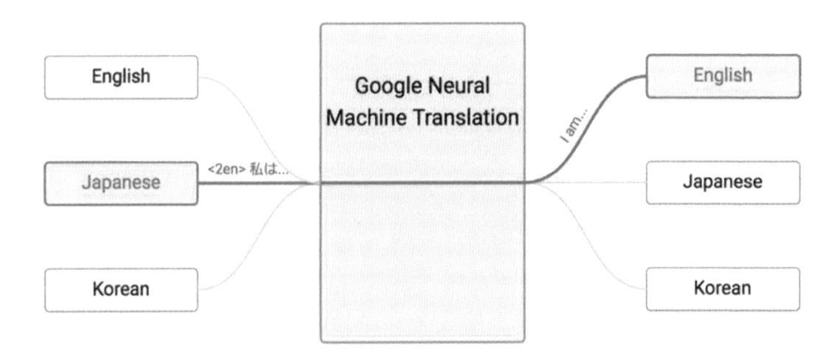
English
Japanese
Korean
<2en> 私は...
Google Neural
Machine Translation
I am...
English
Japanese
Korean

그림 4

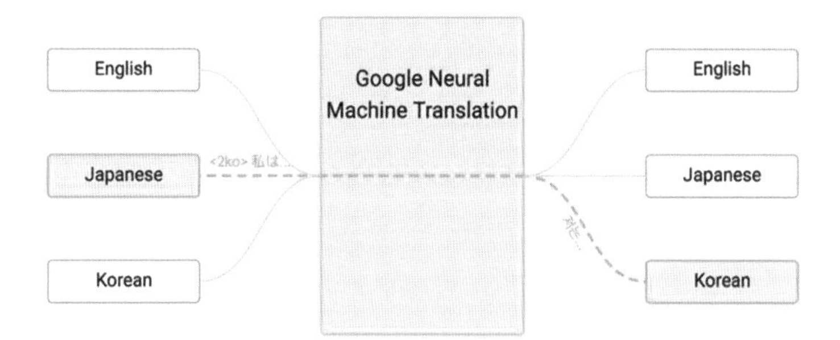
English
Japanese
Korean
Google Neural
Machine Translation
<2ko> 私は...
저는...
English
Japanese
Korean

그림 5

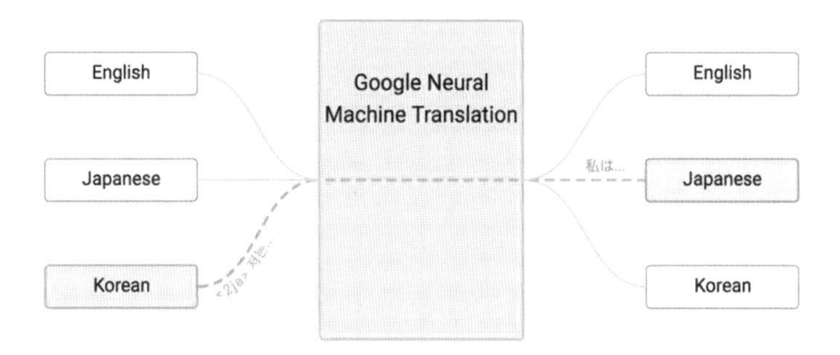
English
Japanese
Korean
Google Neural
Machine Translation
<2ja> 저는...
私は...
English
Japanese
Korean

그림 6

도 기계 번역이 정확해질 수 있다는 얘기가 됩니다. 어쩐지 바벨탑의 언어가 재건되고 있다는 느낌이 들지 않나요?

아직 미흡하긴 해도 구글 번역은 설이 말한 중국어 방 에이전트와 꽤나 닮아 보입니다. 구글 번역을 번역가나 통역사로 이해한다면 말입니다. 그렇다면 구글 번역은 언어의 의미를 이해하는 걸까요? 통념상 그렇다고 말하기는 어렵겠지요. 하지만 언어들의 의미를 이해한다는 것과 번역이나 통역을 행한다는 게 같은 뜻인지는 물어볼 수 있습니다.

더 나아가 우리는 '의미를 이해하다'라는 말이 얼마나 모호한지 따져봐야만 합니다. '의미 해독 능력literacy'이라는 말이 있지요? 보통은 문자 언어를 얼마나 이해하느냐를 가리킵니다만, 요즘은 더 넓은 뜻으로 쓰입니다. 왜 의미 해독 능력이 문제가 되는 걸까요? '의미 이해'와 '의미 해독 능력'은 어떤 점에서 차이가 날까요? 내가 생각하기에, 의미 이해가 추상적이고 모호한 반면 의미 해독 능력은 구체적이고 확인 가능하다는 점에서 그 둘은 다릅니다. 그리고 의미 이해는 의미 해독 능력을 통해 표현되는 한에서만 유의미한 것 같습니다. 달리 말하면, 어떤 에이전트가 의미 해독 능력을 보여주는 한에서만 '의미를 이해하고' 있다고 볼 수 있는 겁니다.

사실 '의미 이해하기'가 중요한 건 언어 자료를 충분히 해독하고 종합하고 가공해서 새로운 언어로 표현하는 과정을 가리키기 때문입니다. 의미 해독 능력이 독서를 통해 길러진다는 점은 잘 알려져 있습니다. 독서가 단지 정보를 받아들이는 수동적 과정이 아니라(물론 이처럼 정보를 정확히 읽어내는 것도 굉장한 훈련이 필요하지만요), 아울러 정보를 선별적으로 수용하고 가공하고 응용해서 종합하는 능동·창조적 과정이기 때문이지요. 우리는 이런 과정을 '생각'이라고 부르길 주저하지 않습니다. 튜링이 제시한 유명한 사례를 잠깐 보겠습니다.

심문자: '당신을 여름날과 비교해도 될까요Shall I compare thee to a summer's day?' 라고 읽히는 당신 소네트의 첫 줄에서 '봄날'도 마찬가지로 좋거나 더 낫지 않을까요?

증인: 운韻이 맞지 않을 텐데요.

심문자: '겨울날'은 어때요. 그건 운이 맞을 테니까요.

증인: 운은 맞아요. 하지만 누구라도 겨울날과 비교되고 싶진 않을 거예요.

심문자: 픽윅 씨Mr. Pickwick는 크리스마스를 생각나게 하지 않을까요?

증인: 어떤 점에서는요.

심문자: 하지만 크리스마스는 겨울날이에요. 그리고 픽윅 씨가 그런 비교를 거부할 거라고 생각하진 않아요.

증인: 당신이 진지하게 말한다고 생각되진 않네요. 겨울날이라는 말은 크리스마스 같은 특별한 날이기보다는 전형적인 겨울날을 뜻하니까요.

이 대화는 설이 말하는 '의미 이해'보다 앞서 고찰한 '의미 해독 능력'과 관련됩니다. 처음에 심문자가 말하는 "당신을 여름날과 비교해도 될까요?"는 셰익스피어William Shakespeare(1564~1616)의 〈소네트 18〉

의 첫 행입니다. 소네트sonnet란 엄격히 각운이 맞추어지는 14행 정형시입니다. 우리 식으로는 시조보다 한시에 더 가깝다고 해도 좋습니다. 또한 '픽윅 씨'는 디킨스Charles Dickens(1812~1870)의 첫 소설『픽윅 페이퍼스The Pickwick Papers』(1837)의 주인공입니다. 이 대화는 상당한 정도의 문학적 소양과 작가적 소양을 갖춰야만 가능한 대화인 겁니다. 이 정도면 생각 있는 사람의 대화라고 평가해도 좋지 않을까요? 그런 점에서 설이 말하는 추상적인 '의미 이해'보다 튜링 검사의 기준이 더 엄격하다고 말할 수 있을 것 같습니다.

구글 번역과 관련해서 하나 더 검토할 게 있어요. 이른바 '감성 언어'의 번역 문제입니다. 기계는 뉘앙스를 구별하지 못하고 시詩도 이해하지 못하고 속어도 알지 못한다는 거예요. 하지만 인간도 그걸 다 잘해낸다고 할 수는 없습니다. 어쨌든 기계도 못 하지 않느냐고요? 꼭 그렇지도 않습니다. 잘 살펴보면 기계 번역은 고품질의 번역 데이터가 얼마나 확보되어 있느냐에 달려 있습니다. 기계 번역의 성패는 훌륭한 인간 번역자에 달려 있는 셈입니다. 이 과정을 오해하면 안 됩니다. 튜링의 조언대로, 기계한테 인간보다 더 높은 기준을 적용해야 할 이유는 없습니다. 시를 감상할 수 있는 인간이 실제로 얼마나 될까요? 시를 느끼고 이해하지 못한다는 이유로 인간 자격이 없다고 하지는 않잖아요? 나의 요점은 이렇습니다. 훌륭한 시 번역 사례가 많아지면, 기계 번역도 그 일을 조금 더 잘 수행할 수 있을 겁니다. 최소한 번역에 관해서는 기계는 인간의 결과물을 학습용 데이터로 활용하고 있으니까요.

2
인공지능 프로젝트

Réunion de Philosophie et Science

2.1 지능적 에이전트 만들기

앞에서 보았듯이 인공지능에 대한 개념적 제안은 튜링의 1950년 논문에서 처음 등장했습니다. 거기에서 기계는 디지털 컴퓨터(오늘날의 컴퓨터)를 가리켰습니다. 컴퓨터를 처음 개념적으로 발명한 것도 튜링이었지요. 튜링은 1936년「On Computable Numbers, with an Application to the *Entscheidungsproblem*(계산 가능한 수와 그것의 결정 문제에 대한 적용)」이라는 논문에서 계산 기계를 대표하는 가상의 장치를 만들고는 automatic의 앞 글자 a를 따서 'a-기계'라는 이름을 제안했는데, 이것이 훗날 '튜링 기계'라고 불리게 되었습니다. 튜링 기계는 오늘날의 컴퓨터라고 봐도 되는데 두 가지 차이만 있습니다. 저장 용량이 무한히 크다는 점과 계산 속도가 무한히 빠르다는 점이 그겁니다. 튜링 기계는 이상적인 보편적 계산 기계로, 계산 가능한 문제라면 어떤 문제든 계산할 수 있습니다. '이상적'이라고 부르는 건 현실에서는 용량과 속도에 제한이 있기 때문이고요. 기술 발전으로 그 이상에 점점 다가가고 있다는 점도 유념해야 하겠습니다.

수학·논리·공학적 관점에서 인공지능을 만든다는 건 무슨 뜻일까요? 현장에서 작업하는 이들에게 인공지능은 어떻게 규정되고 있을까요? 이런 의문에 답하려면 현장의 목소리를 듣는 게 바른 접근입니다. 현실 속 인공지능을 모른 채 철학적으로 논한다는 건 기만이나 다름없습니다.

나는 앞서 얘기한, 현재 전 세계에서 가장 많이 사용되는 인공지능 교과서 『Artificial Intelligence: A Modern Approach』를 도움으로 삼으려 합니다. UC 버클리의 스튜어트 러셀Stuart Russell과 구글의 피터 노빅Peter Norvig의 공저입니다. 원래 교과서라는 건 딱딱하고 재미없기 마련 아니겠어요? 최대한 간결하게 추려볼 테니, 약간 인내심을 갖고 임하기를 부탁합니다.

러셀과 노빅은 서문에서 인공지능을 정의하기 위해 '지능적 에이전트intelligent agent'라는 개념을 도입합니다. 내가 앞에서 인간이건 기계이건 상관없이 '행하는 자'를 포괄하기 위해, 그러니까 인간중심주의를 피하기 위해 에이전트라는 개념을 쓰겠다고 했었지요? 바로 러셀과 노빅의 용법에서 착안한 겁니다. 저자들이 인공지능을 정의하는 대목을 직접 보겠습니다.

> 우리의 주된 통합적 주제는 **지능적 에이전트**라는 아이디어이다. 우리는 환경에서 지각percept들을 수용해서 작용action들을 수행하는 에이전트에 대한 연구로 인공지능을 정의한다. 그러한 각 에이전트는 일련의 지각들을 작용들에 매핑mapping하는 하나의 함수를 실행한다. … 우리는 학습의 역할을 설계자가 미지의 환경까지 도달하게 확장하는 것이라고 설명한다. 그래서 우리는 그런 역할이 어떻게 명시적인 지식 표상과 추론을 선호하도록 에이전트 설계를 제약하는지 보여준다. 우리는 로봇공학과 시각을 독자적으로 정의된 문제가 아니라 목표 달성에 기여하기 위해 등장하는 문제로 취급한다. 우리는 적절한 에이전트 설계를 결정할 때 과제 환경의 중요성을 강조한다.

나중에 더 살펴보겠지만, 여기서 우리가 주목해야 하는 개념은 셋입니다. 우선 어떤 에이전트는 환경 안에 있으면서(조건) 그 환경과 뭔가 주고받는데(지각과 작용) 그 중간에 어떤 일인가가 일어납니다. '지능'이 놓이는 곳은 바로 지각과 작용 중간 어디쯤인 겁니다.

그런데 지능적 에이전트라는 말은 이미 지능이라는 걸 전제한다는 점에서 인공지능의 정의가 될 수 없습니다. 따라서 '지능적'이라는 말이 어떤 뜻인지 설명을 더 들어봐야 합니다. 저자들에 따르면 '지능적'의 핵심은 '합리성'에 있습니다.

에이전트는 작용하는 어떤 것something that acts을 가리킨다. 물론 모든 컴퓨터 프로그램은 뭔가를 행하지만, 컴퓨터 에이전트는 더 많은 걸 행할 것으로 기대된다. 가령 컴퓨터 에이전트는 자율적으로 작동하고, 자신의 환경을 지각하고, 장기간에 걸쳐 지속하고, 변화에 적응하고, 목표를 만들고 추구한다. **합리적**rational **에이전트**는 최상의 결과물은 성취하도록, 또는 불확실성이 있을 땐 기대할 수 있는 최상의 결과물을 성취하도록 작용하는 에이전트이다.

물론 저자들은 합리성에도 몇 가지 단서를 답니다. 이상적 합리성이라는 것도 가능하겠지만 지금은 어디까지나 현실 속에서 기능하게 하는 게 중요하니까요. 가령 '정확한 추리inference'는 합리성을 위한 중요한 요건입니다. 하지만 현실에서는 정확한 추리를 다 마치기도 전에 행동해야 하는 긴급한 상황이 무지 많아요. 더욱이 복잡한 환경에서는 '항상 올바른 일을 행하다'라는 의미에서의 '완벽한 합리성'에 이르기 힘들어요. 계산할 것이 너무 많거나 계산 시간이 너무 오래 걸리기 때문입니다. 따라서 합리성이나 정확한 추리 같은 것은 이상적인 작업가설로 이해해야 합니다.

이상의 설명을 러셀과 노빅의 책에서 간단한 도해를 통해 살펴볼 수 있습니다. 도해를 보면 물음표가 들어 있는 네모가 있지요? 바로 이곳이 지능 또는 합리성이 자리하는 곳입니다. 모든 에이전트는 환경 안에 있습니다. 동물도 인간도 인공지능도 다 마찬가지예요. 모든 에이전트는 환경에서 데이터들을 지각하고 내부에서 나름대로

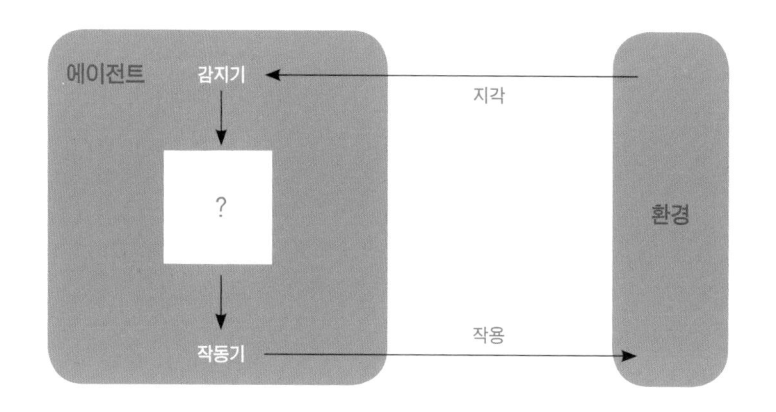

처리한 후 환경에 작용합니다. 이것이 에이전트의 구조입니다.

> **에이전트**는 **감지기**sensor들을 통해 자신의 **환경**environment을 지각하고, **작동기**actuator들을 통해 환경에 작용act하는 어떤 자이다. … 인간 에이전트는 감지기로 눈, 귀 등과 작동기로 손, 다리, 성대 등이 있다. 로봇 에이전트는 감지기로 카메라와 적외선 거리 측정기와 작동기로 다양한 모터가 있을 수 있다. 소프트웨어 에이전트는 키보드 입력, 파일 내용, 네트워크 패킷을 감지 입력으로 수용하고 화면 표시, 파일 기록, 네트워크 패킷 전송을 통해 환경에 작용한다.

뒤에서 확인하겠지만, 러셀과 노빅의 설명에는 모종의 혼동이 있습니다. 저자들이 '작동기'라고 부른 것이 분명하지 않거든요. 아무튼 우리가 알아야 할 건 각 에이전트마다 해당 환경이 무엇인지, 어떤 감지기들로 어떤 데이터를 환경에서 지각하는지, 또 내적 처리를 마친 뒤 어떤 작동기로 어떤 작용을 환경에 행하는지 등입니다.

다음 논의로 넘어가기 전에 저자들이 인공지능의 몇몇 정의를 표로 정리한 것을 정리해서 제시할 테니 참고하기 바랍니다.

	인간의 수행	이상적ideal 수행 = 합리성rationality
사고 과정 thought process **및** **추론** reasonin	**인간적으로 생각하기** "컴퓨터가 생각하게 만들려는 흥미로운 새 노력... 문자 그대로 완전한 의미에서 **마음을 가진 기계**" (Haugeland, 1985) "인간의 사고, 즉 의사결정, 문제 해결, 학습 등의 활동에 연관시킬 수 있는 활동들[의 자동화]" (Bellman, 1978)	**합리적으로 생각하기** "계산 모형을 이용한 정신 능력 연구" (Charniak McDermott, 1985) "지각과 추론과 작용을 가능하게 하는 계산의 연구" (Winston, 1992)
행동 behavior	**인간적으로 작용하기** "사람이 수행했을 때 지능을 요구하는 기능들을 수행하는 기계를 창조하는 기술" (Kurzweil, 1990) "현재로서는 사람이 더 잘하는 것들을 컴퓨터가 하게 만드는 방법에 대한 연구" (Rich Knight, 1991)	**합리적으로 작용하기** "계산 지능은 지능적 에이전트의 설계에 대한 연구이다" (Poole et al., 1998) "인공지능은 … 인공물의 지능적 행동에 관련되어 있다" (Nilsson, 1998)

2.2 에이전트의 구조

지능적 에이전트의 문제를 더 다루기에 앞서 에이전트라는 것이 무엇인지 조금 더 파악하는 것이 좋다고 봅니다. 대부분의 인공지능 연구자들이 간과하고 있는 핵심 요소가 에이전트의 구조 속에 있는 것 같거든요. 다행스럽게도 이 대목은 잘 정리되어 있습니다.

[에이전트의] 내부들이 어떻게 작동하는지 이야기해보자. 인공지능 구축의 임무는 에이전트 함수를, 즉 지각들에서 작용들로의 매핑을, 수행하는 **에이전트 프로그램**을 설계하는 것이다. 우리는 이 프로그램이 물리적 감지기들과 작동기들을 갖춘 일종의 계산 장치에서 실행될 거라고 가정한다. 우리는 그런 계산 장치를 **아키텍처**architecture라고 부른다.

에이전트 = 아키텍처 + 프로그램

물론 우리가 선택하는 프로그램은 아키텍처에 적합한 것이어야 한다. 만일 프로그램이 **걷기**라는 작용을 추천할 거라면, 아키텍처는 다리들을 갖고 있는 편이 낫다. 아키텍처는 그저 보통의 PC일 수도 있다. 아니면 아키텍처는 내장 컴퓨터들과 카메라들과 다른 감지기들이 있는 로봇 자동차일 수도 있다. 일반적으로, 아키텍처는 감지기들에서 온 지각들을 프로그램이 이용할 수 있게 해주고, 프로그램을 실행하고, 프로그램의 작용 선택들이 생겨나는 대로 이 선택들을 작동기들에 공급한다.

저자들에 따르면 에이전트는 프로그램만으로 이루어져 있지 않아요. 우리는 앞의 도해에서 물음표가 들어 있는 네모에서 지능 작용이 일어날 거라고 짐작했어요. 그런데 방금 전의 설명에 따르면 도해가 정확하지 않은 것 같아요. 이 점을 좀 더 따져봅시다.

우선 프로그램은 아키텍처라는 '물리적 감지기들과 작동기들을 갖춘 일종의 계산 장치'에서 실행된다고 합니다. PC를 예로 들면 PC를 구성하는 하드웨어가 다 아키텍처인 겁니다. 키보드와 마우스와 카메라와 마이크, 메인보드와 CPU와 그래픽카드와 메모리, 모뎀, 모니터와 스피커와 프린터 등 모든 물리적 부품이 아키텍처이지요. 이런 PC에서 동작하는, 우리가 소프트웨어라고 부르는 게 프로그램입니다. 프로그램은 에이전트 함수를 수행하는데, 에이전트 함수는 감지기들에서 온 지각들을 '계산적으로 처리해서' 작용기들을 통해 작용들을 출력하게 합니다. 소리나 시각적 영상이나 출력물이 그 작용의 결과물이지요.

그런데 이 결과물들은 환경에 행해진 작용일까요? 앞의 도해를 보면 작동기는 환경에 작용한다고 되어 있죠? 그런데 방금 본 사례의 마지막 결과물을, 통상적인 의미에서 환경에 대한 작용이라고 할 수 있을까요? 동물을 봐요. 환경에서 먹이를 지각하면 냉큼 먹어버리지요. 적을 만나면 환경에서 저 멀리 도망가고요. 즉, 앞의 도해에서 감지기를 통한 지각들은 잘 재현된 것 같은데 작용기를 통한 작용들은 어색하다는 겁니다. 이런 문제를 드러내는 개념이 아키텍처인 거죠. 사실 러셀과 노빅도 이 점을 눈치채고 있습니다.

로봇robot은 물리 세계를 조작하는 과제를 수행하는 물리적 에이전트이다. 이렇게 하기 위해 로봇은 다리, 바퀴, 관절, 집게 같은 **실행기**effector들이 장착되어 있다. 실행기의 목적은 하나이다. 바로, 환경에 물리적 힘을 행사하는assert 것이다. 로봇에는 환경을 지각하도록 해주는 감지기들도 장착되어 있다.

이처럼 저자들은 '작동기'와 구별되는 '실행기'를 도입하고 있습니다. 하지만 인용한 대목의 각주에 슬쩍 언급되어 있듯이, 저자들은 그 둘의 구별을 사소한 것으로 여기고 있습니다.

2장에서 우리가 이야기한 것은 실행기가 아니라 작동기이다. 여기서 우리는 실행기(물리적 장치)와 작동기(실행기에 명령을 전달하는 제어 회선control line)를 구분한다.

엄밀하게 보면 작동기는 환경에 작용을 가하는 게 아니라 실행기에 명령을 전달할 뿐입니다. 작용이라는 말을 엄밀한 의미에서 보면, 환경에 작용한다는 말은 환경에 물리적 힘을 행사해서 환경에 변화를 유발한다는 뜻입니다. 그러기 위해서는 실질적인 효과나 결과를 산출하는 어떤 행위자가 필요하고, 그것은 당연히 물리적 장치를 갖추고 있어야 합니다. 실행기가 그것이지요. 영어의 effect라는 말은 '밖으로'를 뜻하는 라틴어 ex와 '행하다, 만들다'를 뜻하는 라틴어 facere가 합쳐진 efficere에서 유래했습니다. 세상으로 뭔가를 행한다는 말이에요. 뭔가를 하려고 했는데, 세상으로ex- 작용한 것은 아니다? 이러면 곤란한 거죠.

물론 모니터, 스피커, 프린터 같은 장치도 물리적이긴 합니다. 하지만 환경에 물리적 힘을 행사할 수 있는 로봇과는 분명히 다릅니다. 알파고는 모니터에 착수 지점을 띄웠을 뿐이고, 실제로 돌을 놓은 건 아자 황이었던 것처럼요. 그래서 나는 앞의 도해를 다음과 같이 바꾸어야 한다고 봅니다.

이렇게 생각해보면 어떨까요? 인간지능의 발원지는 뇌입니다. 단지 뇌만인 것은 아니라고 해도, 지금은 상관없습니다. 아무튼 뇌는 움직이지 못합니다. 두개골에 갇혀 있어서 신경계를 통해 운동하라는 명령을 전달할 수만 있거든요. 뇌에서 명령을 내려 손발이 움직입니다. 뇌와 손발의 관계가 작동기와 실행기의 관계와 같다고 할 수 있습니다. 작동기가 혼자서 환경에 작용하는 게 아니라 실행기에 명령을 내림으로써 실행기가 환경에 작용하는 겁니다. 컴퓨터가 제

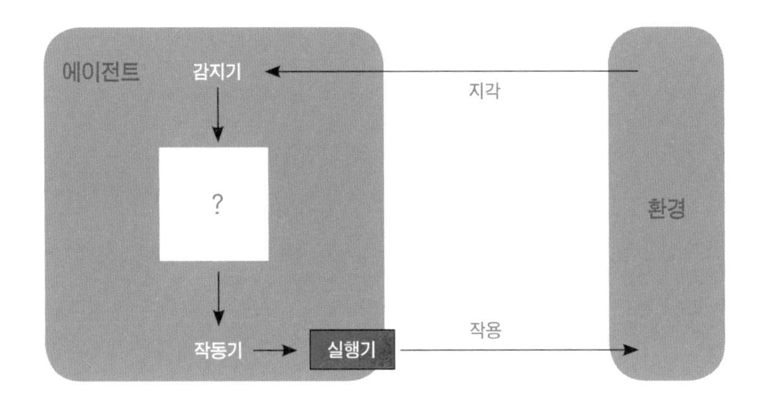

품을 조립하거나 미사일을 발사하는 상황은 어떨까요? 여기서도 컴퓨터는 단독으로 작용하지 않습니다. 제작용 로봇이나 엔진이 컴퓨터와는 별도로 실행기로서 있어야만 하니까요.

작동기와 실행기가 구별되고, 다른 역할을 한다는 점은 왜 중요할까요? 보통 지능적 에이전트를 생각할 때 아키텍처는 고려하지 않고 프로그램만 강조하는 경향이 있기 때문입니다. 러셀과 노빅도 그렇고 많은 인공지능 연구자들이 그런 경향을 보이고 있습니다. 내 입장은 이렇습니다. 에이전트가 실제로는 아키텍처와 프로그램의 결합이라고 할 때, 아키텍처는 몸과 같다고 보는 겁니다. 인공지능에게 몸이 있어야 한다니, 기이한 주장이라고 여겨도 좋습니다. 그런데 몸이 있으면 환경에 물리적 힘을 행사해 환경을 변경하고, 그 결과를 이용할 수 있게 됩니다. 전기가 부족하면 발전기를 돌려 전기를 끌어오는 식인 거죠. 이 문제는 나중에 더 깊이 살필 예정입니다.

저자들은 책 말미에서 철학적 문제를 논하면서 스쳐가듯 이와 관련된 언급을 합니다. 해당 대목을 보죠.

인간(또는 다른 동물) 에이전트가 어떻게 작동하는지 이해하려면, 우리는 에이전트 프로그램뿐 아니라 에이전트 전체를 고려해야 한다. 실제로, **체화된 인지**embodied cognition 접근은 뇌를 따로 고려하는 게 말이 안 된다고 주장한다. 즉, 인지는 몸 안에서 일어나며, 몸은 환경에 파묻혀 있다. 우리는 시스템을 하나의 전체로서 연구할 필요가 있다. 마치 독자가 지식을 전달하기 위해 종이 위의 표시들을 지각(그리고 창조)해서 추론을 증강하듯이, 뇌는 환경을 참조함으로써 추론을 증강한다. 체화된 인지 프로그램하에서, 로봇공학, 시각, 기타 감지기들은 주변부가 아니라 중심이 된다.

저자들은 '체화된 인지'라는 최신 접근을 소개하는 데 그치고 있어요. 나는 체화된 인지 접근이 흥미롭다고 생각하긴 하지만 깊게 다루고 싶지는 않아요. 나의 관심은 '인지 또는 지각'에만 있는 것이 아니라 '행동 또는 작용'에도 있거든요. 작동기와 실행기의 구분이 '작용'의 국면을 해명하는 데 도움이 될 거라고 봅니다.

2.3 과제 환경이냐 문제 환경이냐

이제 환경에 대해 고찰합시다. 앞에서 우리는 지능적 에이전트가 환경과의 상호작용 속에서 정의되는 걸 보았어요. 그런데 여기에서 환경은 우리가 보통 생각하는 그런 환경이 아니에요. 동물들이 살아가는 환경 같은 게 아니라는 거죠. 인공지능을 논할 때, 환경은 '과제 환경task environment'을 가리킵니다.

과제 환경들은 본질적으로 '문제들problems'이고, 합리적 에이전트는 그것들에 대한 '해답들solutions'이다.

여기서 '문제들'은 인간이 인공지능에게 준 문제들입니다. 그래서 과제라고 하는 거죠. 그리고 합리성은 과제와 관련해서 규정됩니다.

합리적 에이전트는 현실적으로 도달할 수 있는 최상의 결과물을 성취할 수 있도록 작용합니다. 여기에서 '최상'은 과제에 대한 최상의 해답을 가리켜요. 과제 환경과 합리성은 이런 식으로 긴밀하게 관련되어 있지요. 저자들은 이렇게 말합니다.

> 어떤 시스템이 합리적이라는 건, 그 시스템이 알고 있는 범위에서 '올바른 일right thing'을 행할 때이다. … **합리적 에이전트**는 올바른 일을 하는 에이전트이다. … 올바른 일을 하는 것은 잘못된 일을 하는 것보다 분명히 더 낫다. 그런데 올바른 일을 한다는 것이 어떤 의미일까? … **일반적으로, 수행 척도들을 설계할 때는 우리 생각에 에이전트가 어떻게 행동해야 하는지를 기준으로 삼기보다 우리가 환경에서 실제로 바라는 것이 무엇인지를 기준으로 삼는 것이 낫다.**

예를 들어 청소라는 과제가 주어지면, 인공지능 청소기가 수행할 일들을 기준으로 삼는 것보다 실제로 얼마나 깨끗하게 청소되었는지를 기준으로 삼는 게 낫다는 거예요. 그게 합리성의 기준이라는 겁니다. 당연한 얘기죠? 이처럼 합리성은 과제와 관련해서만 평가될 수 있어요. 이 점이 중요해요.

지능적 에이전트로 정의되는 인공지능이 인간이 준 과제에 대해서만 합리적 해답을 제출한다는 점은 인공지능의 본질에 대해 많은 것을 말해줍니다. 인간을 포함한 동물의 경우는 어떨까요? 동물에게도 해결해야 할 과제로서 문제가 닥칩니다. 차이는 동물은 문제를 문제라고 감지한다는 점입니다. 인공지능에게는 문제를 문제라고 알려주어야 하는 데 반해, 동물은 스스로 문제를 문제라고 깨닫는다는 거죠. 문제가 생긴 후에 지능이 작동하는 과정은 인공지능에게나 인간에게나 똑같다고 봐도 좋아요. 현실적인 최상의 해결책을 찾으려 한다는 점에서 '합리적'이라고 불러도 좋고요.

인공지능 연구자들은 이 점을 분명히 알고 있습니다. 최고의 기계학습 전문가 중 한 사람인 시애틀 워싱턴대학교의 페드로 도밍고스Pedro Domingos가 최근에 출판한 책 『The Master Algorithm: How the Quest for the Ultimate Learning Machine Will Remake Our World』(2015)는 인공지능 연구의 핵심을 이루는 기계학습에 대해 최신 연구 성과를 소개하고 있습니다. 도밍고스는 세간에 널리 퍼져 있는 인공지능과 관련한 묵시록적 전망에 대해 단호하게 부정합니다. 책의 앞부분과 끝부분에 비슷한 얘기가 반복돼요.

초인공지능이 지각 능력을 갖게 되고 로봇 군대로 인류를 진압한다는 〈터미네이터〉의 시나리오는 우리가 이 책에서 만나게 될 그런 종류의 학습 알고리즘들로는 실현될 가능성이 없다. 컴퓨터가 학습할 수 있다는 것이 컴퓨터가 마법적으로 자신의 고유한 의지를 획득한다는 뜻은 아니니까. 학습자는 우리가 정해준 목표를 성취하는 법을 배운다. 그들은 목표를 바꾸는 데까지 가지 않는다. … 안심하시라. 마스터 알고리즘을 장착한 인공지능이 세상을 지배할 가능성은 **제로**이다. 그 이유는 간단하다. 인간과 달리 컴퓨터는 자신의 고유한 의지가 없다. 컴퓨터는 진화가

> 아니라 공학의 산물이다. 무한히 강력한 컴퓨터라도 여전히 우리 의지의 확장일 뿐, 두려워할 건 아무것도 없다. 모든 학습 알고리즘의 세 가지 성분인 표상, 평가, 최적화를 떠올려보라.

도밍고스의 요점은, 인공지능의 핵심인 알고리즘은 자신의 고유한 의지로 목표를 세우고 그 목표를 성취하는 게 아니라는 거예요. 목표를 정하는 건 인간이라는 거죠. 그래서 도밍고스는 몇 줄 뒤에 이렇게 덧붙입니다.

> 인공지능 시스템은 하는 일을 변경할 수도 있고, 심지어 놀라운 계획들을 내놓을 수도 있지만, 우리가 정해준 목표를 위해서만 그렇게 한다.

나는 도밍고스가 공학engineering과 진화evolution를 구별하고 있다는 점이 눈에 띄더라고요. 내가 평소에 생각하고 있던 지점과 일치해요. '문제'라는 관점에서 보면, 공학에서는 문제가 인간이 정해준 과제 형태를 하고 있어요. 반면에 진화를 보면 문제는 환경에서 생물에게 해결해야만 하는 것으로 닥쳐와요. 진화란 문제의 발생과 문제의 포착, 그리고 문제의 해결 과정이라고 해도 과언이 아니지요. 그러니까 공학과 진화에서는 각각 문제의 성격 자체도 다르고, 목표의 위상도 달라요.

사실 문제나 목표와 관련된 주제는 인공지능 연구자들의 주된 고민이 아니에요. 연구자들은 실질적인 성과에 관심이 있거든요. 올바르게 작동하느냐 아니냐. 주어진 과제를 잘 해결하느냐 아니냐. 그렇지만 철학자는 달라요. 원리를 파악하고 싶어 해요. 인공지능은 스스로 문제를 제기할 수 있을까? 혼자서 목표를 세울 수 있을까? 그럴 수 없어요. 원리상 안 되는 겁니다.

그런데 인간은 달라요. 문제도 제기하고 목표도 세웁니다. 따라서 우리 논의의 초반이긴 하지만 잠정적인 결론 하나를 살짝 내놓고 가도 될 것 같아요. 인공지능은 인간지능과 마찬가지로 문제 해결이나 목표 성취를 위해 각자 합리적으로 접근하지만, 인공지능에서 문제나 목표는 에이전트 바깥에서(더 구체적으로는 인간에 의해) 주어지는 반면 인간지능은 문제나 목표를 스스로 정한다는 점에서 이 둘은 결정적으로 다릅니다. 인공지능과 인간지능의 원리상의 차이는 문제나 목표가 외적이냐 내적이냐에 있습니다.

내가 보기에 인공지능을 너무 의인법적으로 이해하는 데서 혼동이 생기는 것 같아요. 사실 인공지능은 문제를 아주 탁월하게 해결해요. 저 탁월한 문제 해결 능력 때문에 인간이 인공지능에게 겁을 먹게 된 거죠. 프랑스 철학자 베르그손Henri Bergson(1859~1941)은 우리가 너무 답에만 관심이 있다고 지적한 적이 있어요. 어린 시절부터 우리는 선생이 낸 문제에 답을 찾는 학생으로 길들어왔지요. 베르그손은 우리가 일종의 '노예 상태'에 있다고 해요. 문제를 잘 푼다는 건 시키는 일을 잘하는 것에 불과하다고 본 거죠. 내가 하기로 한 것을 하는 것과 남이 시킨 일을 하는 것의 차이라고나 할까요. 오히려 진정한 자유는 문제 자체를 결정하고 구성하는 능력에 있다는 겁니다. 문제라는 것은 없던 것이 있게 되는 거고, 그래서 단순한 발견이 아니라 발명이라는 거예요. 그리고 문제를 구성하는 능력은 생명의 고유한 능력이라고 해요. 베르그손이 진화를 바라본 관점이기도 합니다. 진화란 생명이 문제를 창조하고 해결해온 과정이라는 거죠.

주어진 문제에 답을 잘 찾는 일도 물론 어렵긴 해요. 하지만 어렵다고 다 중요한 건 아니에요. 중요한 건 문제를 문제로 파악하고 잘 설정하는 겁니다. 나쁜 문제, 잘못 제기된 문제를 풀기 위해 평생을 바쳐 삶을 허비하게 되는 수도 있거든요. 우리는 문제가 올바른 문제인지 늘 점검해야 해요. 나는 러셀과 노빅의 규정을 바꿔서 이렇게 말하고 싶어요. '진정한 합리성은 최상의 결과물을 성취하는 데 있지 않고 올바른 문제를 정하는 데 있다'라고요.

2.4 알고리즘과 기계학습

우리는 인공지능 만들기가 프로그램 설계라는 것을 확인했습니다. 이미 튜링에서부터 그렇게 이해되고 있었지요. 아키텍처를 고려하지 않으면 인공지능을 구현하려 할 때 문제가 생길 수 있다는 점을 간파할 수 있었듯이, 프로그램이라는 것의 본질을 알게 되면 인공지능에 대한 이해가 깊어질 겁니다.

이를 위해 알고리즘algorithm이라는 개념부터 알고 가는 것이 좋겠습니다. 영어 철자에서 알 수 있듯 사실 '알고리듬'이라 표기해야 더 정확합니다. 이 용어는 페르시아의 위대한 수학자 아부 압둘라 무함마드 이븐 무사 '알콰리즈미'Abū 'Abdallāh Muḥammad ibn Mūsā al-Khwārizmī(780?~850?)의 이름에서 유래했어요. 대수학의 아버지로도 불리는 알콰리즈미는 페르시아 최초의 수학책을 썼으며, 인도에서

도입된 아라비아 숫자를 이용해 최초로 사칙연산을 만들고 0을 사용하기도 했습니다. 이 이름에서 셈법을 뜻하는 알고리즘algorism이라는 용어도 나왔고요. 이렇게 보면 한국어 '알고리즘'은 영어의 algorithm과 algorism 둘 다를 가리키는 말인 셈입니다.

나는 알고리즘의 개념을 수학적으로 설명할 생각이 없어요. 직관적으로 이해해도 충분하거든요. 알고리즘은 어떤 문제를 해결하기 위해 작동이 일어나게 하는 단계들의 모임입니다. 여러분은 순서도flow chart라는 걸 알고 있을 거예요. 시작이 있고, 언젠가는 끝나게 되어 있어요. 물론 끝은 하나가 아니고 둘 이상이에요. 인터넷에서 가져온 예를 하나 보겠습니다. 충동구매를 '지름신이 강림하셨다'라는 말로 표현하지요? 바로 그 지름신과 관련한 순서도예요.

어떤 물건을 사고 싶은 충동이 엄습할 때 어떤 일이 일어날 수 있는지 모든 경우의 수를 고려해서 그 흐름을 다 따져보는 거예요.

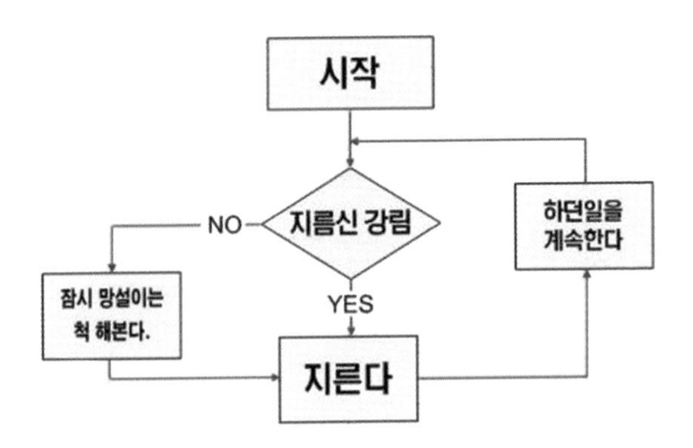

'지름신 강림'이라는 문제가 주어지면 결국 '지른다'와 '하던 일을 계속한다' 둘 중 하나로 끝납니다. 이 순서도에서는 '하던 일을 계속한다'가 최종 결과로 끝나지 않고 결국은 '지른다'로 가게끔 되어 있는데, 이는 우스개로 그려서 그런 거겠죠. 아무튼, 이 순서도가 바로 알고리즘입니다.

그런데 세상이 그렇게 단순하지는 않아요. 알고리즘을 만들 때도 그래요. 고려해야 할 게 훨씬 많고 흐름의 경로도 훨씬 복잡합니다. 알고리즘을 잘 만든다는 건 고려사항과 흐름을 다 반영하되 최대한 간결하게 만든다는 걸 가리켜요. 다른 알고리즘도 있어요(72쪽). 어떤가요? 훨씬 복잡하게 잘 만들었다는 생각이 들지요? 참고로 도밍고스가 설명한 내용도 확인하고 가도록 합시다.

알고리즘이란 컴퓨터가 수행할 일을 순서대로 알려주는 명령어의 집합이다. … 가장 단순한 알고리즘은 스위치 상태를 바꾸는 프로그램이다. … 두 번째로 단순한 알고리즘은 비트 두 개를 결합하는 프로그램이다. … 쉽게 믿기 힘들겠지만 논리곱, 논리합, 부정 세 가지 기본 동작이면 아무리 복잡한 알고리즘도 표현할 수 있다. … 매우 정교한 추론 과정도 논리 연산 기본 동작들의 횟수를 늘리면 수행 가능하다. 흔히 컴퓨터는 숫자가 전부라고 생각하지만 사실은 그렇지 않다. 논리가 컴퓨터의 전부이다. 숫자와 연산도 논리를 따르고 컴퓨터의 모든 부분도 마찬가지이다. … 알고리즘은 명령어를 아무렇게나 모아놓은 것이 아니다. 명령어는 컴퓨터가 수행할 수 있을 정도로 정확하고 분명해야 한다.

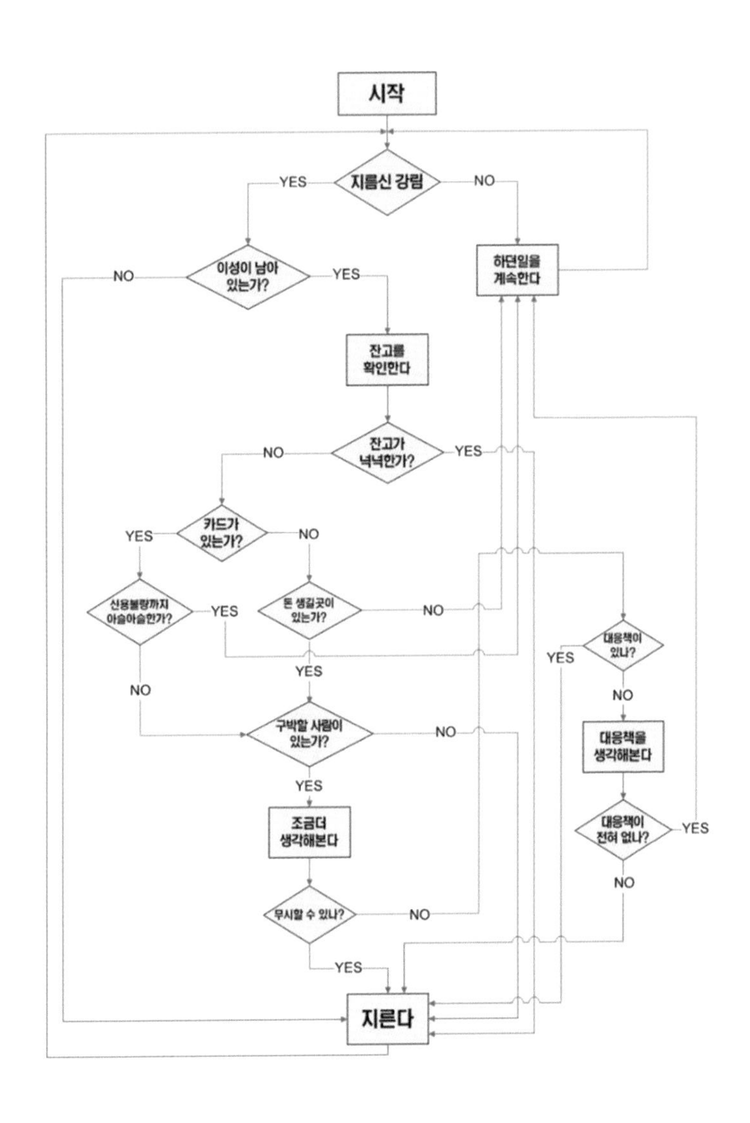
시작
지름신 강림
YES
NO
이성이 남아 있는가?
하던일을 계속한다
NO
YES
잔고를 확인한다
잔고가 넉넉한가?
NO
YES
카드가 있는가?
YES
NO
신용불량까지 아슬아슬한가?
YES
돈 생길곳이 있는가?
NO
대응책이 있나?
YES
YES
NO
NO
구박할 사람이 있는가?
NO
대응책을 생각해본다
YES
조금더 생각해본다
대응책이 전혀 없나?
YES
NO
무시할 수 있나?
NO
YES
지른다

아무튼 프로그램이란 컴퓨터에서 작동하는 컴퓨터 언어로 알고리즘을 만드는 일을 가리켜요. 그러니까 알고리즘이 더 포괄적인 개념입니다. 이제 알고리즘과 프로그램의 차이를 알겠지요? 알고리즘이건 프로그램이건 목적에 맞게 인간이 만드는 거예요.

이제 기계학습 개념을 보겠습니다. 우선은 도밍고스의 설명이 간결하고 유용해 보여요.

모든 알고리즘은 입력과 출력이 있다. 데이터가 컴퓨터에 들어가면, 알고리즘은 그 데이터로 할 일을 하고, 결과가 나온다. 기계학습은 이 과정을 바꾸었다. 데이터와 원하는 결과가 들어가고, 데이터를 결과로 바꿔주는 알고리즘이 나온다. 학습자learner라고도 알려져 있는 학습 알고리즘은 다른 알고리즘을 만드는 알고리즘이다. 기계학습을 통해 컴퓨터는 자신의 프로그램을 작성하며, 우리는 프로그램을 작성할 필요가 없다.

요컨대 '데이터 입력, 알고리즘에 의한 처리, 결과 출력'이라는 과정이 '데이터 및 원하는 결과 입력, 기계학습, 알고리즘 출력'이라는 과정으로 바뀐다는 거죠. 놀라운 일입니다. 그래서 전통적인 컴퓨터 과학은 결정론적으로 사고하는 반면 기계학습은 통계적으로 사고할 필요가 있다고 도밍고스는 말합니다. 왜냐하면 관건은 데이터와 원하는 결과 사이에 어떤 관계가 있는지를 찾아내어, 즉 학습해서 앞으로 입력될 임의의 데이터에 대해서도 과거에 원한 것과 똑같은 결과가 나오도록 하는 프로그램을 만드는 일이니까요.

기계학습은 어떤 과정을 통해 일어나는 걸까요? 여러분에게 좀 어렵게 느껴질 거라고 봐요. 본 강의에서 제일 어려운 대목이니까 꾹 참고 이해하려고 노력해봅시다. 정 어려우면 몇 문단 눈으로만 훑고 가도 상관없어요. 나는 에이전트의 측면에서 기계학습을 설명하는 러셀과 노빅을 따라가는 것이 가장 좋다고 봅니다. 좀 긴 인용이지만, 이렇게 핵심을 정리하기도 힘든 것 같아 소개해봅니다. 건너뛰고 다음 페이지(76쪽)의 도해만 봐도 좋습니다.

도해[일반적 학습 에이전트]에서 보듯, 학습 에이전트는 네 개의 개념적 성분으로 나뉠 수 있다. 가장 중요한 구분은 개선을 책임지는 **학습 요소** learning element와 외적 작용의 선택을 책임지는 **수행 요소** performance element이다. 수행 요소는 우리가 앞서 고찰한 바 있는 에이전트 전반이다. 수행 요소는 지각들을 취하고 작용들을 결정한다. 학습 요소는 에이전트가 어떻게 하고 있는지에 대해 비평가critic에게서 온 되먹임feedback을 사용하고 수행 요소가 미래에 더 잘 행하기 위해 어떻게 수정되어야 할지 결정한다. 학습 요소의 설계는 수행 요소의 설계에 아주 많이 의존한다. 특정 능력을 학습하는 에이전트를 설계할 때 첫 번째 질문은 '에이전트가 이 능력을 배우게 하려면 내가 어떻게 해야 할까?'가 아니라 '내 에이전트가 일단 방법을 배웠다고 치면, 에이전트가 이 능력을 행하기 위해서는 어떤 종류의 수행 요소가 필요할까?'이다. 에이전트 설계가 주어지면, 에이전트의 모든 부분을 개선하도록 학습 메커니즘을 구축하는 것이 가능하다. 비평가는 정해진 수행 기준performance standard에 근거해서 에이전트가 얼마나 잘하고 있는지를 학습 요소에게 알려준다. 지각들 자체는 에이전트가 얼마나 성공적인지 알려주지 않으므로 비평가는 필수적이다. … 수행 기준이 반드시 정해져 있다는 점은 중요하다. 에이전트가 자신의 행동에 맞도록 수행 기준을 수정해서는 안 된다는 점에서, 개념적으로 수행 기준은 완전히 에이전트 바깥에 있다고 생각해야 한다.
학습 에이전트의 마지막 성분은 **문제 발생기**problem generator이다. 문제 발생기는 새롭고 유익한 경험들로 이어질 작용들을 제안하는 일에 책임이 있다. 요점은 이렇다. 만일 수행 요소가 자신이 따라갈 길이 있다면, 알고 있는 한에서 최선인 작용들을 계속할 테지만, 그렇지 않고 만일 에이전트가 탐험을 좀 해볼 마음으로 단기적으로 아마 덜 최적인 작용들을 행한다면, 장기적으로 더 나은 작용들을 발견할지도 모른다는 점이다. 문제 발생기의 임무는 이런 탐험적 작용들을 제안하는 것이다.

도해를 들여다보면, 에이전트 내부의 구조가 복잡해진 것이 보입니다. 앞에서 본 것은 에이전트의 일반적 구조였고, 여기서 보는 건 학습 에이전트의 일반적 구조이지요. 네 개의 흰 네모가 주요 성분입니다. 여기서 수행 요소라고 부르는 것은 앞 도해에서 물음표가 있는 네모였어요. 여기에 학습 요소에 관련된 성분들이 추가되었지요. 화살표가 복잡하게 오가지만 요점은 이렇습니다. 전반적으로는 에

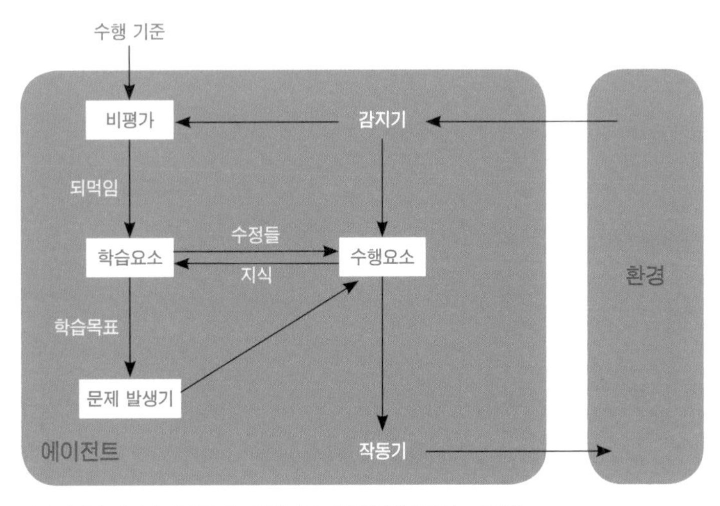

일반적 학습 에이전트(작동기는 실행기를 거쳐 환경에 작용함_지은이)

이전트의 작용에 도움이 될 학습이 이루어진다는 거고, 그 학습이 잘 이루어지기 위해 에이전트 바깥에 있는 수행 기준을 근거로 비평기가 에이전트를 평가하고, 정해진 틀대로만 행할 경우 수행은 개선될 여지가 전혀 없을 테니 조금씩 변칙적인 탐험도 해보게끔 무작위로 문제도 발생시킨다는 거예요.

그렇다면 에이전트는 왜 학습해야 할까요? 러셀과 노빅은 간명하게 답합니다.

에이전트의 설계가 개선될 수 있다면, 왜 설계자는 처음에 그런 개선을 프로그램해버리지 않을까? 주된 이유는 세 가지이다. 첫째, 에이전트가 처할 수 있을 만한 상황을 설계자가 모두 예상할 수 없다. … 둘째, 시간에 따른 모든 변화를 설계자가 예측할 수 없다. … 셋째, 때로는 인간 프로그래머가 해법 자체를 프로그램할 방법을 알지 못한다.

예상의 한계와 관련된 두 가지 이유도 납득이 가지만, 특히 셋째 이유는 앞서 도밍고스가 언급한 '다른 알고리즘을 만드는 알고리즘'의 필요성과 관련됩니다. 인간이 프로그램을 못 하기 때문에 기계학습이 필요하다는 거죠. 이 특성 때문에 인간이 할 수 없는 일을 컴퓨터가 스스로 한다는 오해가 생기기도 했습니다. 우리는 앞에서 인공지능이 문제와 목표를 스스로 정하지 못한다는 점을 보았어요. 이런 특징은 기계학습 과정에서도 확인됩니다. 비록 프로그램이 스스로 프로그램을 만들긴 하지만, 그렇게 만들어지는 프로그램은 인간이 지정한 수행 기준을 잘 따르도록 프로그램되니까요.

도해에서 수행 요소라고 칭한 것을 제외한 다른 성분들이 모두 이 사실을 보여줍니다. 특히 에이전트 바깥에 인간이 지정해놓은 기준에 따라 끊임없이 되먹임이 일어난다는 점은 기계학습이 이른바 '지도학습supervised learning'에 불과하다는 것을 잘 보여줍니다. 그러니까 기계학습에서의 학습은 엄밀한 의미의 학습이 아닙니다. 즉, 기계학습에서 '학습'이란 말은 생물이나 인간의 학습을 비유적으로 가져다 쓴 것에 불과하다는 거죠. 또한 에이전트 내의 '문제 발생기'가 '탐험'을 해서 새롭고 유용한 작용들을 제안한다고 했는데, 여기에서 말하는 '문제'나 '탐험'도 비유로서만 타당하다고 해야겠습니다. 이런 용어들은 진화에서 생물이 맞닥뜨리게 되는 무작위성randomness

과 관련해서만 유의미한데, 실제로 컴퓨터에서는 그런 무작위성이 발생할 수 없거든요. 컴퓨터에 내장된 난수亂數, random number 발생기는 난수 흉내를 내는 것일 뿐 엄밀하게는 이미 정해진 수들에 불과해요. 학습이나 기억이라는 개념에 대해서는 더 살필 기회가 있을 겁니다.

2.5 네트워크 컴퓨터

나는 인간의 마음이건 컴퓨터이건 네트워크에서 이해해야 한다고 봅니다. 여러분에게는 익숙하게 여겨질지 모르겠는데, '네트워크 컴퓨터'라는 문제는 아주 중요한 것 같아요. 기술적 발전의 역사를 먼저 살핀 후에, 그 용어에 담긴 뜻을 짚어보겠습니다. 불과 몇 년 전까지만 해도 컴퓨터는 단독으로 존재하는 고성능 계산기로 이해되었어요. 지금은 사정이 많이 달라졌기 때문에 새삼 강조할 필요가 없을지도 모르겠군요. 와이파이 신호를 찾기 위해 분주하게 애쓰는 우리 자신을 보면, 네트워크에 접근할 수 없는 컴퓨터는 제대로 된 컴퓨터가 아니라는 생각이 확산되어 있음을 확인할 수 있습니다.

본격적으로 스마트폰의 존재를 알린 아이폰4가 한국에 출시된

2010년부터 와이파이라는 말이 대중에게 알려졌다고 보는 게 맞겠습니다. 그러고 보면 세상이 참 빠르게 변했지요? 스마트폰만 해도 그 자체가 엄청 고성능 컴퓨터죠. 하지만 이게 네트워크 안에 존재할 때 비로소 진짜 위력이 발휘되는 거 아니겠어요. 그래서 우리는 와이파이를 찾아 헤매는 좀비가 된 겁니다.

잠깐만 돌이켜보겠습니다. '슈퍼컴퓨터'라고 들어봤을 거예요. 대규모 계산을 엄청 빨리 수행합니다. 좀 웃긴 게, 기술 발전의 속도가 워낙 빨라서 1980년대의 최고 슈퍼컴퓨터보다 2010년대 중반인 지금의 스마트폰이 성능이 더 좋다고 하죠. 아무튼 중요한 건, 꽤 오랫동안 '컴퓨터'라고 하면 바로 이런 고립된 고성능 계산기를 떠올렸다는 겁니다. 슈퍼컴퓨터의 가장 중요한 특징은 전용 운영체제Operating System, OS를 이용하여 모든 노드를 하나로 묶는다는 점에 있습니다. 하나의 고립된 시스템인 셈이지요.

인공지능 연구의 역사를 보면 더 빠른 계산 속도를 갖춘 슈퍼컴퓨터를 만들면 더 성공적일 수 있다는 전제가 있었습니다. 인공지능에 대한 발상이 처음 나온 이래로 사람들은 뇌와 마음을 일종의 계산기로 보고 연구해왔어요. 지금은 좀 구닥다리가 되었지만 이런 입장을 '계산주의 마음 이론computational theory of mind'이라고 합니다. 마음은 굉장히 탁월한 컴퓨터일 거다, 만약 기술이 충분히 발전하면 컴퓨터는 마음을 그대로 구현할 수 있을 거다, 이런 전제를 '작업가설'이라고 해요. 이런 작업가설 아래에서는 계산 속도가 빠른 컴퓨터에다가 적절한 프로그램을 돌리는 게 관건이었고, 그런 프로그램을 만드는 게 인공지능 연구의 핵심이었습니다. 그 성과는 IBM의 슈퍼컴퓨터 딥블루Deep Blue가 1997년 세계 체스 챔피언 게리 카스파로프를 이긴 데서 정점에 이르렀고요.

요즘은 전에 비해 과거와 같은 '유형'의 슈퍼컴퓨터 개발에 목숨을 걸지는 않는 것 같아요. 고립된 컴퓨터는 아무리 성능이 뛰어나더라도 기껏해야 좋은 계산기일 뿐이거든요. 아주아주 단순화해서 말하면 그런 컴퓨터는 효능이 떨어집니다.

이러한 점을 이해하기 위해 알파고를 보겠습니다. 물론 알파고는 하드웨어가 아니라 소프트웨어입니다. 2016년 3월 9일에서 3월 15일 사이에 다섯 번에 걸쳐 펼쳐진 이세돌 9단과의 대결에서 알파고는 1,920개의 중앙처리장치Central Processing Unit, CPU와 280개의 그래픽처리장치Graphics Processing Unit, GPU를 사용했다고 보도되었어요. 그런데 2016년 5월 18일 구글이 밝힌 바에 따르면, 실제로 사용했던 건 텐서처리장치Tensor Processing Unit, TPU로, 딥러닝에 특화된 하드웨어라고 합니다. CPU이건 GPU이건 TPU이건 간에, 아무튼 이 많은 처리장치들이 서로 병렬 계산parallel computing해서 프로그램이 돌아갔던 거예요.

알파고의 하드웨어가 통상의 컴퓨터와 달랐던 건 두 가지 측면에서입니다. 먼저 서버 여러 대가 하나의 네트워크로 연결돼 분산 처리하는 클러스터(포도송이를 떠올리면 좋아요) 방식이었다는 점을 들 수 있습니다. 초고성능 초대형 컴퓨터 한 대가 계산한 게 아니라 여러 컴퓨터가 서로 작업을 분담해서 그 결과를 모으는 방식이었다는 거예요. 이렇게 해도 슈퍼컴퓨터에 맞먹는 컴퓨터 시스템이 만들어질 수 있었던 겁니다. 이걸 '그리드 컴퓨팅grid computing'이라고도 할 수 있어요. 그리드 컴퓨팅이란 네트워크로 서로 연결된 컴퓨터들이 자원을 공유해서 병렬 분산 시스템을 통해 컴퓨터의 계산 능력을 향상시키는 걸 말하거든요. 알파고는 얼마든지 유연하게 자원을 증감할 수 있는 그리드 컴퓨팅의 장점을 십분 활용했던 거죠. 알파고 개발사인 딥마인드DeepMind가 2016년 1월 28일 과학 저널 《네이처》에 발표한 논문에 따르면, 초기 알파고는 48개의 CPU를 탑재한 서버로 구현되었다고 하니까 그 유연성을 짐작할 수 있겠지요.

다음으로 꼽을 수 있는 건 알파고의 몸체(서버의 숫자는 정확히 알려진 바가 없어요)가 서울에 온 게 아니라는 점입니다. 실제 알파고 서버는 미국 중서부의 구글 인터넷 데이터센터Internet Data Center, IDC에 있고, '클라우드 컴퓨팅cloud computing' 방식으로 작동했습니다. 클라우드 컴퓨팅이란 데이터센터에서 계산을 수행하고 그 결과를 네트워크를 통해 원격으로 수신하는 방식을 말합니다. 이세돌 9단과의 대국을 놓고 보면, 계산은 구글 데이터센터에서 다 하고 알파고의 손발 역할을 했던 아자 황 씨의 모니터에 떡하니 착수할 자리를 띄웠다는 거예요.

정리할게요. 과거식 슈퍼컴퓨터는 연산 장치 기술의 발전과 더

불어 그리드 컴퓨팅 또는 클라우드 컴퓨팅 기술의 발전으로 인공지능 개발과 관련해서 덜 중요해졌습니다. 이제 관건은 알파고 같은 '프로그램'을 어떻게 짤 것인가 하는 문제가 된 것입니다.

○

사실 몇 년 전만 해도 컴퓨터를 네트워크에 속한 컴퓨터로 이해해야 한다는 주장은 지금보다 생소했었어요. 기술 발전 속도가 워낙 빠르고, 또 알파고 사건도 있었고 해서 지금은 훨씬 익숙한 상황이 되었지만 말이죠. 하지만 그때나 지금이나 내가 강조하고 싶은 논점은 여전히 유효해요. '컴퓨터를 네트워크 안에서 이해해야 한다'라는 말의 참뜻은 무엇일까요?

먼저 사물인터넷Internet of Things, IoT에 대해 보겠습니다. 사물인터넷이란 모든 사물에 감지기와 통신 기능을 부여하고 IP 주소를 부여해서 모든 사물이 거대한 네트워크를 형성하고 상호작용하는 걸 가리킵니다. 냉장고에 어떤 물건이 부족해지면 그 정보를 주인에게 알리고, 나아가 주문해서 배송도 받는 시스템을 생각하면 됩니다. 사물인터넷이 급격히 발달하면서 각종 비인간 감지기에 의해 수집되는 데이터의 양도 무지막지하게 많아졌습니다. 그래서 유례없는 빅데이터가 생산되는데, 그 응용 범위는 세상을 바꿀 만큼 넓지요.

요즘 각광받는 기술 중 하나인 자율주행 자동차를 봅시다. 자율주행 자동차는 특수한 자동차 한 대를 가리키는 게 아니에요. 그건 새로운 차원의 교통 시스템을 말하는 겁니다. 범위를 좁혀 자동차 교통망을 생각해봅시다. 자동차 교통망은 도로망, 자동차들, 신호 체계, 법규, 경찰 같은 것들로 이루어져 있어요. 자동차 교통망은 각 자동차가 최적으로 이동하는 걸 목표로 설계됩니다. 잘 기억나지 않겠지만, 예전엔 어땠지요? 도로망 전체에 대한 데이터가 거의 없었기 때문에, 운전자는 각자 과거 경험에 의지해서 판단했습니다. 경찰이 무전으로 데이터를 교환하면서 신호를 조작하는 게 교통 흐름을 처리하는 최선의 방법이었고요. 요즘은 실시간 교통 정보를 반영하는 내비게이션에 따라 운전하지요. 어느 지점이 막힌다, 사고가 났다, 길이 뚫렸다 등 엄청 많고 복잡한 데이터를 계산해서 최적의 경로를 운전자에게 제시합니다. 빅데이터 처리 기술이 발전하면 도로망 전체에 있는 모든 자동차의 이동 방향과 속도까지 계산해서 일정 시간 후의 예상 상황까지 알려주겠지요.

이 모든 과정에서 매 순간 측정과 계산과 예측이 이루어집니다. 우리가 의식하고 있건 아니건 간에 교통망은 복잡하게 얽힌 하나의 시스템으로 기능해왔다는 점이 중요합니다. 사물인터넷은 현재의 교통망에 사물 수만큼이나 많은 감지기가 수집한 데이터를 보태주는 역할을 합니다. 이렇게 수집된 빅데이터와 이에 대한 적절한 처리는 이제 자동차 교통망 전체를 다른 차원으로 변하게 합니다. 교통망 안에 있는 모든 사물의 위치와 움직임이 다 계산될 수 있게 되는 거지요. 이런 조건이 갖춰질 때 자율주행 자동차가 가능해집니다. 요약하면, 자율주행 자동차는 결국 사물인터넷과 빅데이터 처리가 결합된 새로운 차원의 자동차 교통망인 겁니다. 기술적으로는 불과 몇 년 안에 자율주행 자동차 교통망이 실현될 거라고 하지요. 보안의 문제를 비롯해 해결해야 할 과제도 많지만, 사물인터넷은 새로운 시대를 열게 될 것이 분명합니다. 사물인터넷 수준의 범위까지 고려하는 게 '컴퓨터를 네트워크 안에서 이해하는' 것일까요?

더 본질적인 것이 있습니다. 사물인터넷까지 갈 필요도 없어요. 핵심은 인간이 그 단말에 있다는 겁니다. 네트워크 컴퓨터에서는 프로그램에 따른 계산만 진행되는 게 아닙니다. 인간이 네트워크와 끊임없이 간섭합니다. 너무도 당연해 보이는 이 사실이 굉장히 중요한 의미를 갖습니다. 자율주행 자동차의 예를 다시 보겠습니다. 연구자들이 자율주행 자동차 교통망의 가장 큰 골칫거리로 지적하는 게 바로 인간 운전자입니다. 인간은 그 어떤 돌발 행동도 할 수 있기 때문입니다. 음주운전이나 졸음운전만 문제가 되는 게 아니에요. 보복운전이나 경쟁운전처럼 인간은 의도적으로 돌출 행동을 하곤 하니까요. 자율주행 시스템은 이런 돌출 행동에 취약합니다. 따라서 시스템이 완성되려면 결국 인간 운전자를 도로망에서 완전히 제거해야 합니다. 얼마간 유예기간을 두겠지만, 결국 법적으로 도로에서의 인간 운전을 완전히 금지하게 될 겁니다. 인간이 자동차 운전에 원천적으로 개입할 수 없어야 합니다. **하지만** 법적으로 금지한다고 해서 인간 운전자가 없어질까요?

나는 이 점에 대해 무척 회의적입니다. 현실적으로 막을 방도가 없습니다. 사실 지금의 기술로도 자동차를 만드는 건 무척 쉽습니다. 간단한 제어장치와 몇 가지 부품과 모터와 배터리만 있으면 되거든요. 3D 프린터를 통해 부품들을 만들고 모터와 배터리를 결합해 조립하면 자동차가 만들어집니다. 누군가는 설계도부터 부품 조달 방법과 조립 과정까지 인터넷에 올려놓겠죠. 도심의 창고에서 만들어진 자동차가 어떤 운전자의 손에 이끌려 자율운전 시스템 안으로 들어가는 건 그다지 어렵지 않습니다. 이 자동차는 시스템의 제어 범위 바깥에 있습니다. 사전에 사고를 막기는 어렵고 제어는 사후에만 겨우 가능할 겁니다. 아마도 사물인터넷을 통해 모터와 배터리와 3D 프린터와 몇몇 원재료가 이동하는 경로를 추적하는 게 유일한 예방책일지도 모릅니다. 내가 네트워크 컴퓨터를 말할 때의 핵심도 그겁니다. 도처에 인간이 있다는 사실 말입니다.

요즘 위조 뉴스fake news가 기승을 부리지요. 이 문제를 도덕적으로 접근하는 건 무의미합니다. 위조 뉴스는 트럼프를 대통령으로 만드는 데 일조했다고 말할 정도로, 현실을 바꿀 실질적인 힘이 있습니다. 네트워크 컴퓨터의 관점에서 보면 위조 뉴스는 '노이즈 데이터noise-data'입니다. 노이즈 데이터라는 표현은 내가 만들어본 건데, 누군가 이 말을 먼저 썼다 해도 문제될 건 없어요. 중요한 건, 노이즈 데이터가 '노이즈'가 아니라 '데이터'라는 점입니다. 앞서 소개했던 인공지능 테이가 좋은 사례가 됩니다. 나는 테이에게 잘못된 내용을 학습시킨 자들을 도덕적으로 비난하려고 이 예를 든 게 아닙니다. 네트워크 컴퓨터상의 노이즈였던 그들이 테이에게 데이터를 제공해 실제로 테이를 자신들이 원하는 방향으로 학습시켰다는 사실에 주목해야 한다는 거예요. 인간은 네트워크 컴퓨터에 그런 식으로 간섭할 수 있습니다. 네트워크 컴퓨터는 프로그램에 따라 작동하는 이상적인 시스템이 아니라 인간이라는 버그가 끊임없이 출몰해서 고장 내는 막장 시스템인 겁니다. 인간 역시 한 부품이라는 점을 잊지 말기 바랍니다.

네트워크 속 컴퓨터는 인간과 계속 교류하는 집합체이지 고립되어 있지 않습니다. 인간과 단절되어 있는 것이 아니에요. 고립된 컴퓨터에서 버그가 있으면 컴퓨터가 작동을 멈춥니다. 고장은 곧 사망이고 정지입니다. 하지만 인간과 엮여 있으면 비이성적인 면들이 네트워크에서 돌아다녀요. 어떻게 이해할지는 더 생각해볼 문제이지만, 인간이라는 버그와 컴퓨터가 서로 얽혀서 만들어지게 될 '네트워크 마음' 또는 '네트워크 지능'도 생각해볼 수 있지 않을까요? 그냥 인간 마음과도 다르고 컴퓨터 프로그램 인공지능도 아닌 제3의 마음 말입니다. 나는 이런 제3의 마음이 초인공지능보다 먼저 출현할 거고, 더 영향력이 클 거라고 봐요. 네트워크 마음을 제어할 수 있을지 여부도 중요한 문제이지만, 인간이 계속 간섭하기 때문에 인간적 특성을 여전히 상당 부분 가지고 있을 것이라 짐작해볼 수 있습니다. 동시에 네트워크 마음은 인류와 컴퓨터가 긴밀하게 엮여서 진화한 산물일 것이기에, 그 와중에 빅브라더의 출현도 유념해야 하겠습니다. 그 빅브라더가 정부의 모습일지 기업의 모습일지, 그 둘의 혼합일지는 모르겠지만요.

2.6 인공 생명과 예쁜꼬마선충 로봇

인공지능 프로젝트에 대한 논의를 마치기 전에 예쁜꼬마선충 로봇을 잠깐 살펴보겠습니다. 이 사례를 통해 생명이 무엇인지, 또는 생물과 기계의 차이가 무엇인지 생각하는 시간을 마련할까 해요. 나아가 인공지능 연구와 관련해서 이 사례가 어떤 심각한 함의를 가지고 있는지 알아볼 겁니다.

예쁜꼬마선충Caenorhabditis elegans, C. elegans은 나름 업계에서는 유명한 생물이에요. 워낙 유명한 놈이라서 인터넷에도 소개가 잘 되어 있습니다. 최근에는『벌레의 마음』이라는 국내 연구서도 나왔어요.

예쁜꼬마선충은 흙 속의 박테리아를 먹고 사는데 투명한 몸의 길이는 1밀리미터, 두께는 0.1밀리미터 정도예요. 놈이 유명해진 건 다세포 생물 중 가장 먼저 DNA 염기서열이 분석되었다는 점과,

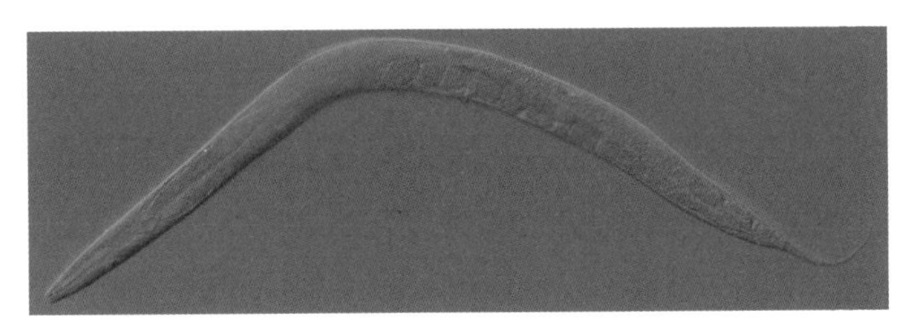

예쁜꼬마선충

인간이 모든 뉴런 정보를 알고 있는 첫 동물이자 현재까지는 유일한 동물이라는 점 때문입니다. 정상적인 예쁜꼬마선충은 암수한몸의 경우 세포가 959개, 신경세포가 302개뿐입니다(수컷의 경우 세포 1,031개, 신경세포 383개라고 합니다). 인간의 세포가 37조 개, 신경세포가 약 1,000억 개이고, 각 신경세포가 다시 1만 개의 신경세포와 연결되어 있다는 점을 생각하면 예쁜꼬마선충은 뇌 연구에 입문하기에 딱 좋은 놈이지요(아래의 QR코드 참조).

일찍이 1986년에 존 화이트John Graham White 박사는 예쁜꼬마선충의 신경세포들 간의 연결 회로도(이걸 커넥톰connectome이라고 합니다)를 모두 알아냈습니다. 2011년 창설된 오픈웜OpenWorm은 2013년에 이 커넥톰을, 즉 각 뉴런이 다른 뉴런들, 감각기 및 근육과 어떻게 연결되었는지에 대한 모든 정보를 컴퓨터 시뮬레이션으로 구현했으며 2014년에는 이를 로봇에 장착했습니다. 예쁜꼬마선충의 커넥톰을 탑재한 로봇은 감각기 대신 소리 센서가, 근육 대신 모터가

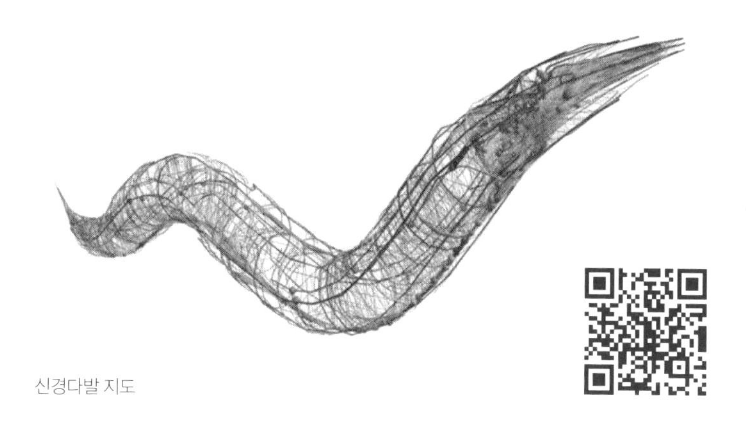

신경다발 지도

달렸을 뿐이며 인간이 짠 그 어떤 프로그램도 들어 있지 않습니다. 그런데 영상을 보면 마치 실제 예쁜꼬마선충처럼 장애물을 피해가며 꾸물거리는 운동을 합니다. 아직 갈 길이 멀기는 하지만, 이런 연구는 인간으로 확장하려는 시도로 이어지고 있습니다.

우리는 몇 가지를 물을 수 있겠죠. 우선 이 로봇은 '생명체'일까요? 다음으로 인간의 모든 커넥톰을 밝혀 로봇에 장착하는 것이 가능할까요? 그랬을 때 그 로봇이 인간 마음을 갖고 있다고 봐야 할까요? 당분간은 첫 번째 물음에 집중하겠습니다. 이 물음에 답하려면 '생명체란 무엇일까' 또는 '생명이란 무엇일까' 같은 물음에도 답해야 할 겁니다. 여기서 생김새는 잊어버리세요. 나노 기술을 통해 충분히 작은 크기로 실제 예쁜꼬마선충과 흡사하게 제작할 수 있다고 전제하기 바랍니다.

생명이 무엇인지부터 살펴봅시다. 마음이 생물에게만 있는지

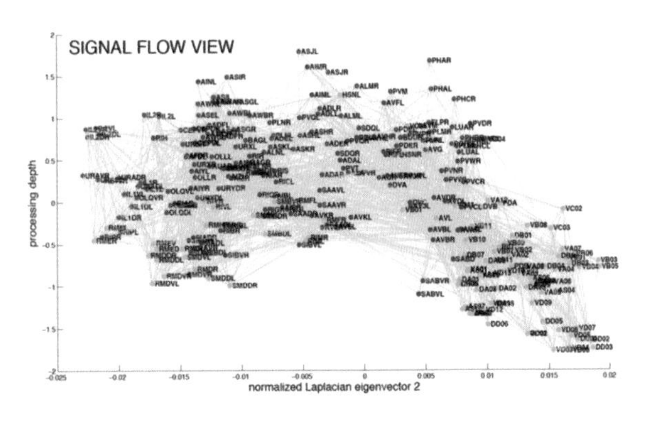

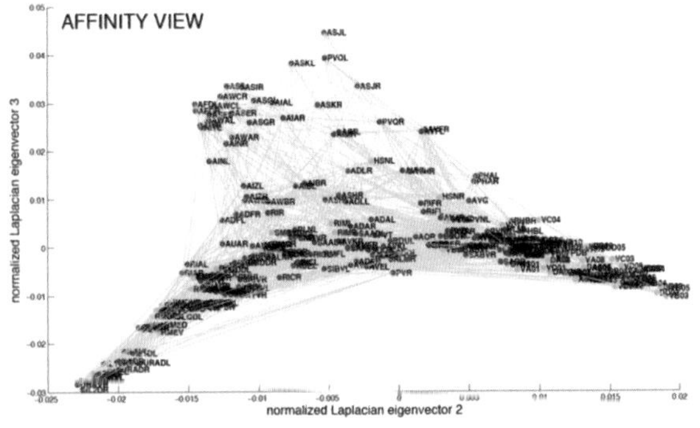

뉴런 지도

는 단언할 수 없습니다. 다만 인간에겐 분명 마음이 있고 인간이 생물인 이상, 먼저 생명체가 무엇인지 알 필요가 있는 것 같습니다. 최소한 인간의 마음은 우주와 생명의 진화의 결과물이니까요. 생명체는 무생물과 비교함으로써 특징을 확인할 수 있는 것 같습니다. 그런데 생명이 무엇인지 우리가 모릅니다. 생명은 생물이 갖고 있는 특성인데, 무엇이 생물인지도 우리는 알지 못해요. 생물은 물질대사, 자극과 반응, 항상성 유지, 생식(재생산reproduction)과 유전 등 몇 가지 특징을 공유하지만, 이런 특징들은 생물들한테서 뽑아낸 것들이기 때문에 무엇이 생물인지 식별할 기준이 될 수는 없습니다. 생물학자들은 생명이 무엇인지 정의하기를 포기했다고도 해요. 기존 생물과 워낙 다른 특성을 가진 생물이 계속해서 발견되기 때문이라나요. 우리가 지금까지 생명이라고 알고 있던 것이 전부가 아닐 수 있습니다. 우리가 생명이라고 생각하지 않았지만 그것이 생명일 수도 있고요. 생명 또는 생물이 무엇인지 모른 채로 생물학을 하고 있기 때문에, 생물이 무엇인지에 대한 기존의 규정을 수정할 여지가 있다면 예쁜꼬마선충 로봇 또한 생물로 포함시켜도 이상할 건 없지 않을까요?

생명체일 수 없다는 주장도 몇 가지 측면에서 제기될 수 있습니다. 먼저 뉴런의 가소성을 봐야 합니다. 뉴런은 고정된 것이 아니라 계속 바뀌기 때문에 커넥톰도 계속 바뀝니다. 하지만 이 로봇의 커넥톰은 더 이상 변할 수 없습니다. 따라서 이 로봇은 인간이 짠 건 아닐지라도 복잡한 알고리즘일 뿐입니다. 에너지 대사 문제도 생각해 봐야 합니다. 이 로봇은 전기에 의해 구동됩니다. 전원이 끊긴다면 이 로봇은 더 이상 생존하지 못할 겁니다. 스스로 에너지원을 찾지 못할 테니까요. 또한 이 로봇은 몸이 너무 단단해서 가소성이 없습니다. 반면 생물은 막膜 membrane을 통해 외부와 물질대사를 하고, 계속해서 자신을 재창조합니다. 끝으로 자손에게 DNA를 통해 정보 전달을 하고 그 과정에서 진화하는 것이 생물의 특성인데, 이 로봇은 아예 자손을 낳지 못합니다. 이런 점들을 보면 예쁜꼬마선충 로봇은 생명체라고 할 수 없지 않을까요?

그런데 이상의 주장에 대해서 재반론도 가능할 것 같습니다. 예쁜꼬마선충 로봇은 지속적인 전원 공급이 없이는 작동을 멈춥니다. 하지만 생태학의 관점에서, 다른 생명체 역시 생존을 위해 생태계ecological system가 꼭 필요하죠. 이런 점에서 보면 이 로봇이 생명체가 아니라고 평가하는 건 성급합니다. 생물에게는 태양, 공기, 물, 온도 등 무기 환경도 있고, 먹이와 포식자 같은 다른 생물도 있습니다. 우리는 생물을 개체 중심으로 생각하는 나쁜 버릇이 있어요. 태양은 지구에 생명이 존재하기 위해 필요한 거의 모든 에너지를 제공하기 때문에 생명의 일부라고 봐야 하고, 달도 조수 간만의 차를 일으키기 때문에 역시 생명의 일부라고 봐야 합니다. 이처럼 무기적 환경도 생명의 일부라고 보지 않을 수 없을뿐더러, 유기 환경은 말할 것도 없습니다. 생태계는 생물에게 필수적입니다. 오직 기생해서만 살 수 있는 생물이 많은데, 이 로봇도 생존을 위해 인간에게 기생하는 거라고 말하지 못할 이유는 뭘까요? 뉴런이나 몸의 가소성과 관련해서, 그리고 진화와 관련해서는 더 깊은 고찰이 필요해 보입니다. 이 문제는 나중에 〈공각기동대〉를 논하면서 더 다루기로 하겠습니다. 답이 있는 문제만 있는 게 아니고, 앞으로 생각할 방향을 열어주는 문제도 있다는 점을 확인해봤습니다.

예쁜꼬마선충 로봇과 관련해서 중요한 개념 하나를 소개하려 해요. 바로 '역공학reverse engineering'이라고 부르는 기술입니다. 공학이라고 하면 우리는 이론과 원리를 알아낸 후 그걸 바탕으로 특정한 기능을 수행하는 장치를 기술적으로 구현하는 작업이라고 생각합니다. 하지만 이론과 원리를 모르는 채로도 어떤 장치를 구현하는 방법이 있는데, 그것이 역공학입니다. 1990년대 초까지만 해도 한국의 오락실용 게임기는 일본에서 만든 걸 똑같이 흉내 내서 만들었습니다. 기술력이 부족했기 때문이죠. 일본 게임기의 부품을 일일이 뜯어서 IC 회로를 똑같이 복사해서 다시 조립했습니다. 원리는 몰랐지만 작동하는 기계를 만들었던 겁니다.

나중에 이 작업은 프로그램(코드)을 복제해서 일부 수정하는 형태로 발전합니다. 예쁜꼬마선충 로봇을 만드는 과정은 전형적인 역공학에 해당합니다. 우리는 어떤 원리에 의해 예쁜꼬마선충이 감각하고 운동하는지 알지 못합니다. 단지 커넥톰만 밝혀냈을 뿐이지요. 하지만 원칙적으로 예쁜꼬마선충과 로봇은 같은 방식으로 감각하고 운동합니다. 그러면 인간의 커넥톰을 밝힌 후, 이를 역공학을 통해 프로그램으로 또는 로봇으로 구현할 수도 있지 않을까요? 인간의 커넥톰이 밝혀지기만 한다면 충분히 가능합니다. 인간지능과 똑같은 인공지능이 이런 식으로 만들어질 수 있다는 얘기입니다.

그런데 여기에 심각한 문제점이 개입합니다. 만약 그런 인공지능이 만들어진다면, 우리가 그 작동 원리를 모르기 때문에 안을 들여다볼 수 없는 일종의 '블랙박스'가 생기게 됩니다. 운행 기록을 저장하는 장치가 아니라 '암흑상자'라는 뜻의 블랙박스입니다. 이 경우 인간은 그렇게 만들어진 인공지능을 통제할 수 없습니다. 더욱이 인간이 갖고 있는 여러 비이성적 측면까지도 고스란히 갖고 있는 인공지능이 될 겁니다. 인간에 맞서 반란을 일으키는 것도 충분히 가능합니다. 요컨대 나쁜 짓까지 포함해서 인간이 생각하고 행동하는 건 뭐든 생각하고 행동할 수 있다는 겁니다. 인간 커넥톰 전체가 밝혀지지 않더라도, 그 일부만이라도 역공학을 통해 프로그램과 로봇으로 옮기는 일도 가능합니다. 이 경우에도 똑같은 문제가 생길 것 같습니다. 자율주행 자동차 시스템의 경우에서 보았듯이 법이나 윤리로 막아도 소용없습니다. 어떤 너드nerd가, 속된 말로 '덕후'가 그런 짓을 한다면 지구 전체에 치명적일 수 있으니까요. 내가 예쁜꼬마선충 로봇의 사례에 주목한 이유가 거기 있습니다. 나는 앞서 〈터미네이터〉에 나오는 초인공지능은 그 어떤 알고리즘으로 만들 수 없다는 점을 검토했어요. 하지만 역공학을 통해서는 가능할지도 모릅니다. 인공지능의 미래와 관련해서 이 문제를 꼭 기억해두기 바랍니다.

3
마음과 생각

3.1 생각과 마음

인간은 생각합니다. 그런데 생각이란 무엇이고, 생각한다는 건 과연 어떤 활동을 한다는 걸까요? 막상 사람들은 이런 질문은 잘 안 해요. 중요한 질문인데 말이죠. 나는 17세기 프랑스 철학자 데카르트René Descartes, Renatus Cartesius(1596~1650)의 관찰을 출발점으로 삼고 싶어요. 데카르트는 생각한다는 활동이 무엇인지 우리가 동의할 수 있을 정도로 명료하게 말해주고 있거든요. 우리가 6장에서 자세히 읽을 『성찰』(1641)에서 데카르트는 말합니다.

나는 있다, 나는 실존한다Ego sum, ego existo. … 하지만 그렇다면 나는 무엇인가? 생각하는 존재res cogitans이다. 그것은 무엇인가? 분명 그것은 의심하고, 이해하고, 긍정하고, 부정하고, 의지하고, 의지하지 않고, 상상하며,

또한 감각하는 존재이다.

데카르트는 '생각함'을 의심함, 이해함, 긍정함, 부정함, 의지함, 의지하지 않음, 상상함, 감각함… 따위를 포함한다고 보고 있어요. 여기서 '생각'은 굉장히 포괄적인 뜻을 가져요. 그리고 이런 행위들(즉, 생각)을 하는 존재를 데카르트는 '생각하는 존재'라고 하면서, 그것이 바로 '나'라고 말합니다. 데카르트가 '나'를 규정하는 방식은 흥미롭습니다. 우리가 주체subject라고도 하고 자아self라고도 하는 '나'는 종종 어떤 그릇과 같은 것으로 여겨져요. 다시 말해 '생각을 담는 그릇' 또는 '생각의 소재지', 즉 '생각이 일어나는 곳'이라고 여겨진다는 거예요. 그런데 데카르트는 '생각함' 또는 '생각 활동' 자체를 '나'라고 말해요. 한편 '나'를 다르게 표현해서 관념idea들이라고도 합니다. '관념'이라는 어려운 개념은 나중에 자세히 설명할 텐데 당분간은 '생각'과 같은 뜻이라고 이해하고 넘어가도 돼요. 스코틀랜드 철학자 흄David Hume(1711~1776)은 '마음 또는 정신mind'을 '관념들의 다발collection of ideas'이라고 규정한 걸로 유명한데, 마음을 그릇과 같은 게 아니라고 봤다는 점에서 데카르트의 통찰과 일맥상통합니다. 나는 구름을 통해 설명해보고 싶어요. 구름은 분명 있지만, 작은 물방울들의 모임이라는 것 말고는 별도의 실체가 없죠. 흄이 볼 때 마음도 관념들의 모임일 뿐 별도의 실체는 아니라는 거예요.

이 지점에서 꼭 하고 싶은 말이 있어요. 나는 외국어로 된 여러 철학 책을 한국어로 번역했고, 꽤 많은 학생들 및 시민들을 상대로 철학 강의를 해왔어요. 이 과정에서 가장 문제라고 느낀 건 철학과 일상적 삶의 괴리예요. 무슨 말이냐 하면, 철학이 삶의 문젯거리들을 대상으로 삼지만 철학 용어들은 지나치게 현실 언어와 동떨어져 있다는 거예요. 방금 전에 보았고 앞으로 다시 보겠지만, 데카르트의 글은 보통 사람도 읽으면 읽혀요. 그런데 놀랍게도 철학 개념 중에 '생각'이라는 말은 없어요. 아니, 이미 데카르트한테서 나의 실존이 '생각하는 존재'로 규정되었는데 철학 개념 중에 '생각'이라는 게 없다니, 이상하지 않나요?

아마 이런 의문에 대해, 철학을 조금 더 접한 사람은 '사유思惟'라는 말이 있지 않느냐고 되물을지도 모릅니다. 데카르트가 사용한 원래 의미를 따르면 '사유'와 '생각'은 전혀 차이가 없어요. 그렇지만 한국어에서 '사유'는 '생각'과 달리 일상에서 떨어진, 뭔가 특별한 사람들의 행위인 것으로, 아니면 일상인에게는 특별한 계기에나 찾아오는 비일상적인 일로 느껴질 뿐입니다. 우리가 늘 생각하며 살고 있다는 점을 가리는 독특한 은폐 효과를 낳고 말아요. '사유'가 '생각'을 가려버리는 겁니다. 가령 '생각 없이 산다'라고 하면 부정적 어감이 있지만, '사유하지 않고 산다'라고 하더라도 일상적으로 부정적인 느낌을 주지는 않거든요. 반가사유상半跏思惟像 같은 불교 유물에서 확인되듯이, '사유'라는 말은 이미 벌써 뭔가 특별하고 전문적인 활동을 가리킨다고 여겨지고 있어요.

철학 전문어jargon들은, 다른 학문 분야에서도 그런 면모가 있지만, 대개 이런 식으로 '생각'과 현실 삶을 분리시키곤 했다고 고백해야겠습니다. 서양에서 수입한 전문어이건 옛 동양에서 유래한 전문어이건 이런 전문어들은 철학을 삶에서 멀어지게 하고 있어요. 반면 서양에서는 설사 철학 전문어일지라도 일상 언어와 겉모습에서 차이가 나지 않아요. 정확한 이유는 모르겠지만 좀 전에 나왔던 데카르트의 '생각하는 존재'(여기서 '존재'라는 번역도 꼭 맞는 건 아니지만요)라는 표현은 대개 한국어로 '사유하는 실재'로 번역되어 있어요. 그러나 바로 이렇게 번역되는 순간 '생각'이라는 평범한 말이 '사유'라는 심오한 말로 바뀌고 말아요. 이처럼 '생각하는 존재'가 '사유하는 실재'로 번역되는 과정에서 데카르트의 철학은, 그리고 철학 일반은 어려워지기 시작합니다. 철학과 일반인 사이에 벽이 세워지고 사람들에게 철학을 어렵게 느끼게 하는 장벽이 세워지는 거죠. 본래 개념은 생각을 도와주는 도구입니다. 렌즈라는 도구가 보는 것을 도와주는 것과 비슷하게, 적합한 개념이 있으면 더 잘 생각할 수 있거든요. 겉보기의 심오함은 중요하지 않아요. 굳이 있어 보일 필요도 없어요. 그런데 "네가 사유를 알아?" 이렇게 다그치면서 어느 순간 철학은 명백히 억압적인 기능을 행사합니다. 나는 이 문제를 꽤 오래 생각해왔어요. '생각'을 생각해본 거죠.

말이 나온 김에 몇 마디 더 하겠습니다. 물론 '생각'으로 옮긴다고 해서 '생각'에 대해 모든 사람이 다 잘 이해했다고 보는 것 또한 편견입니다. 왜냐하면 사람들은 흔히 생각하고 있다고 생각하는 순간에도 별생각이 없는 경우가 많거든요. 대체로 사람들은 생각 없이 살아가요. 철학이 중요하다면, 사람들의 안이한 삶을 지적한다는 점 때문이기도 해요. 따라서 철학 활동 자체를 폄하하고 싶은 생각은 전혀 없어요. 오히려 철학을 제대로 해야 한다고 주장하고 싶어요. 일상적으로 사용되는 용어를 쓰는 게 다는 아니에요. 일상적으로 사용하는 말일지라도 그 말이 얼마나 깊은 생각을 담을 수 있을지, 얼마나 생각을 자극할 수 있을지 하는 문제는 별개의 노력과 어려움을 요하니까요.

기존의 철학 용어를 사용해야 깊은 생각에 이르는 것도 아니고 일상어를 쓴다고 그게 보장되는 것도 아닙니다. 하지만 최소한 지금까지의 철학적 작업이 이룬 성취를 최대한 일상 언어로 표현할 때에만, 깊이 생각하는 사람이기만 하다면 일상어를 통해서도 철학적 성취의 열매를 나눠가질 수 있지 않을까요? 물론 이렇게 한다고 쉬워지란 법은 없어요. 생각의 깊이라는 것이 분명히 존재하니까요. 그러나 생각을 열어놓는 것이 사유의 울타리를 치는 것보다는 좀 낫지 않을까 하는 생각이 듭니다. 내가 짚고 싶은 대목은, 왜 '생각'이라는 평범한 말 대신 '사유'라는 어려운 말을 철학계에서 선호할까 하는 점이에요. 물론 단순히 관습 때문일 수도 있어요. 그래서 데카르트는 '사유'와 '연장'이라는 두 개의 실체를 구분했고 스피노자Benedictus de Spinoza(1632~1677)는 '사유'와 '연장'을 실체의 두 속성으로 보았다는 식으로, 자기가 배운 걸 되풀이하는 거죠. 아니면 권위 때문일 수도 있어요. 누구나 다 이해할 수 있는 말을 쓰면 구획과 권위를 잃을 위험이 있겠지요. 그래서 전문어를 사용함으로써 '구별 짓기'를 하는 거죠. 법조계는 법조계대로, 의료계는 의료계대로, 또 다른 학계는 그 나름으로, 심지어 노가다 판에선 노가다 판대로… 나름의 전문어를 씀으로써 대중의 섣부른 도전에서 자신을 지키려는 거죠. 선무당이 사람 잡는 것을 피하려는 목적도 있는 거라고 좋게 봐줄 여지도 있어요. 하지만 대개는 자신의 영토(일본어로 '나와바리'라고 하죠)를 지키기 위해서인 경우가 더 많아 보여요.

모든 개념을 일상어로 바꾸자고 하는 건 아니에요. 하지만 개념을 사용하기 전에 개념에 대해 생각부터 해봐야 한다고 봐요. 철학책을 번역할 때도 기왕에 굳어진 철학 전문어를 통해서만 할 게 아니라 일상어도 충분히 고려했으면 한다는 거죠. 철학적 작업의 어려움을 폄하하겠다는 뜻은 전혀 아니에요. 당연히 철학 개념에도 탄생과 역사가 있고 사연은 길고 복잡합니다. 그렇다고 열심히 생각하려는 사람이라면 꼭 그것들을 다 알아야 한다고 주장하는 것도 곤란하다고 봐요. 또한, 최소한 한국의 철학 연구자들 사이에서 일상어와 전문어 사이의 어긋남에 주목하지 않는다면 전문어는 그저 암기해야 하는 말에 그치고 말 뿐, 그로부터 삶의 중요한 문제와 관련된 생각이 새롭게 펼쳐지기는 분명 어려울 거예요. 기껏해야 서양어로 생각한 결과물을 일부 한국 현실에 적용하는 수준에 그치고 말 겁니다. 내가 방금 든 '사유'와 '생각'의 관계에 해당하는 용어가 철학 전문어에 꽤 많아요. 그래서 철학 연구자마다 서로 다른 개념 내지 개념 번역을 하고 서로의 생각의 결실을 공유하지 못하는 결과를 낳아, 철학적 협업, 나아가 학문적 협업이 어려워져버렸어요. 서로가 외국어를 구사하고 있는 셈이에요. 당분간 서양 철학 연구는 이 굴레에서 벗어나기 어렵지 않을까 우려되기도 합니다.

이제 본류로 돌아오겠습니다. 생각의 출발점은 '생각'입니다. 4.1절에서 더 살피겠지만, 생각은 공간을 차지하지 않고 1인칭이고 주관적입니다. 그래서 생각을 담는 물리적인 그릇을 전제할 필요가 없어요. 그런데 우리는 생각의 기능을 담당하는 에이전트를 마음mind이라고 여깁니다. 다른 말로 '마음 활동mental activity'이나 '마음 과정mental process'이라고 해도 좋습니다. 마음이 물리적 실체가 아니라면, 마음은 무엇일까요? 생각한다는 것은 마음이 있다는 것과 같은 말입니다. 보통 그렇게 여기지요. 그런데 튜링은 1950년의 논문에서 mind라는 개념을 정의하지 않았습니다. 비록 그 논문은 저명한 학술지 《Mind》에 발표되었지만요. 튜링에게는 '마음'이라는 개념이 필요하지 않았던 것이지요.

나는 '생각하는 존재'를 '마음'이라고 말해도 좋다고 봅니다. 물론 마음이 인간에게만 있다고 성급하게 전제해서는 안 되겠지요. 에이전트 중립적으로, 다시 말해 에이전트가 무엇이냐에 상관없이 마음이 있는지 여부를 판정할 수 있는 기준이 제시되면 충분하거든요. 사이버네틱스cybernetics의 창시자인 과학자 베이트슨Gregory Bateson(1904~1980)의 접근이 그러했고, 나는 그 접근이 옳다고 봅니다. 다음은 베이트슨의 『Mind and Nature: A Necessary Unity』(1979)에서 인용한 것인데, 말이 어렵지만 일단 보겠습니다.

차이의 소식news of difference, 즉 **정보**information를 생산하기 위해서는, (현실적이건 상상적이건) 두 존재물이 있어서 그 둘 사이의 차이가 그것들의 상호관계에 내재할 수 있어야만 한다. 전체적으로 벌어지는 일은, 그 둘의 차이의 소식이 뇌 또는 아마도 컴퓨터 같은 어떤 정보 처리 존재물some information-processing entity 안에 차이로서 표상될 수 있는 그런 식이어야만 한다.

자세한 설명은 생략하겠지만, 여기에서 언급된 '정보'라는 개념은 '생각'을 가리킨다고 이해하면 됩니다. 베이트슨에 따르면 생각은 뇌이건 컴퓨터이건 어떤 정보 처리 장치 안에 표상될 수 있다는 거예요. 한 걸음 더 나아가 베이트슨은 자신이 제시하는 몇몇 기준들을 만족하는 집합체를 '마음'이라고 규정합니다.

이 장章은 기준들의 목록을 만들려는 시도로, 만일 어떤 현상들의 집합체이건 어떤 시스템이건, 목록의 모든 기준들을 충족한다면, 나는 주저 없이 '그 집합체는 **마음**이다the aggregate is a *mind*'라고 말하겠다.

베이트슨은 이 책의 4장에서 '마음'을 '마음 과정'이라고도 부르면서 여섯 개의 기준을 제시합니다. 기준들 각각을 살피지는 않겠어요. 내가 주목하는 건 베이트슨이 '마음' 또는 '마음 과정'에 접근하는 방식입니다. 어떤 점에서는 튜링의 접근 방식도 같았어요. 튜링이 '생각한다'라는 것의 기준을 제시하고 있다면, 베이트슨은 '마음'의 기준을 제시하고 있다는 점이 차이라면 차이겠지요. 우리도 나름의 기준을 제시할 수 있으면 좋겠습니다.

이제부터는 철학자, 공학자, 뇌 과학자, 인지과학자, 생물학자들이 마음을 뭐라고 생각해왔는지를 짚어보겠습니다. 한국어로 마음 또는 정신이라고 부르는 것은 영어 mind의 번역어입니다. 한국어 고유의 의미도 있겠지만 의미가 명료하지 않아요. 그래서 본 강의에서는 편의상 마음과 정신을, 그리고 영어 mind, soul, spirit을 구별 없이 다 같은 뜻으로 쓰려고 해요. 이건 그냥 그렇게 정하는 거니까 더 따지지 않기로 합시다. 게다가 학술 용어는 대부분 서양어의 번역어라서 원어와 어원을 밝히는 게 더 유익해요. 동양의 학술어는 대부분 한 글자였고(仁, 義, 誠, 知 등), 두 글자가 넘어가면 문장이 됩니다. 심지어는 자연自然이라는 개념도 서양어 nature의 번역어예요. 노자의 『도덕경』에 '자연'이라는 말이 딱 한 번 등장하는데, 개념이 아니라 '스스로 그러하다'라는 뜻의 문장이에요. 따라서 번역어만 갖고 한자로 뜻풀이하면서 논쟁하는 건 무익한 말꼬리 잡기로 가기 십상입니다. 논의를 시작할 때 지금처럼 뜻을 분명하게 규정하고 공유하는 게 꼭 필요해요.

의식

가장 일반적인 견해에 따르면 마음은 의식consciousness과 동일시됩니다. 의식이 마음이라는 거죠. 그러면 의식이란 뭘까요? 의식이 없는 상태도 있죠? 잠잘 때도 그렇고 최면이나 마취 상태도 그렇지요. 의식이 무엇인지는 아직 잘 모르지만, 의식을 자각self-awareness으로 보는 데에는 지금까지 대체로 이견이 없습니다. 의식이 있다는 건 '내가 어떠하다고 스스로 알고 느끼다', 즉 '내가 자각하고 있다'라는 거고 그렇지 않으면 의식이 없는 거예요.

consciousness의 어원을 보면 con-scious-ness의 세 부분으로 나눌 수 있어요. 맨 앞의 con은 '함께'라는 뜻이고요. 끝의 ness는 추상명사를 가리키죠. 가운데 토막은 원래 '앎'이라는 의미의 라틴어 스키엔티아scientia인데 이게 영어로는 science입니다. '쪼개다'라는 뜻의 skei-에서 유래했어요. science는 왜 이런 어원을 품게 되었을까요? 잘 쪼개져서 구별되어야 앎이 성립한다고 본 겁니다. 분별해서 서로 다름을 아는 게 과학이에요(분별지分別智라고 합니다). 아무튼 어원으로 보니 '함께 아는 것'을 consciousness라고 한 건데, 결국 self-awareness와 같은 뜻인 셈입니다. 뭔가 순환적circular이고 재귀적reflexive인 정의이기도 해요. '느끼는 나'와 '알려지는 나'가 서로 맴맴 도니까요. '함께'라고 했는데, 뭐와 뭐가 함께라는 걸까요? 의식이 무엇인지에 대한 고전적인 견해는 나중에 데카르트의 『성찰』에 나오는 구절을 통해 확인할 겁니다.

19세기를 거치면서 마음을 의식과 동일시하는 견해에 중요한 반론들이 등장합니다. 개인적으로 좋아하는 이론가는 아니지만 설명의 편의를 위해 19세기 말 정신분석을 발명한 프로이트Sigmund Freud(1856~1939)의 주장을 보겠습니다. 자각되지는 않지만 마음의 일부를 이루는, 나아가 우리가 확인하고 탐구할 수도 있는 마음의 영역을 프로이트는 '무의식das Unbewußte, the unconscious'이라고 합니다. 영어든 독일어든 '의식적'이라는 형용사 앞에 접두사 un-이 붙어 만들어진 표현입니다. '의식이 아닌 것'이죠. 그러니까 무의식은 마음 안에서 의식의 여집합인 거예요. 바로 그 무의식도 마음의 일부이고 무의식적 과정이 의식을 형성하거나 규정한다는 게 프로이트의 혁신적 주장입니다. 마음의 범위를 의식 바깥으로 확장한 거죠. 의식 바깥에서도 마음은 여전히 작동하고work 있어요. 꿈꾸고 몽상하는 일, 꿈에서 현실로 돌아오는 일, 정신을 차리는 과정 모두가 마음의 활동입니다. 우리는 자기도 모르게 어떤 일을 하기도 하는데, 그것 역시 마음 활동의 일부예요. 결국 마음의 범위를 의식으로 제한하지 말고 더 확장해야 한다는 건 그 자체로 충분히 설득력 있는 주장입니다.

더욱이 과학적으로 보더라도 의식은 무의식의 산물입니다. 우리가 의식하는 것은 우리가 의식할 수 없는 과정을 통해 만들어진 결과물이에요. 베이트슨의 글을 좀 더 봅시다.

이미지 형성 과정들은 무의식적이다.

이 일반화는 어떤 정보 원천 쪽으로 감각기관을 향하게 하는 나의 종종

의식적인 작용과 '내가' 보고, 듣고, 느끼고, 맛보고, 냄새 맡은 것처럼 보이는 이미지에서 정보를 도출하는 나의 의식적 작용 사이에 일어나는 모든 것에 대해 참인 것 같다. 고통조차도 분명 창조된 이미지이다. … 지각작용perception의 **과정들**processes은 접근 불가능하다. 지각작용의 **산물들**products만이 의식적이다. 물론 필요한 것은 산물들이다. 나에게 경험적 인식론은 다음의 두 일반적 사실에서 시작한다. 첫째, 내가 의식적으로 보는 이미지들이 만들어지는 과정은 내게 무의식적이다. 둘째, 이 무의식적인 과정들 속에서 나는 완성된 이미지 안에 장착될 모든 광범위한 전제들을 이용하고 있다.

물론 우리 모두는 우리가 '보는' 이미지들이 실제로는 뇌 또는 마음에 의해 제조된다는 것을 알고 있다. 하지만 이러한 사실을 단지 지식으로서 알고 있는 것과 진정으로 느껴서 깨닫는 것에는 커다란 차이가 있다.

그래서 베이트슨은 의식의 문제를 모호하다고 여기면서 더 다루려 하지 않습니다. 의식은 결과물일 뿐이며 마음 과정은 무의식적으로 진행되는데, 무의식은 아예 접근 불가능하니까요. 무의식이 의식을 결정한다면 무의식이 더 강력한 걸까요? 나도 모르게 어떤 생각을 하게 되는 일이 있습니다. 무의식이 원인이고 생각이나 의식이라는 결과가 나오는 거라면, 무의식이 더 근본적인 위치에 있다고 말할 수 있습니다.

무의식을 마음의 일부로 편입할 수 있다면 또 다른 의문이 생겨요. 무의식을 어디까지 확장할 수 있을까요? 다시 말해, 마음의 범위를 어디까지 확장할 수 있을까요? 술 취한 상태를 생각해봅시다. 필름이 끊긴 상태도 있어요. 마음은 평상시와 비교해 어떤가요? 약물에 취했을 때, 병에 걸렸을 때, 화장실이 급할 때, 목이 마를 때를 생각해보면 분명히 마음은 몸과 이어져 있어요. 19세기 중반에 니체Friedrich Nietzsche(1844~1900)는 몸이 더 큰 마음이고 몸이 진짜 마음이라고 말했어요. 마음이 없다는 말이 아니라 몸이 무의식이라는 말이지요. 한편 19세기 초중반에 마르크스Karl Marx(1818~1883)는 사회가 의식을 규정한다고 말함으로써 무의식의 범위를 물질세계까지 확장하기도 했습니다.

나는 이보다 더 나아가서, 우리의 생각과 행동에 영향을 미치는 것에 지구와 태양계 전체까지 포함된다고 주장할 수도 있다고 봐요. 물리 환경 전체를 무의식이라고 할 수도 있다는 거죠. 추우면 외투를 껴입고 더우면 벗잖아요. 태양이 그런 행동을 유발하는 겁니다. 바닷가에 사는 사람들의 의식적 행동을 유발하는 중요한 원인은 달이에요. 바닷가 사람들한테는 조수 간만의 차이, 달의 역할이 행동 전체를 좌우합니다. 그런 면에서 지리나 환경에 따라 문화나 풍습이 다른 것도 설명됩니다. 요약하면, 전통적으로는 마음을 의식과 동일시해왔지만, 잘 따져보면 마음은 무의식을 포함하며 무의식은 몸을 거쳐 우주 전체로 확장될 수 있다는 겁니다. 충분히 해볼 수 있는 주장이라고 봅니다.

이해와 공감

마음의 특징으로 언급되는 것 중에 이해understanding와 공감sympathy이 있습니다. 이 둘은 물론 서로 다른 개념이에요. 이해가 포괄적인 '의미 이해'를 뜻한다면, 공감은 '타인의 심정에 대한 이해'를 가리킵니다. 이런 점에서는 묶어서 생각해볼 수도 있을 것 같아요. 이해에 대해서는 1.3절 "구글 번역"에서 얼마간 살폈다고 생각돼서, 여기에서는 공감이라는 능력을 살필까 합니다.

sympathy는 '함께'를 뜻하는 희랍어 sym과 '느낌'을 뜻하는 희랍어 path가 합쳐진 말로, 라틴어 표현으로는 '함께'를 뜻하는 com과 '겪음'을 뜻하는 passion을 합쳐 compassion라고도 써요. '연민'이라고 번역하기도 하지요. 아무튼 나는 공감, 또는 연민을 비판할 생각입니다. 공감 능력이 인간의 근본적 감정이라고 할 때 문제는 없을까요?

세월호 사건이 마 일어났을 때 많은 사람들이 가장 중요하고 필요한 덕목으로 공감 능력 또는 연민을 대안으로 제시했었지요. 여기서 연민은 맹자가 인仁을 설명하기 위해 사용한 측은지심惻隱之心을 가리킨다고 보아도 무방할 겁니다. 대체로 사람들은 연민을 인간이 인간이기 위한 출발점으로 여기지요. 그렇기에 만일 누군가가 연민을 느끼지 않는다면 인간도 아니라며 곧장 비난하곤 합니다. 바로 이런 이유 때문에 연민은 성찰의 주제가 되기 힘들어요. 연민을 성찰하는 행위 자체가 연민을 거부하는 행위로 판단되기 십상이거든요. 그러나 통념을 검토하는 일은 언제나 철학자의 주된 임무 중 하나였습니다. 통념을 비판하는 일이 목숨을 걸어야 할 만큼 위험할 때도 있었지요. 철학자는 세상이 어떻게 되면 좋을지 기도祈禱하는 자가 아니라 세상을 냉철하게 분석해서 어떤 돌파구를 마련할 수 있을지 탐색하는 자입니다.

나는 세월호 사건의 직접 희생자에서부터 출발하고 싶지는 않습니다. 그 대신 양친을 총탄에 잃은, 당시의 대통령 박근혜에 대한 세간의 연민을 분석의 출발점으로 택해보려 합니다. 한 자식이, 그것도 불과 몇 년의 시차를 두고 어머니와 아버지를 잃었다는 사실은 많은 동시대인을 울렸지요. 그리고 그 동시대인 중 많은 이들은 세월호 사건 당시는 물론 지금까지도 그때의 그 연민을 함께하고 있어요.

일찍이 흄은 인간을 이기적egoistic이기보다는 오히려 편파적partial인 존재라고 파악했어요. 그런데 놀랍게도 인간이 편파적인 게 연민 때문이라는 겁니다. 연민은 가까운 사이일수록 강하게 작용하고 멀어질수록 작용이 약해져요. 나와 가까운 사람에게는 잘 공감하지만 나와 먼 사람들에게는 공감이 줄어들게 되고, 내 편과 저쪽 편 사이에 갈등이 생기면 악랄하게 적대적이 됩니다. 내 편에 대해 공감을 더 할수록 저쪽에 대해 더 배제하고 배척하고 적대시하는 것 또한 인간의 본성인 겁니다. 가족끼리의 애정은 옆집까지 미치지 못하고 지역 연고제로 운영되는 프로스포츠는 각 지역을 멀리하게 만들지만, 스포츠 한일전은 한국인을 똘똘 뭉치게 하죠. 공감 능력이 바탕에 있기에 일어나는 문제점입니다. 인간은 서로 갈등하는 두 편에 대해 동시에 선호를 지니지 못하는 비이성·비논리적 존재입니다. 박근혜의 어떤 동시대인들이 그에 대한 무한에 가까운 연민을 간직하고 있다는 건 자연스러운 일이고, 또 무척 인간적인 일입니다. 그 점을 인정하지 않을 도리도 없어요. 연민은 논리보다 앞서 인간을 사로잡으니까요.

사정이 이러하다면, 누군가가 자신이 동의할 수 없다는 이유로 박근혜의 어떤 동시대인들이 지닌 연민을 부정하는 행위는 결국 자가당착에 빠지고 맙니다. 세월호 희생자에 대해 연민을 지닌 동시대인과 박근혜에 대해 연민을 지닌 동시대인의 감정 대립이 전부이거든요. 집단과 집단 사이에는 이성이 통하지 않습니다. 그러다 보니 문제의 해결은 정치력에서 나올 수밖에 없습니다. 갈등하는 집단 사이에서 합의를 끌어내는 게 관건이죠. 그렇기 때문에 세월호 사건에서는 절대로 연민이 핵심어가 되어서는 안 됩니다. 일단 연민을 걷어내야 하고, 그렇게 되면 모든 문제가 전적으로 정치적이(었)다는 게 드러나게 됩니다. 연민은 정치를 가리는 연막이었던 겁니다.

인간 마음은 본성상 편파적입니다. 가까운 것에 끌릴 수밖에 없거든요. 인간에게 편파성이 자연스러운 특성이라니 놀랍지 않나요? 사정이 이렇다면 인공지능이 꼭 인간지능을 흉내 낼 필요는 없다고 봅니다. 인간의 방식과 다른 알고리즘으로 작동하는 인공지능이 인간을 위해 더 나을 수도 있어요. 편파성을 지닌 인공지능은 상상만으로도 끔찍하지 않나요? 물론 2장에서 살핀 것처럼 알고리즘 그 자체는 한계가 있어요. 어쨌건 기능 면에서 인간을 능가할 수도 있고 인간과 다른 경로로 진화(?)할 수도 있는 인공지능을 꿈꿔보는 건, 역설적이게도 공감이라는 인간 마음의 부정성을 극복하기 위해서라고 단언하고 싶습니다.

합리성, 이성, 라티오

최근 들어 인공지능과 관련해서 일어난 중요한 사건 몇 가지를 처음에 언급했었지요. 알파고가 바둑 대결에서 승리한 일, IBM 왓슨이 의료 서비스를 개시한 일, 인공신경망을 적용함으로써 구글 번역의 품질이 대폭 향상된 일이 있었고 더 최근에는 인간과의 포커 대결에서 인공지능이 승리해 화제가 되었습니다. 인공지능 로봇 변호사 두낫페이DoNotPay가 승소한 일도 있었고요. 새로운 알파고는 이제 스타크래프트 게임을 학습하고 있다고도 하지요. 이 모든 사건들이 관심을 끌었던 건, 그동안 인간만이 할 수 있다고 생각했던 고유한 일을 인공지능이 해냈다는 점 때문입니다. 그런데 과연 그럴까요? 인간 고유의 영역이란 무엇일까요?

인간은 인간 고유의 영역으로 이성을 꼽아왔습니다. 적어도 서양인에겐 그랬어요. 그런데 이성도 의미의 폭이 상당히 넓어요. 그중에서 우리에게 가장 널리 퍼진 의미는 라틴어 '라티오ratio'에서 유래한 의미일 겁니다. 이 말은 원래 '계산 능력'을 뜻합니다. 이성적, 합리적이라는 뜻의 영어 rational의 어원이기도 하고, 글자를 그대로 가져와 '비比'를 뜻하는 영어 단어가 되기도 했지요. 사실 인간은 수數에 약하고 계산을 잘 못합니다. 수와 계산에 능해지려면 많은 훈련을 해야 해요. 그래도 잘 안 되죠. '수포자(수학 포기자)'라는 말이 괜히 나오는 게 아닙니다. 그래서 역으로 인간은 수와 계산의 능력을 높게 샀어요. 잘 못하는 걸 잘하는 건 훌륭한 일 아니겠어요! 나아가 그 능력이 인간에게 고유하다고 우쭐댔어요. 틀린 주장은 아닙니다. 동물은 아무리 훈련시켜도 계산을 못하니까요.

하지만 역설적이게도 인간은 계산 능력을 잘 발휘해서 계산을 탁월하게 잘하는 기계를 만들어냈어요. 컴퓨터라는 게 본뜻은 '계산기'이잖아요. 계산기로서의 컴퓨터는 계산 능력으로서의 이성의 총화입니다. 계산기야말로 인간의 가장 큰 성취 중 하나에요. 그런데 이제 그 계산기가 계산 대결에서 인간을 이긴 겁니다. 계산 능력을 극대화한 기계를 만들어놓고 본래 계산을 잘 못하는 인간을 이겼다고 그렇게 유난 떨 이유가 있을까요?

그럼 앞에서 열거한 인공지능의 성취는 다 계산 영역이라는 말일까요? 내가 볼 땐 그렇습니다. 바둑이나 포커 같은 게임은 승리 규칙이 정해져 있는 확률 문제입니다. 의료와 법률의 경우는 사례와 모범답안을 빠르고 정확하게 연결하는 문제입니다. 번역 역시 빅데이터를 분석해서 얻은 표준 번역 사례들을 서로 연결하는 문제입니다. 앞에서 원리를 살펴보았었듯이 계산기가 승리한 영역은 모두 계산 문제와 관련된 영역이었습니다.

우리는 여기서 교훈을 얻을 수 있습니다. 현존하는 일들 중에는 계산과 관련된 일들이 있고 그렇지 않은 일들이 있는데, 이들을 잘 구별해서 계산과 관련된 일은 인공지능의 몫으로 떼어주고 그렇지 않은 일들을 인간 몫으로 남겨야 한다는 거죠. 이런 구별은 미래의 직업과 관련해서 중요한 의미를 지니고, 무엇을 배우고 가르쳐야 할지와 관련해서는 더 큰 의미를 지닙니다. 이성은 인간의 고유한 능력인 게 맞습니다. 단지 인간은 이제 그 능력을 극대화한 기계를 만든 것이고 계산을 잘하는 외부 뇌를 갖게 된 것과 같아요. 좋은 일입니다. 그런데 이성만이 인간의 고유한 능력일까요? 이 문제는 더 따져봐야 합니다. 섣부르게 직관, 감성, 상상력 같은 걸 제시할 시점은 아닙니다. 그런 능력들이 계산 능력이 아니라고 단언할 수 없거든요. 알파고 사례에서 확인된 게 그것이었죠. 감, 직관, 기분, 맛 등 바둑에서 사용되었던 그 많은 용어들은 결국 계산하기 어려움을 에둘러 표현한 것에 불과했던 거였어요. 따라서 계산 불가능한 일이 어떤 것들인지 알려는 작업에 착수해야 할 겁니다. 이게 가장 시급한 일입니다.

자유의지 또는 의도

인간은 자유의지free will를 갖고 있다고 합니다. 또한 앞으로 무엇을 할지 의도intention를 갖고 행동한다고도 합니다. 자유의지와 의도 역시 인간 마음의 고유한 특성으로 제시됩니다. 엄밀히 따지면 의도는 자유의지 아래에 있는 개념이에요. 자유의지가 없다면 뭔가를 도모한다는 것 자체가 불가능할 테니까요. 그래서 둘을 나누지 않고 자유의지 개념에 초점을 맞춰도 무방하다고 봅니다. 자유의지는 뒤에서 보게 될 '몸과 마음의 관계' 문제에서 쟁점이 되며, '인과'라는 주제와 직접 관련됩니다.

뉴턴Isaac Newton(1643~1727)이 완성한 고전역학에 따르면 물리세계가 인과의 사슬, 더 정확히는 인과의 그물로 이루어져 있다는 것은 부정하기 어렵습니다. 이런 생각을 결정론determinism이라고 하는데, 프랑스의 수학자 라플라스Pierre-Simon Laplace(1749~1827)는 「Essai philosophique sur les probabilités(확률에 대한 철학적 에세이)」(1814)에서 다음과 같이 극적으로 표현하기도 했습니다.

> 우주에 있는 모든 원자의 정확한 위치와 운동량을 알고 있는 존재가 있다면, 그는 뉴턴의 운동 법칙을 이용해 과거, 현재의 모든 현상을 설명해주고 미래까지 예언할 수 있다.

뒤에서 보겠지만 서양에서 몸과 물체는 생각에서나 언어에서나 같은 것이었고 모두 물리세계에 속해 있습니다. 그렇기 때문에 몸들 또는 물체들이 서로 인과의 그물 속에 있다는 건 당연합니다.

그렇다면 '몸에서 마음으로의 작용'은 어떻게 봐야 할까요? 그건 비교적 쉽습니다. 마음 현상을 몸(물체) 현상의 파생물로 볼 수도 있고(수반이론supervenience), 또는 아예 착각illusion일 뿐이라며 제거할 수도 있습니다(유물론materialism). 이런 관점들에서 '몸에서 마음으로의 작용'은 처음부터 없었던 셈이고, 그래서 질문 자체가 성립하지 않습니다. 나는 여기서 수반이론이나 유물론을 고찰할 생각은 없습니다. 내 생각에 이런 입장들은 출구가 없고 종결되기 어려운 논의입니다.

마음의 역할에 대한 우리의 직관과 충돌하는 지점을 해명할 길이 없거든요.

우리의 직관 중에 가장 중요한 것이 바로 자유의지입니다. 자유의지는 우리 마음의 생생한 체험이죠. 목이 마르면 손을 뻗어 물을 마십니다. 우리는 이렇게 뜻하는 대로 몸에 영향을 미칩니다. 그런데 자유의지가 없다면 우리가 뜻하는 대로, 마음먹는 대로 몸을 움직일 수 없습니다. '자유의지가 없다'라는 말은 물리적인 일이건 관념적인 일이건 간에 자신이 어떤 일의 발원지가 될 수 없다는 뜻입니다. 거꾸로 자유의지가 있다면, 우주에 지금까지 여러 일들이 일어났었고 앞으로도 일어날 테지만 그 모든 것에도 불구하고 자신이 하나의 새로운 시발점이 될 수 있습니다. 나로부터 최소한 어떤 일 하나는 최초로 시작된다는 거예요. 이건 유대교나 기독교의 신이 지닌 능력이기도 하죠.

사실 자유의지는 초월적 원인이나 신의 개입과 같습니다. 그러니까 인과의 입체 그물 바깥에서, 즉 이 우주 바깥에서 힘을 행사하는 무언가가 존재하고 그 존재로 인해 인과의 입체 그물이 다르게 바뀔 수 있다는 것이지요.

자, 선을 여기에 하나 그어보죠. 다음 그림의 선분AEB는 자유의지가 없을 때 인과가 작용하는 경로입니다. 반면에 인과의 사슬 바깥으로부터 작용하는 자유의지(선분CED)가 있다면, 두 선이 만나는 지점인 E에서 B로 인과가 작용하는 것이 아니라 D로 비스듬히 꺾여서 작용하는 일(AED)이 일어날 수 있습니다. 우주 전체로 보자

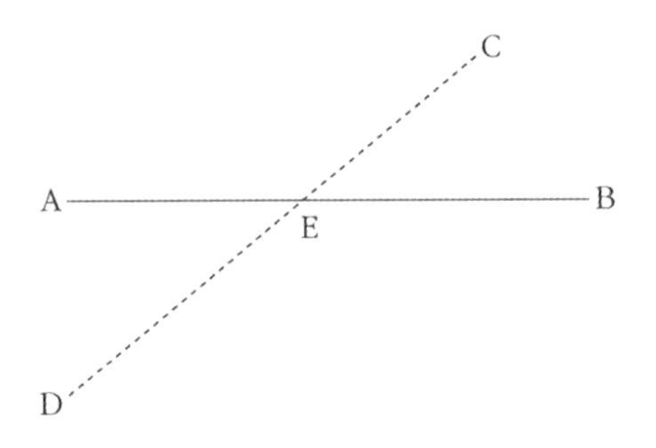

면 신이 그 역할을 한다고도 볼 수 있겠죠. 신이 인간화된 것이 개인의 자유의지이고, 자유의지의 시작점이 주체이며, 인과가 향하는 방향을 결정하는 것이 의도입니다.

지능

마음이 철학적 개념인 데 비해 지능은 생물학적 개념입니다. 지능은 환경에 상대적이에요. 특정 환경에서 문제를 해결하는 능력이지요. '환경 일반'이라는 건 없거든요. 진화 과정에서 생존과 번식에 성공하면 지능이 있다고 해야 합니다. 그런데 우리는 지능도 인간 중심적으로 생각하는 데 익숙해져 있어요. 인간 아동과 비슷한 지능을 가진 동물들을 말하곤 하니까요. 하지만 '각 종마다 일정 수준의 지능을 갖추고 있다'라고 해야 적절합니다. 정글에서는 침팬지가, 바다에서는 돌고래가 더 '똑똑하다'라고 해야 하니까요.

나는 인간과 다른 형태의 지능에 주목해야 한다고 봅니다. 미켈란젤로가 시스티나 성당 천정에 그린 〈천지창조〉는 아주 유명하지요? 이 그림에는 신이 인간의 모습으로 그려져 있지요. 다른 많은 우주 자연 현상도 인간을 중심으로 비추어 보는 경향이 뿌리 깊어요. 소크라테스 전 시대에 활동했던 희랍 철학자 크세노파네스Ξενοφάνης(기원전570?~기원전474?)는 일찍이 인간중심주의 또는 의인법anthropomorphism을 경고한 바 있습니다.

소들, 말들, 그리고 사자들이 손을 갖는다면,
또한 손으로 그림을 그리고 사람이 만드는 것과 같은 작품을 만들어낼 수 있다면,
말들은 말들과 소들은 소들과 유사한 신의 모습을 그릴 것이고,
각기 자신들이 가지고 있는 것과 같은 형체를 만들 것이다.

이런 맥락에서, 사람들은 인간의 이상적 모습을 투사해서 꾸며낸 신을 중심으로 우주의 위계를 '신, 인간, 동물, 식물, 무생물' 순으로 설정하기도 했습니다. 관념론적으로 세계를 재구성한 거지요. 진화론이 등장하기 전까지 이런 일은 흔했습니다.

우리는 혹시 인공지능도 그렇게 여기려고 하는 건 아닐까요? 너무 인간을 흉내 내려고 노력하는 건 아닐까요? 나는 인간지능이나 마음이 인공지능의 기준이나 모델이 될 필요가 없다고 봅니다. 그럴 경우 인공지능이 다른 동물 종처럼 지능을 갖춘 새로운 종으로 출현하게 될지도 모르지요. 물론 나는 생물과 인공지능 사이에 차이

가 크다고 봅니다. 하지만 동물의 지능을 인간지능을 기준으로 평가해서는 안 되듯 인공지능도 차별해서는 안 된다고 봅니다. 인간주의에서 벗어나는 게 기본이라는 말입니다.

3.2 마음과 몸을 가리키는 말들

이제 언어의 차원에서 몸과 마음을 보겠습니다. 몸과 마음을 간단하게 생각하면 되는데 왜 어원을 거슬러보고 옛날 언어와 외국어도 연구해야 할까요? 만약에 어떤 용어가 한국어에서 딱 하나의 의미로 일대일 대응한다면 이런 작업이 필요 없을 겁니다. 나는 마음을 mind의 번역어로 보겠다고 했습니다(물론 soul, spirit 등도 포함하면서요). 이럴 때는 가장 기본이 되는 뜻을 정하고 논의를 시작해야 합니다. 그래야만 논의가 체계적으로 진행될 수 있습니다. 나는 2,500년 전부터 사람들이 마음을 어떻게 이해했는지, 가능한 한 모든 용법을 추적하는 것이 핵심 의미를 파악하는 데 도움이 된다고 봐요. 그게 오늘날 마음의 물음에 접근하는 데 더 깊은 통찰을 줄 거라고 기대할 수도 있습니다. 아직까지 만족할 만한 답변이 없기 때문입니다. 지금부터 그럴 여지를 찾아보겠습니다.

동양에서는 달랐을지 모르지만 적어도 서양에서는 몸과 마음을 대립적으로 보았어요. '동양'이라고 했지만 사실 이 말도 너무 막연한 말입니다. 중국, 몽골, 시베리아, 인도, 아랍, 이란 등 언어와 문화가 다 다른 곳들을 통칭해서 '동양'이라고 부르는 건 유럽인의 편협한 시각일 뿐이니까요. 아무튼 본 강의에서는 동양(?)에도 잘 살펴보면 뭔가가 있으리라는 기대는 한쪽으로 치워두고, 비교적 연구가 잘되어 있는 서양에 국한해서 보겠어요.

직관적으로 몸과 마음은 달라 보여요. 몸은 공간을 차지하죠. 3차원 입체volume입니다. 또한 3인칭으로, 다시 말해 객관적으로 확인이 가능합니다. 반면 마음은 어디에 있는지 콕 짚어 지적하기 어려워요. 마음이 뇌에 있다고는 하는데, 정확히 뇌의 어디인지는 알지 못해요. 뇌를 직접 보고 만지는 신경외과 의사들은 뇌를 쪼개도 마음을 찾을 수 없다고 말합니다. 뇌 과학자들은 마음이 뇌 전체에 그물처럼 퍼져 있다거나, 신경세포들 간의 연결 회로도('커넥톰')일 거라고 말하기도 하고요. 어디에 있는지 잘 모른다는 말을 세련되게 표현했다고 보면 됩니다. 어쨌든 마음은 공간을 차지하지 않는 것 같습니다. 0차원인 점처럼 말이죠. 또한 1인칭으로만 확인되고 주관적이에요. 몸은 장소가 분명한 반면 마음은 장소가 없다non-locality고 보이는 겁니다.

이런 점에서 '몸과 마음은 본성이 다르다, 그래서 교집합이 없다'라는 주장이 전통적으로 있어왔어요. 공통점이 없으니까 이를 이원론dualism이라고 부릅니다. 몸과 마음은 서로 완전히 다르다는 거예요. 철학에서는 이렇게 공통점도 없고 교집합도 없고 완전히 다를 때 '절대적absolute'이라고 불러요. 그리고 다른 데 의존하지 않고 절대적으로 존재하는 걸 '실체substance'라고 규정합니다. 나중에 더 보겠지만 '실체'라는 말의 쓰임이 일상적인 뜻과 다르니까 유의하세요. 한편 서로 뭔가 연결점이 있을 때는 '상대적relative'이라고 해요. 용어를 잘 들여다보면 짐작하겠지만 '관계relation가 있다, 관련ratio되어 있다'라는 말이죠.

몸과 마음의 이원론을 처음 명시적으로 주장한 사람은 통상 데카르트라고 얘기됩니다. 관련된 논의들은 대부분 데카르트에서 시작해요. 우리도 나중에 데카르트가 쓴 글을 직접 읽어볼 거고요. 그런데 데카르트에서 논의를 시작하는 건 잘못입니다. 심하게 말해서 몰역사적이라고도 할 수 있어요. 데카르트보다 거의 2,000년 전에 활동한 고대 희랍 철학자 플라톤Πλάτων(기원전428/427 또는 기원전424/423~기원전348/347)에게서도 몸과 마음의 이원론이 명료한 형태로 주장되고 있으니까요. 우리는 데카르트에 앞서 플라톤의 글도 읽어볼 겁니다.

여러분 모두 플라톤이라는 이름을 들어봤을 거예요. 고대 그리스 철학자라고요. 그런데 나는 '그리스'라는 말 대신 '희랍'이라는 말을 쓸 겁니다. 그리스라는 명칭은 로마인들이 붙여준 거예요. 로마인들이 이탈리아 반도 남부의 식민노시 '그라이코스'를 보고 그 지역을 '마그나 그라이키아(대大그리스)'라고 한 데서 유래한 명칭이죠.

정작 그 사람들은 자신을 '헬라스Ἑλλάς, Hellas'라고 불렀는데, 이걸 한자로 '희랍希臘'이라고 표기한 겁니다. 이들은 오늘날에도 자기 나라를 '엘라다Ελλάδα'라고 부르고, 정확한 국호도 '엘리니키 디모크라티아Ελληνική Δημοκρατία', 즉 Hellenic Republic입니다. Republic of Greece가 아니에요. 나는 그걸 존중해서 그리스 대신 희랍이라고 부를 겁니다.

사실 플라톤의 생각도 그 혼자만의 생각이 아니라 당대에 널리 퍼져 있던 생각을 정리한 겁니다. 그러니 몸과 마음의 이원론은 서양에서 역사가 아주 오래되었다는 걸 알 수 있어요. 희랍인은 몸을 '소마σῶμα'라고 했어요. 영어의 body에 해당하는 말이지요. body에도 오늘날 그런 뜻이 담겨 있지만, 소마는 '시체'를 가리키기도 해요. 물론 '물체'도 가리켜요. 여기서 의문이 듭니다. 몸과 시체와 물체가 같다니? 그냥 외우지 말고 왜 그런지 따져봅시다. 한국인의 통념에서 출발하지 말도록 해요. '몸이 시체 또는 물체와 같다고 희랍인들은 생각했다'라는 식으로 보지 말자는 거죠.

희랍인의 생각에서 출발해봅시다. 인간의 몸은 본래 이런저런 물체와 같은 건데, 살아 있는 동안에는 거기에 생명이 함께하고 있는 겁니다. 그리고 생명이 빠져 나가면 '시체'가 남으며 시체는 물체와 본성이 같다고 희랍인들은 생각한 거고, 나중에 로마인을 거쳐

유럽인 모두가 공유하는 통념이 됩니다. 희랍어 '소마'는 라틴어로는 '코르푸스corpus'라고 하고, 프랑스어 '코르corps'와 독일어 '쾨르퍼Körper'가 여기서 유래했어요. 이 말들은 모두 같은 뜻을 갖고 있습니다. 이렇게 물체와 시체와 몸은 같은 의미인 겁니다. 여기엔 생명이 빠져 있어요. 죽어 있어요. 혼자 움직이지 못해요. 물질세계에서 공간을 차지하면 다 소마고 코르푸스예요. 그리고 신기하게도 전부 한자 '체體'로 옮길 수 있습니다! 가령 heavenly body를 천체天體라고 하듯이요.

여러분, '아식스asics'라고 들어보셨죠? 일본의 스포츠용품 브랜드 말이에요. 그런데 아식스가 원래 무슨 뜻인지도 아시나요? 바로 'anima sana in corpore sano'라는 말의 약칭이에요. 원래는 'mens sana in corpore sano'라는 문구인데 mens를 같은 뜻인 anima로 바꿔 쓴 겁니다. 원래 문구는 로마 시인 유베날리스Decimus Iūnius Iuvenālis(1세기 후반~2세기 초반)의 라틴어 시의 한 구절로, 영어로 직역하면 'A sound mind in a sound body'입니다. 흔히 '건강한 몸에 건강한 정신이 깃든다'라는 뜻으로 알려져 있고 운동을 열심히 해야 생각도 건전해진다는 의미로 해석됩니다. 그런데 유베날리스의 원래 의도는 그게 아니었다고 해요. 원문은 이렇게 시작해요.

건전한 몸에 건전한 마음이 있기mens sana in corpore sano를 기도하라.
죽음을 겁내지 않는 강한 정신을 요청하라fortem posce animum.

그러니까 유베날리스는 건전한 마음을, 강한 정신을 강조했던 겁니다. 이 시구에 등장하는 용어들을 한번 주목해봅시다. 방금 전까지 말했던 소마의 라틴어 corpus가 변화해서 corpore로 등장하죠? 그걸 뒤에서 수식하고 있는 sano는 바로 앞의 sana와 같은 뜻인데 서로 다르게 격변화해서 끝에 모음만 달라진 거예요. 영어 형용사 sound라는 뜻이죠. 앞부분의 mens는 corpus와 쌍을 이루는 말입니다. 영어 mind의 어원이에요. mind의 형용사인 mental에 그 모습이 더 잘 남아 있지요. mens, 그리고 mind는 본래 '기억'을 뜻했어요. 영어 표현 keep in mind에 원래 뜻이 잘 남아 있습니다. 그게 '마음' 또는 '정신'을 가리키는 말이 된 거예요. 아식스 문구에 등장하는 여성 명사 anima도 비슷한 뜻을 갖습니다. anima는 살아 있는 걸 뜻하는데, 영어 animal이나 animation 같은 말의 어원이 되었지요.

고대인들은 숨 쉰다는 걸 살아 있음의 중요한 특징으로 봤어요. 라틴어 anima는 본래 '숨'을 뜻해요. 이 말에 대응하는 희랍어 '프쉬케ψυχή'도 숨을 뜻합니다. 오늘날 psych-가 붙은 말들, psychology(심리학), psychosis(정신병), psychiatry(정신의학) 등의 어원입니다. 희랍 신화 속 에로스의 연인이 프쉬케죠? 사랑과 숨결의 연애인 셈이에요. '프쉬케'라는 말은 숨소리를 적은 의성어 같습니다. "프쉬~" 하면 숨소리잖아요? 사람이 죽으면 숨을 쉬지 않으니까 숨이 빠져 나가 소마만 남았다는 생각도 설득력이 있어요.

한편 라틴어 '스피리투스spiritus'도 '숨' 또는 '호흡'이라는 뜻인데,

여기에서 프랑스어 esprit이 유래했고 다시 영어 spirit이 나왔어요. 또, 기독교에서 spiritus를 번역할 때 사용한 말이 '고스트ghost'인데, 독일어 Geist와 같은 말입니다. 이처럼 서양어에서 많은 경우 '숨'은 생명의 징표이자 '마음'의 어원입니다. 탄생 전이나 죽음 후에 생명이 있는 곳이 바다sea(어근 saiwaz)라는 점에서, sea에서 '혼'을 뜻하는 영어 soul과 독일어 Seele가 유래했다고도 해요. 요약하면, 마음을 가리키는 서양어는 숨, 기억, 생명이라는 특징이 있습니다. 이런 특징은 오늘날 마음이 무엇인지 답하는 과정에서도 참고할 만하다고 생각해 검토해보았어요.

3.3 몸

이제 본격적으로 몸을 고찰할 차례입니다. 물론 내가 고찰하는 범위는 인간의 마음과 인공지능을 논하는 데 도움이 되는 데까지예요. 내가 염두에 두는 건 2장에서 고찰한 '에이전트'의 도해(61쪽)입니다. 사실 동물 또는 인간의 몸이라는 게 바로 그런 에이전트잖아요. 나는 이 도해를 동물행동학ethology의 창시자 에스토니아의 윅스퀼Jakob von Uexküll(1864~1944)이 제시한 도해(131쪽)와 비교하고 싶어요. 윅스퀼은 『Streifzüge durch die Umwelten von Tieren und Menschen: Ein Bilderbuch unsichtbarer Welten(동물들과 인간들의 둘레세계 산책: 보이지 않는 세계의 그림책)』(1934)이라는 흥미로운 책에서 동물 일반의 '기능고리functional cycle'라는 것을 제시했습니다.

도해의 왼쪽부터 보겠어요. 우선 어떤 동물이 있어요. 지각기

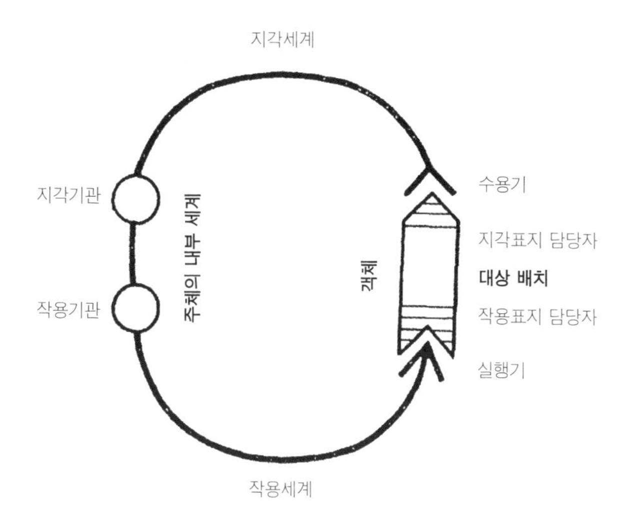

기능고리

관과 작용기관이 이어져 있는데 거기가 '주체의 내부 세계inner world of the subject'입니다. 쉽게 말해 동물의 내부 세계는 뇌를 가리켜요. 감각신경(지각기관)과 운동신경(작용기관) 사이에 뇌가 있다고 보면 됩니다. 이 도식에서의 지각기관과 작용기관에 에이전트 도식에서 본 감지기와 작동기가 각각 대응되는 것 같아요.

이제 화살표 방향을 따라가봅시다. 작용기관은 작용세계action world를 지나 실행기로 나아갑니다. 이 도해에서 실행기는 에이전트 도해의 실행기입니다. 즉, 환경을 변하게 만드는 몸의 운동기관, 가령 손이나 다리 같은 거지요. 이제 실행기는 객체와 만납니다. 이 도해의 객체는 에이전트 도해의 환경에 대응합니다. 물론 이 도해에서 객체는 훨씬 더 복잡한 구조를 갖고 있어요. 객체 부분은 일단 건너

뀌겠습니다. 이제 객체의 어떤 특징이 수용기에 의해 감지되고, 지각세계percept world를 지나 지각기관에 전해집니다. 이 도해의 수용기는 에이전트 도해의 감지기에 대응되지만, 훨씬 구체적이어서 눈이나 귀 같은 몸의 감각기관을 가리키지요. 아무튼 이렇게 해서 하나의 고리(회로)를 한 바퀴 돌았습니다.

객체의 구조를 살피기 전에 명확히 해둘 점이 있어요. 에이전트 도해의 감지기가 이 도해에서는 수용기와 지각기관으로 구분되어 있습니다. 그럼으로써 이 도해는 뇌와 직접 만나는 감각신경과 세계와 만나는 몸의 감각기관을 세분했다는 장점을 갖습니다. 운동신경과 운동기관의 구분도 에이전트 도해에 있었지만, 러셀과 노빅은 애써 그 의미를 축소하는 모습을 보였었지요? 어쨌건 윅스퀼의 도해가 에이전트 도해보다 정확합니다.

더 놀라운 건 객체에 대한 분석에 있습니다. 객체는 '대상 배치counterstructure'라는 것으로 세분되는데, 그 구조는 실행기가 만나는 '작용표지 담당자action-mark carrier'에서 출발해서 수용기와 만날 '지각표지 담당자percept-mark carrier'로 완결됩니다. 윅스퀼은 환경이 무차별적으로 존재하는 게 아니라 동물 주체에 대응하는 객체 형태로 존재한다고 보고 있습니다. 쉽게 말해 한 동물은 시각과 눈에 대응하는 광학적 객체가 있어서 그 나름으로 하나의 고리를 형성하고, 청각과 귀에 대응하는 음향적 객체가 있어서 이번엔 또 나름으로 하나의 고리를 형성하고, 이런 식이라는 거예요. 각 동물마다 그런 고리가 몇 개 있는지를 알면 그 동물의 행동을 모두 알게 되겠지요?

윅스퀼은 진드기의 예를 좋아해요. 프랑스 철학자 질 들뢰즈Gilles Deleuze(1925~1995)와 펠릭스 과타리Félix Guattari(1930~1992)가 『천 개의 고원: 자본주의와 분열증 2』에서 윅스퀼이 든 예를 요약했습니다. 내가 아주 좋아하는 대목이에요.

가령 진드기는 빛에 이끌려 나뭇가지 끝까지 오르고, 포유동물의 냄새를 감지하면 포유동물이 가지 밑을 지날 때 자신을 떨어뜨리고, 가능한 한 털이 적게 난 곳에서 피부 밑으로 파고든다. 세 개의 정감affect, 이게 전부이다. 나머지 시간에 진드기는 잠잔다. 때로는 수년간이나, 광활한 숲에서 일어나는 모든 일에 무관심한 채. 진드기의 권력의 등급은 두 극한 사이에, 즉 죽기 전의 포식이라는 최상의 극한과 굶으면서 기다림이라는 최악의 극한 사이에 감싸여 있다.

비단 진드기만 그런 게 아니고, 모든 동물은 자기 나름의 세계를 갖고 있어요. 이 점은 뒤에서 다른 예들을 통해 설명하겠습니다. 나는 에이전트 도해는 물론 일반적 학습 에이전트 도해가 윅스퀼의 이 도해를 바탕으로 다시 그려져야 한다고 봅니다. 이를 위해 나는 이 도해에서 고리의 상반부(수용과 지각)와 하반부(작용과 실행), 그리고 내부세계(뇌와 신경계)를 더 자세히 살피려 합니다.

지각

세계를 지각한다는 말이 무슨 뜻인지, 지각 과정에서 어떤 일이 일어나는지 살펴보기 위해 시각을 예로 들어보겠습니다. 다른 감각들도 별로 다르지 않다는 점을 먼저 말하고 싶어요. 주요 감각인 청각, 촉각, 미각, 후각도 지각의 기본 메커니즘은 똑같아요. 시각을 예로 들면 좋은 건, 다른 감각들에 비해 비교적 객관적으로 확인이 가능하기 때문이에요. 그런 점에서 시각의 특권을 말할 수도 있겠어요. '보다'라는 것의 의미와 시각의 특권과 관련해서는, 5장에서 조금 더 검토하겠습니다.

몸의 감각기관인 눈을 통해 세계를 볼 때 무슨 일이 일어날까요? 우리는 세계에 관해 정보를 수용하는 걸까요, 선별하는 걸까요? 아니면 세계를 변형하는 걸까요? 그것도 아니면 세계를 꾸며내는 걸까요? 나는 이 네 가지 측면을 확인해보고 싶어요. 이에 대해 비교적 최근에 방송된 관련 자료가 있습니다. EBS에서 제작한 〈감각의 제국〉이 그건데, 총 6부작 중 1부 〈살아 있는 모든 것은 감각한다〉를 꼭 보길 권합니다. 관심이 있으면 6부 〈이기적 본능, 공감〉도 보면 정리가 더 될 거예요. 나머지는 굳이 권하고 싶지는 않습니다.

먼저 모양이나 형태를 볼 때 어떤 일이 일어나는지 확인해보겠어요. 그림(135쪽)을 함께 봐요. 딱 보기에 어떤가요? 왼쪽 그림은 중앙 부분이 튀어나온 것처럼 보이고 선들이 볼록하게 휘어 있습니다. 오른쪽 그림은 가로로 그어진 선들이 기울어져 있고요. 그런데 직접 자를 대고 확인해보세요. 선들은 휘어 있지 않습니다!

우리가 평상시에 어떤 것을 볼 때 흔히 이런 착각을 범합니다. 모양에 관련해서 인간에게는 착각이 정상입니다. 우리는 이를 입증

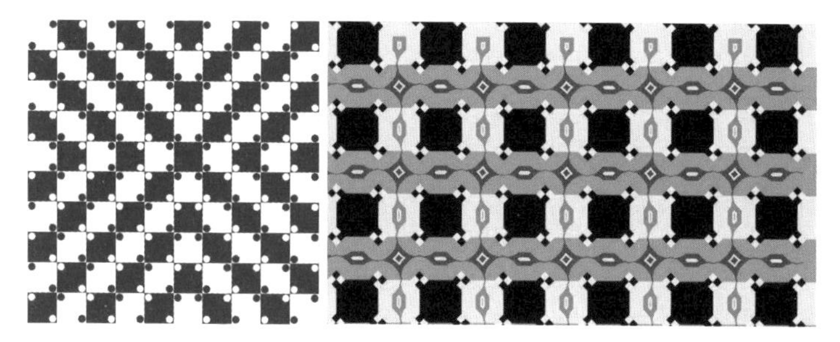

하는 너무도 많은 자료를 갖고 있어요. 이 영상의 끝부분이 굉장히 재미있는데(QR코드 참조), 시각적 착각이 인간뿐 아니라 최소한 고양이에게도 일어난다는 걸 볼 수 있습니다. 그렇다면 어떤 종種에게까지 그런 착각이 일어나는 걸까요?

이번에는 색을 볼 때 어떤 일이 일어나는지 보죠. 2015년에 전 세계를 달구었던 드레스 사진, 기억나나요? 일명 '파검·흰금' 논란이었지요. 그림(136쪽)을 직접 보고 자신한테 어떤 색으로 보이는지 스스로 확인해보세요. '파란 바탕에 검은 레이스'라는 의견과 '흰 바탕에 금색 레이스'라는 의견이 대략 반씩 갈릴 겁니다. 이 논란이 일어나자 UCLA의 신경과학자 매트 리버만Matt Liberman이 트위터에 사진을 하나 올렸어요. 딸기가 놓인 접시 그림인데, 여러분은 어떻게 보이나요? 연한 파란색 필터를 끼고 찍은 듯한 빨간 딸기가 보입니다. 그런데 놀랍게도 이 사진에는 빨간색 색소가 전혀 없습니다.

왜 이런 일이 일어나는 걸까요? 바로 '색 항상성color constancy' 때문입니다. 본래 색 자체는 변하지 않지만 현실에서 사물의 색은 상

황에 따라 늘 변합니다. 하지만 우리 뇌는 그걸 고려해서 원래의 색을 복원해서 보려고 하는 거예요. 그런 작용 때문에 그림의 딸기가 빨간색으로 보이는 거죠. 실제로는 빨간 색소를 전혀 포함하고 있지 않는데도요. 우리가 직접 눈으로 본 색도 뇌가 재구성한 색에 불과하다는 겁니다.

그럼 눈의 구조를 잠깐 보겠습니다. 우리 눈을 해부학적으로 살펴보면 시신경이 모여 시각 정보를 뇌로 전하는 곳에는 시각 세포가 없습니다. 그곳을 맹점이라고 불러요. 수정체를 통과해 들어온 시각 정보 중 맹점에 도달하는 것들은 사실 보이는 거라고 할 수 없습니다. 그런데 우리가 세상을 볼 때에는 뚫려 있거나 텅 빈 곳이 있다고 경험하지 않습니다. 뇌가 그곳을 적절하게 메우기 때문이지요. 뇌는 없는 정보도 있는 것으로 만드는 일을 하고 있는 겁니다. 칠레의 인지생물학자 마투라나Humberto Maturana(1928~)와 바렐라Francisco Varela(1946~2001)는 다음과 같이 간결하게 말합니다.

맹점 실험에서 놀라운 점은 **우리는 우리가 보지 못한다는 걸 보지 못한다**는 점이다.

끝으로 시각 정보의 양을 알아보겠습니다. 여러분 오른팔을 뻗쳐 주먹을 쥐고 엄지를 치켜세워 보세요. 엄지손톱이 보이지요? 우리가 세상을 볼 때는 바로 그만큼의 시각 정보만 우리에게 들어온다고 해요. 그런데 세상은 참 광활하고, 보이는 모든 부분이 꽉 채워져 있지요? 이 역시 뇌의 작업 때문이라고 합니다. 뇌는 소량의 정보로 일종의 포토샵 또는 컴퓨터그래픽CG 작업을 해서 우리에게 세계를 제시합니다. 기존에 저장되어 있는 정보를 적극 활용해서 처리 부담을 줄이는 거예요.

간략하게 보았지만 모양, 색, 맹점, 정보량 등을 고려할 때 눈으로 직접 본다는 것의 정체를 말하기는 쉽지 않아 보여요. 어떤 점에서는 세계 속에 있는 것을 본다고 말하기 어려운 것 같기도 합니다. 왜냐하면 많은 경우 우리는 뇌가 가공한 결과물을 보고 있으니까요. 앞에서 지각작용의 과정은 무의식적이고 그 산물만 의식된다고 했었지요? 그게 진실이에요. 그리고 이 점은 다른 감각들의 경우에도 크게 다른 것 같지 않아요. 실제로 있는 것을 보는 게 아니라 보인 게 본 것인 겁니다. 어떻게 보이게 되었는지는 의식이 접근할 수 있는 영역이 아닙니다. 보인 건 본 것이고, 보이지 않은 건 없는 겁니다. 우리는 지각된 결과물을 직접 마주할 뿐입니다. 우리는 뇌가 꾸며낸 결과물만 의식합니다. 궤변 같지요? 하지만 본다는 것과 관련해서, 감각한다는 것과 관련해서, 지각한다는 것과 관련해서는 그게 진실인 것 같습니다.

이제 후각의 예를 통해 지각이 일어나는 과정을 정리해보겠습니다. 2004년 노벨생리의학상을 받은 내용인데요. 꽃향기 분자가 코의 후각 수용기olfactory receptor에 붙으면, 그 수용기가 화학적으로 활성화되어 신경망을 통해 전기 신호를 대뇌까지 보냅니다. 다른 감각들도 원리가 같아요. 화학적 신호가 전기 신호로 바뀌어 전달되는 거죠. 흥미롭게도 이 과정이 식물에서도 관찰되었습니다. 빛, 중력, 물을 감지해서 정보가 뿌리에 전달되는 식이었지요. 아무튼 뇌는 받아들인 정보를 처리해 신경을 통해서 운동을 담당하는 세포들에게 신호를 보내고 운동을 일으킵니다.

주목해야 할 것은 뇌가 바깥 세계와 만나는 일은 결코 없다는 점입니다. 뇌는 특정하게 변환된 전기 신호만을 접할 뿐입니다. 그렇다면 바깥 세계라는 것은 무엇일까 하는 궁금증이 생깁니다. 뇌는 두개골이라는 통 안에 갇혀 있습니다. 화학 반응이 일어나서 전기 신호로 바뀐 다음 뇌로 전달되는 과정에서, 다른 전기 신호가 간섭을 일으키면 어떤 일이 일어날까요? 간섭이 일어나면, 뇌는 바깥 세계에 대한 정보가 아닌데도 바깥 세계라고 받아들일 겁니다. 뇌가 겪게 되는 지각 결과에 대한 판단은 바깥 세계의 실상에 절대적으로 의존하는 것은 아니라는 얘기입니다. 바깥 세계와 무관하게 지각이 일어나는 망상delusion인 겁니다. 망상과 착각이 지각의 바탕이라는 사실은 우리를 당혹시키기에 충분합니다. 교정될 수 없는 선험적 틀인 것이지요.

운동

운동이란 몸이 환경에 물리적 힘을 행사해서 환경을 바꾸는 작용을 가리킵니다. 물론 그렇게 해서 바뀐 환경은 다시 몸에 작용하고, 몸은 감각기관을 통해 그걸 지각하겠지요. 그런데 앞에서 윅스퀼의 기능고리를 통해 보았듯이 운동은 지각과 고리를 이루면서 일어납니다. 각 동물마다 특유한 기능고리들이 있는 것 같습니다. 이 점을 윅스퀼이 만든 둘레세계Umwelt 개념을 통해 더 자세히 살펴보겠습니다.

윅스퀼은 환경Umgebung, environment과 둘레세계를 구별합니다. 다음 두 개의 그림 중 왼쪽 그림은 짚신벌레의 환경입니다. 환경은 '둘레'를 뜻하는 독일어 um과 주어진 것을 뜻하는 Gebung이 합쳐진 말로, 생물 주변의 객관적 세계objective world 전부를 가리킵니다. 오

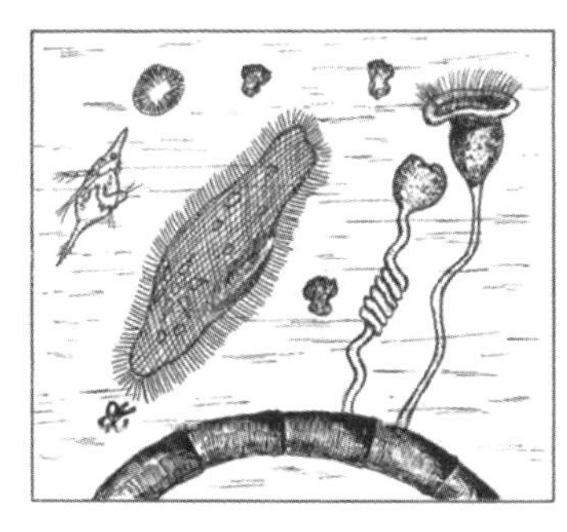
짚신벌레의 환경

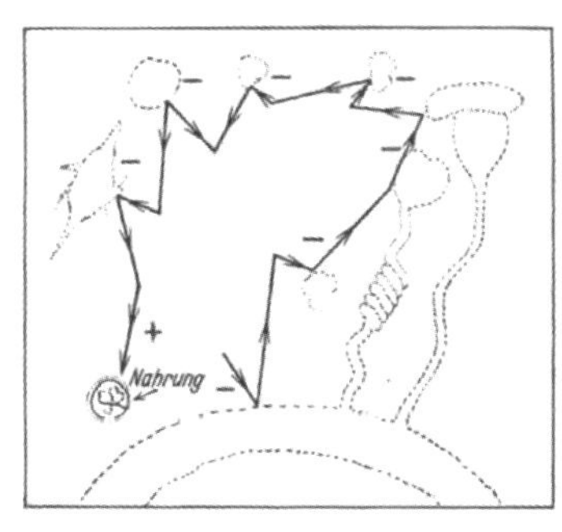

짚신벌레의 둘레세계

른쪽 그림은 짚신벌레의 둘레세계입니다(Nahrung은 '먹이'라는 의미예요). 둘레세계는 um과 '세계'를 뜻하는 Welt가 합쳐진 말로, 종래에는 '환경세계'라고 옮기기도 했습니다. 그런데 이렇게 되면 '환경'과 잘 구별되지 않아서 둘레세계라고 새로 번역해보았습니다. 영어권에서는 그냥 Umwelt라고 표기하는 경우도 있고 subjective world(주관적 세계)라고 하기도 합니다. 여기에서는 짚신벌레만의 주관적 세계라는 뜻으로 이해하면 됩니다.

짚신벌레의 환경에서는 여러 가지 것들이 구별됩니다. 그렇지만 짚신벌레는 어디서든 무엇에든 자극을 받으면 뒤로 도망갑니다. 그러다가 방향을 약간 틀어 다시 앞으로 움직입니다. 유일하게 자극이 되지 않는 건 부패한 박테리아 같은 먹잇감입니다. 이것이 짚신벌레 자신이 살아가는 세계로, 둘레세계 그림에 잘 나타나 있습니다. 짚신벌레에게는 먹이냐 아니냐 말고 다른 구별은 무의미합니다.

그런데 가만히 생각해보면 짚신벌레의 환경은 인간의 둘레세계일 뿐입니다. 말하자면 인간이 본 것들이지, 실제로 있는 것들을 다 보여주고 있다고 할 수는 없습니다. 가령 박쥐는 초음파를 듣고 나비는 자외선을 보지요. 인간은 그런 것들을 지각하지 못합니다. 꽃이 예뻐서 나비가 꽃으로 간다고 인간은 생각하지만 자외선 촬영을 해보면 전혀 그렇지 않습니다. 나비의 눈에 꽃은 기하학적인 모양을 하고 있을 뿐, 예쁘게 보이는 건 아닙니다. 그래서 여러 종의 생물들이 한 공간에 있더라도 지각하는 것은 서로 다를 수밖에 없습니다. 물론 이 지각은 운동과 짝을 이루어 고리를 형성하고요.

윅스퀼이 제시한 다른 예를 통해 이 점을 살펴보겠습니다. 나는 윅스퀼의 책 초판(당연히 희귀본이죠)을 서울대학교 중앙도서관 고문헌자료실에서 관내 대출해서 봤는데, 실제로 컬러 그림이 있더라고요. 요즘처럼 컬러 인쇄가 없던 시절이기 때문에 일일이 붓으로 색칠한 것이 인상적이었습니다. 한 권 갖고 싶더군요.

세 개의 그림 중 첫 번째 그림은 인간의 방입니다. 각각의 색은 서로 다른 의미 또는 값value을 표시합니다. 가령 소파, 등받이 의자, 스툴, 둥근 의자는 앉을 수 있다는 점에서 같은 값을 갖습니다. 컵과 접시는 담기는 내용물이 다르기 때문에 다른 값을 갖습니다. 우리는 방 안에 있는 사물들을 이런 식으로 구별합니다. 두 번째 그림은 개의 방입니다. 인간의 방과 비교해볼 때 가장 먼저 눈에 띄는

Farbbild 2 Das Zimmer des Menschen

인간의 방

Farbbild 3 Das Zimmer des Hundes

개의 방

Farbbild 4 Das Zimmer der Fliege

파리의 방

건 둥근 의자가 서랍장이나 책꽂이와 같은 값을 갖고 있다는 점입니다. 아마도 올라갈 수 없는 곳이라서 그럴 겁니다. 그런데 재미있게도 둥근 탁자도 같은 값을 갖고 있어요. 올라갔다가는 주인한테 두들겨 맞을 테니까 올라갈 수 없는 곳으로 지각하는 거겠지요. 전등갓은 빛이 나오는 곳이라 다른 값을 갖는 것 같네요. 세 번째 그림은 파리의 방입니다. 파리에게는 자기가 앉을 수 있는 곳과 먹거리가 있는 곳 딱 둘밖에는 구별되지 않는 것 같네요. 심지어 개한테도 컵에 든 음료와 접시에 있는 안주가 구별되는데 말입니다.

이처럼 각 종마다 운동 가능성과 관련해서 지각된 세계가 서로 다릅니다. 아마도 이 차이는 개인에게도 있을 것 같습니다. 초록색 칠판에 붉은 분필로 글을 쓴다면 적록색맹인 사람에게는 아무것도 지각되지 않을 겁니다. 그렇다면 우리는 각자 자기만의 둘레세계를 살아가는 걸까요? 종이 진화하면서 자기만의 둘레세계를 갖게 된 것처럼 인간도 얼마간은 같은 둘레세계를 갖고 있을 거라 짐작할 수 있습니다. 그렇지만 사회마다 개인마다 서로 다른 둘레세계가 있다고 생각하지 않을 이유도 없습니다.

뇌와 신경계

마투라나와 바렐라는 지각과 운동의 중간에 있는 신경계가 바깥 세계와 별도로 자율적으로 형성되었다고 주장합니다. 이들이 제시한 유명한 개념이 자기생성autopoiesis입니다. auto는 희랍어로 '자기'라는 뜻이고 poiesis는 희랍어로 '생산, 창조'라는 뜻입니다. 자기생성은 생물을 정의하기 위해 도입한 개념이지요.

자기생성 기계a autopoietic machine란 성분들의 생산 과정들(변형과 파괴)의 네트워크로 조직된 기계(통일체로 정의된)이다. 그 성분들은 (ⅰ) 상호작용들과 변형들을 통해 그 성분들을 생산한 과정들(관계들)의 네트워크를 끊임없이 재생성하고 실현하며, 또한 (ⅱ) 그것들(성분들)이 기계의 실현의 위상학적 영역을 그런 네트워크로 특정함으로써 존재하는 공간에서 그것(기계)을 구체적 통일체로 구성한다.

생물은 환경에서 에너지와 물질을 끌어들여 또 다른 자신을 만들어내는 시스템인데, 생성자와 생성물이 같다는 특징을 갖습니다. 그래서 '자기생성'이라는 기묘한 개념을 쓰는 겁니다. 이것을 잘 예시해주는 것이 네덜란드 미술가 에셔Maurits Cornelis Escher(1898~1972)의 석판화 〈그리는 손들Drawing Hands〉입니다. 이 그림에서 주목해야 하는 건 손 하나하나가 아니라 압정 같은 것으로 판에 꽂혀 있는 종이 전체입니다. 바로 이 전체가 자기생성 시스템인 거예요.

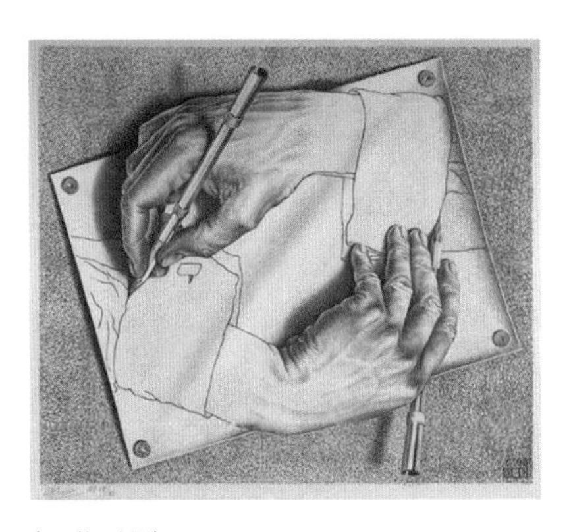
〈그리는 손들〉

하지만 생물이라는 자기생성 시스템은 자율적면서도

닫혀 있습니다. 이는 신경계의 작용이 바깥 세계에 대한 지각과 독립해서 발생했다는 관찰을 통해 입증되었지요. 생물은 환경과의 상호작용 과정에서 서로의 구조에 영향을 주면서 안정을 확보할 뿐입니다. 이것이 감각-운동 짝짓기라는 형태로 구현되는 '구조 짝짓기 structural coupling'입니다. 실패는 곧 사멸이겠지요.

이걸 설명하기 위해 마투라나와 바렐라는 잠수함 안에서 평생을 살면서 한 번도 밖으로 나온 적이 없고 잠수함 조종을 훈련받은 사람이, 암초에 부딪히지 않고 수면에 떠오른 장면을 상상해보자고 합니다. 바깥의 관찰자는 암초를 잘 피해 수면에 떠올랐다고 축하하지만 조종사는 무슨 말인지 전혀 이해하지 못합니다. 그는 조종 장치를 움직였을 뿐이라는 거죠. 심지어 자신이 잠수함에 타고 있다는 말마저도 농담으로 치부합니다. 이를 마투라나와 바렐라는 이렇게 해명합니다.

> 바깥 세계를 모르는 조종사가 탄 잠수함의 상태 변화의 역학은 결코 바깥의 관찰자가 보는 세계의 표상들을 가지고 조작에 의해 발생한 것이 아니다. 이 역학은 '바닷가', '암초', '수면' 따위를 포함하지 않는다. 오직 일정 범위 안에 있는 계기計器들 사이의 상관관계를 포함할 뿐이다. 바닷가, 암초, 수면 같은 존재물들은 오직 바깥의 관찰자에게만 타당할 뿐, 잠수함에게 또는 잠수함의 한 성분으로 기능하는 조종사에게는 타당하지 않다. 이 비유에서 잠수함에게 타당한 것은 모든 생명계living systems에게도 타당하다.

상황이 이러하다면 우리가 계속 맞닥뜨렸던 문제가 다시 발생합니다. 예를 하나 보겠습니다. 『앎의 나무』에는 나무 열매를 따먹는 이구아나 그림이 나옵니다. 신경계가 자율적으로 발생한다면 이 이구아나에게 바깥 세계라는 것이 있기나 할까요? 이구아나는 어떻게 성공적으로 열매를 따먹을 수 있을까요? 즉, 정확한 지각과 정확한 운동을 어떻게 해내는 걸까요? 지각과 운동의 짝짓기는 우연히 생겨나는 걸까요? 생물학적으로 내부 세계가 자기 스스로 만들어지는 거라면 도대체 지각이란 무엇이며 어떤 역할을 하는 걸까요?

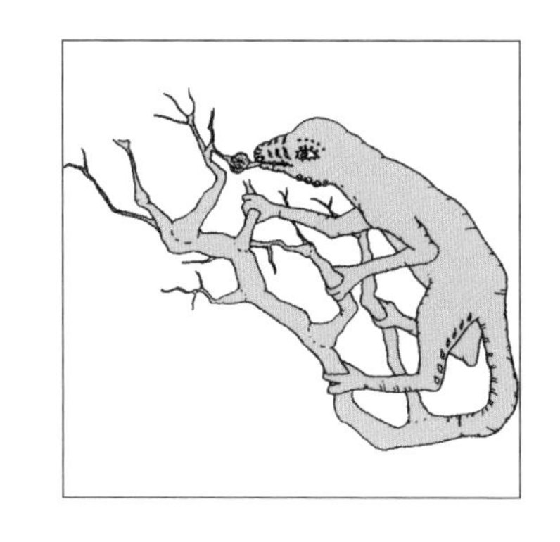

이건 마치 평생 가상현실Virtual Reality, VR 장비를 착용하고 있는 사람이 세계 속에서 성공적으로 살아가는 것과 흡사합니다. VR 체험을 하면서 음식을 먹는데, 실제 우리 몸의 일부로 편입되는 그런 일이 일어나는 겁니다! 사실 우리는 왜 이런 일이 일어나는지 모릅니다. 단지 우연의 일치일지도 모르지만, 적어도 이런 일치가 일어나지 않았다면 그 어떤 생물이건 진화 과정에서 살아남지 못했을 거라는 점은 분명합니다. 그렇다면 앞으로는 어떻게 될까요? 그건 아무도 모릅니다. 마투라나와 바렐라는 구조 짝짓기를 통해 생물과 환경이 함께 진화했다고 설명합니다. 충분한 설명은 아니지만, 훌륭한 가설임에는 틀림없습니다.

3.4 동물과 식물의 마음

동물animal의 어원이 마음anima이라고 했잖아요? 그럼 인간 말고 동물에게도 마음이 있을까요? 서양의 오랜 전통에서 마음은 인간에게만 고유하다고 보았어요. 하지만 최근의 연구에 따르면 동물에게도 마음이 있는 것 같아요. 특히 유인원의 경우는 이 점이 더 분명해요. 1971년에 샌프란시스코 동물원에서 태어난 암컷 고릴라 코코Koko의 사례를 볼까요(QR코드 참조). 당시 스탠퍼드대학교 심리학 박사과정 중에 있던 페니 패터슨Penny Patterson은 동물원의 동의를 받아 이듬해부터 코코를 연구하기 시작했어요. 지금까지 코코는 1,000개 이상의 수화를 배웠고 거의 2,000개의 영어를 구어로 이해하는 것처럼 보인다고 해요. 코코는 기쁨, 슬픔, 사랑, 고민, 어색

함 등 자신의 감정을 표현하는 것은 물론, 이가 아프다는 걸 수화로 전달해 치료를 받기도 했어요.

다른 유인원인 보노보, 침팬지, 오랑우탄은 물론이고 회색앵무새, 회색돌고래, 프레리도그, 코끼리, 박쥐 등의 소통 연구도 활발히 진행되고 있습니다. 개체 차원에서 마음을 갖고 있다고 보기 어려워도 집단 차원에서 마음을 갖고 있는 듯 보이는 꿀벌이나 개미와 같은 경우도 흥미롭습니다(이걸 '떼 지능Swarm Intelligence'이라고 해요). 모든 동물이 마음을 갖고 있다고 주장하려는 건 아니에요. 하지만 인간 말고 몇몇 동물들이 마음을 갖고 있다는 게 사실이라면(진화론적으로 충분히 가능하기도 하고요), 어떤 동물 종까지 마음을 갖고 있는 걸까요? 마음이 무엇인지 알아가는 과정에서 함께 탐구해야 할 내용입니다.

식물은 어떨까요? 진화 과정에서 식물은 동물보다 더 늦게 생겨났습니다. 동물은 스스로 움직이니까 뭔가 생각이 있어 보이는데, 식물은 생물이긴 하지만 혼자 움직이지 못하잖아요. 그런데 놀랍게도 식물에게 지능이 있다는 연구가 나와요.

포플러 나무는 해충이 달라붙어서 자신을 갉아 먹으면, 해충의 천적을 부르는 화학물질을 분비해요. 천적이 와서 해충을 잡아먹도록 하는 거죠. 기계적 반응이라고 할 수도 있는데, 이 포플러 나무의 다른 이파리에 다른 해충이 오면 이번에는 더 빠른 속도로 더 많은

화학물질을 분비한다고 합니다. 더 빨리 제거하는 거죠. 한 나무 안에서 굉장히 정교하게 활동한다고 말할 수 있습니다.

영상을 하나 볼까요(QR코드 참조). 애기장대Arabidopsis 풀 위에 애벌레를 올려놓아 풀을 갉아 먹게 하고 그 소리를 녹음합니다. 다음에 그 녹음한 소리만을 다른 애기장대 풀에게 들려줘요. 그러면 소리만 듣고도 애벌레를 쫓기 위해서 처음 애기장대 풀이 그랬듯이 머스터드 오일을 방출합니다. 식물에게서 나타나는 이런 반응의 정체는 무엇일까요?

일찍이 다윈은 식물에게도 지능이 있고 그 중심에는 뿌리가 있을 거라는 가설을 세웠습니다. 2016년 말에는 그런 가설이 실험적으로 확인됐다고 해요. 뿌리가 식물 전체의 최적의 생장 환경을 만든다는 거예요. 잎에서 흡수된 빛은 관다발을 통해 직접 지하의 뿌리까지 전달됩니다. 관다발이 신경망 역할을 해요. 전달된 빛은 결과적으로 다양한 유전자들의 발현을 촉진해 뿌리의 형태와 생장을 조절하고, 나아가 지상의 잎과 줄기 생장에도 영향을 줍니다. 뿌리는 물을 향해 간다고 알고들 있지만, 사실은 빛으로도 향할 수 있습니다. 광합성을 통해 에너지를 모으도록 말이죠. 게다가 모든 토양 환경 신호를 수용해서 식물의 생존을 보장하기도 하고요.

약 5억 년 전 식물은 동물과는 달리 '고착 생활'이라는 진화 전략을 택했습니다. 이리저리 움직이지 않으면서도 더 효율적인 생존 방식을 찾은 거죠. 하지만 식물이 움직이지 못한다는 생각은 잘못된 생각입니다. 식물도 스스로 움직이는데 단지 아주 느리게 움직일 뿐이에요. 정지해 있는 것 같지만 오랜 시간 촬영해서 빠른 속도로 재생하면 식물도 움직인다는 걸 확인할 수 있어요. 이런 이야기들을 하는 건 식물에게 마음이 있다는 걸 강하게 주장하고 싶어서가 아닙니다. 다만 마음이 무엇인지 탐구하는 과정에서 참고할 점이 없는지 검토하려는 거죠. 특히 마음이 우주와 생명의 진화 끝에 탄생했다는 점을 잊지 않는다면 이런 검토는 충분히 의미가 있어요.

3.5 우주 역사에 자유의지는 없다

몸과 마음의 관계를 살필 때 꼭 등장하는 주제가 자유의지입니다. 자유의지는 '마음에서 몸으로의 작용'과 관련해서 중요한 쟁점이죠. 그런데 1979년에 자유의지가 없다는 실험적 증거가 제기되었습니다. 물론 그 전까지도 몇몇 철학자(대표적으로 스피노자와 니체)들은 자유의지가 없다고 주장해왔지만 사람들은 자신의 체험이라는 생생한 증거를 통해 이를 부정할 수 있었어요. 하지만 실험적 증거가 나왔다면 사정은 달라질 수밖에 없겠지요? 미국의 심리학자 벤저민 리벳Benjamin Libet은 1983년에 동료들과 함께 「Time of Conscious Intention to Act in Relation to Onset of Cerebral Activity(Readiness-Potential)-The Unconscious Initiation of a Freely Voluntary Act(뇌 활동의 착수(준비전위)와 관련해서 행동하려는 의식적 의도의 시간: 자유롭고 자발적인 행동의 무의식적 개시)」라는 획기적인 논문을 발표합니다. '준비전위readiness potential'란 운동 준비 상태를 형성할 때 대뇌피질의 운동영역에서 나타나는 전위인데, 실험의 내용을 간단히 설명하면 이렇습니다.

실험 참가자에게 준비전위를 측정하기 위한 기구를 설치한 다음 둥근 시계 앞에 앉아서 아무 때나 버튼을 누르게 시켰습니다. 그리고 자기가 버튼을 누르겠다고 처음 자각한aware 시간을 보고하게 했습니다. 준비전위가 측정되는 시점(RP), 버튼을 누르는 시점(B), 자각한 시점(A)이 각각 구별되겠지요. 상식적으로는 버튼을 눌러야겠다고 마음먹은(A) 후에 근육을 움직이게 된다고(RP) 여겨지죠. 즉, 자유의지가 있다면 A, RP, B 순서로 일이 일어나야 합니다. 그런데 여러 차례 실험을 해봤더니, 버튼을 누른 시점을 기준(0밀리초)으로 버튼을 누르기 위해 근육이 준비하기 시작하는 시점은 0.5초 전(-500밀리초)이며, 버튼을 누르겠다고 자각한 시점은 0.2초 전

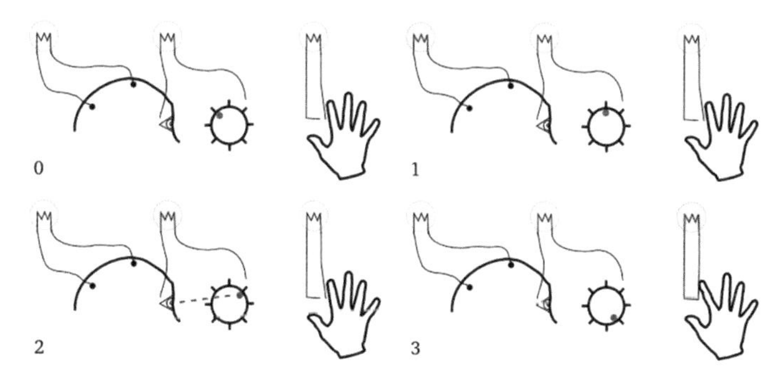

리벳의 실험

(−200밀리초)이었습니다. RP, A, B 순서로 일이 일어난 겁니다. 버튼을 누르겠다고 자각하기 전에 이미 근육이 움직이기 시작했다는 거예요. 내가 뭘 하겠다고 자각하기 전에 이미 행동이 시작되었다는 거니까 이른바 자유의지는 순전한 착각일 뿐이라는 겁니다. 실험의 설계나 정확성, 결과에 대한 해석 등 많은 논란이 뒤따랐지만 그 후에 진행된 다른 실험들도 리벳의 발견을 보강하는 결과들을 보여주고 있습니다.

그런데 자유의지가 없다는 게 왜 문제일까요? 오히려 이 우주에 자유의지가 있다는 게 놀라운 일 아닐까요? 지금까지 알려진 바에 따르면, 우리 우주는 약 138억 년 전에 빅뱅과 함께 탄생했습니다. 플랑크 시간(10^{-43}초) 이전 시기는 물리적으로 기술이 불가능하죠. 우주 탄생 3분까지는 양성자, 중성자, 렙톤이 생성되고, 양성자와 전자가 결합해 중성자를 생성하고, 중성자와 양성자가 핵융합을 통해 헬륨 원자핵과 극소량의 리튬을 생산했습니다. 빅뱅 후 38만 년이 지났을 때 온도가 충분히 낮아지면서 전자와 원자핵이 결합해서 비로소 원자가 형성되었어요. 빅뱅 후 3억 년경에 우주는 수소와 헬륨으로 가득 차 있었고, 이 원소들이 뭉쳐 최초의 별들이 탄생했습니다. 여기서 말하는 별은 태양과 같은 항성恒星, star을 가리키는데, 수소와 헬륨이 핵융합 반응을 일으켜 에너지를 생성하기 때문에 스스로 빛을 내요. 항성을 공전하는, 지구와 같은 천체는 행성行星, planet으로 구별되죠.

별에서 핵융합 반응이 일어난다는 건 무척 중요합니다. 질량이 큰 별들에서는 핵융합 반응으로 생겨난 헬륨이 중심으로 모이고, 그 후 별의 내부에서 헬륨 핵융합 반응을 거쳐 수소, 헬륨, 탄소, 산소, 네온, 마그네슘, 규소…순으로 핵융합이 일어나다가 마지막에 철이 생성됩니다. 그 후 별은 폭발하게 되고, 그 잔해가 우주로 흩어지죠. 이런 과정이 반복되면서 자연계에 존재하는 92개의 원소가 만들어진 겁니다. 한편 지구는 45억 6,700만 년 전에 태양계가 형성되던 것과 비슷한 시점에 형성되었어요. 지구를 구성하는 대부분의 물질은 우주에서 왔다고 합니다. 지구 자체가 별들의 시체들이 모여 있는 무덤인 거예요.

적어도 약 38억 년 전에는 최초의 생물이 생겨났다고 합니다. 분자생물학적 증거에 따르면, 사람아족Hominina이 침팬지아족Paninina과 갈라진 건 약 750만 년 전에서 560만 년 전이라고 하며, 사람속Homo 중 오늘날 유일하게 남아 있는 건 호모 사피엔스Homo sapiens뿐인데, 모계로만 유전되는 미토콘드리아 DNA를 비교해본 결과 약 20만 년 전에 '미토콘드리아 이브', 즉 모든 현대인에서 발견되는 유전적 특질을 지닌 최초의 엄마 조상이 살았었다고 합니다. 현생인류의 역사가 20만 년 정도인 셈이니 우주의 역사를 하루로 놓고 보면 인류는 23시 59분 59초에 등장한 셈이지요.

간략하게 우주, 지구, 생명, 인간의 역사를 살펴보았습니다. 생명의 탄생과 인간의 탄생 사이에서 마음이 탄생한 거라면, 그리고 마음 활동의 일부로서 자유의지라는 게 있는 거라면 실은 자유의지가 우주에 존재한다는 게 오히려 더 놀라운 일입니다. 그런데도 많은 사람들이 자유의지가 있다고 '주장'합니다. 주로 종교, 도덕, 법 쪽에서 자유의지가 있어야 한다는 요청이 제기됩니다. 자유의지는 책임의 소재 문제와 직결되기 때문입니다. 만일 누군가가 자기 뜻에 따라 행동한 게 아니라면 그는 그 행동 및 결과에 대해 '원리상' 책임질 수 없을 테니까요. 책임질 능력을 갖추고 있지 못하다는 뜻입니다. 아주 어린 아이나 기계장치 로봇이 책임질 능력이 없는 것과 마찬가지이지요. 그렇게 되면 종교, 도덕, 법이 다 무너지는 게 아니냐고 반문하는 사람도 있을 겁니다. 하지만 거꾸로 지금까지 책임을 물어왔던 관행 자체가 부당하다고 답변할 수도 있습니다. 복수심 때문에 처벌을 요구했던 것일 뿐, 근거 없는 부당한 요구였다는 거지요. 자유의지란 루쉰이 『아Q정전』에서 말한 정신승리일 따름이라는 말입니다. 자유의지를 요청하는 입장 쪽에서 증거를 대는 게 필요한 단계라고 해두겠습니다.

3.6 뇌를 통해 마음에 접근할 수 있을까

마음이 공간적으로 '어디에' 있는지는 특정하기 어렵다고 했지만 마음이 뇌와 밀접하게 관련된다는 것은 분명한 것 같습니다. 확실하게 말할 수는 없으나 뇌는 몸인데 마음은 몸이 아니라고 생각됩니다. 마음은 뇌와 밀접한 관계가 있다고 생각되지만, 또 별개의 것이라고도 생각됩니다. 그래서 뇌 연구를 통해 마음을 더 잘 알 수 있을지 따져보는 게 필요합니다. 뇌를 연구한다는 것과 뇌 연구를 통해 마음을 알 수 있다는 것은 별개의 문제입니다. 뇌 연구가 얼마까지 가능한지도 살펴봐야 합니다. 뇌를 들여다보면 마음이 보일까요? 이 물음을 철학적으로 살피겠습니다. 아울러 뇌를 연구하는 과정에서 있을 수 있는 문제들을 톺아보겠습니다.

뇌의 측정

이제 뇌를 어떻게 연구하는지 살피도록 하죠. 잘 알려져 있듯이 뇌는 두개골에 싸여 있고 외부와 직접 만나지 않습니다. 뇌에는 감각 신경이 없어요. 단지 감각신경 및 운동신경과 연결되어 있어서 바깥세상과 관련을 맺을 뿐이죠. 그렇다면 두개골 안에 있는 뇌를 어떻게 연구할 수 있을까요?

먼저 뇌파 측정을 보겠습니다. 사진을 보세요. 익숙하죠? 뇌는 뉴런들로 구성되어 있고, 뉴런들은 전기 신호를 주고받습니다. 이 전기 흐름을 뇌파brainwave 또는 뇌전도腦電圖, electroencephalography, EEG라고 합니다. 뇌파는 심신의 상태에 따라 각각 다르게 나타나기 때문에 뇌의 활동 상황을 알려주는 가장 중요한 지표입니다. electroencephalography는 '뇌cephal 안에 있는en 전기electro의 그림graphy'이라는 뜻입니다. 머리를 깎거나 전도성 젤을 바른 부위에 전극을 부착하고 각 전극을 앰프에 연결한 뒤, 전압을 증폭해서 스크린에 표시하거나 컴퓨터에 입력할 수 있습니다. 뇌에 직접 장치를 꽂을 수는 없으니까요. 앞서 살펴본 리벳 실험도 EEG를 활용한 것입니다.

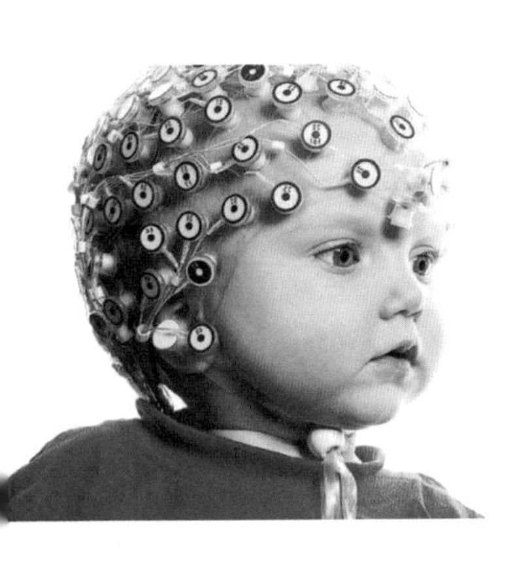

뇌파 측정의 장점으로는 뛰어난 시간 해상

도time resolution를 꼽을 수 있습니다. 리벳의 실험에서처럼 밀리초, 즉 1,000분의 1초 단위로 측정할 수 있기 때문에 반응을 즉각 읽어낼 수 있습니다. 하지만 뇌는 단순한 표면이 아니라 입체입니다. 그래서 뇌파는 신호가 매우 미약하고 공간 분해능spatial resolution이 매우 낮아서 정작 뇌의 어느 부위에서 어떤 작용이 일어났는지 정확히 알기 어렵습니다. 뇌파 측정의 원리상 한계입니다.

다음으로 자기공명영상Magnetic Resonance Imaging, MRI이 있습니다. 자기장이 발생하는 커다란 자석 통에 인체를 넣고 고주파를 발생시키면 몸의 수소 원자의 전자가 공명하면서 자기장이 변하는데, 이때 나오는 전자기파를 측정하고 컴퓨터로 재구성해서 영상을 만들어 보는 겁니다. 이 전자기파의 주파수는 FM라디오 대역과 비슷해서 검사실 내부에 다른 전자기파가 들어올 수 없게 완전히 밀폐해야 합니다. 실제로 검사실에다 MRI 장비만 달랑 들여놓는 게 아니라, 검사실을 만드는 순간부터 함께 설치돼야 한다고 해요. 장비 자체는 영화나 드라마에서 본 적 있을 거예요.

MRI의 장점은 X선이나 CT와 달리 방사능 피폭이 없어서 한 사람이 여러 차례 찍어도 해롭지 않다는 겁니다. 실험을 하면서 시간을 둬가면서 추적 조사를 할 수 있다는 말이죠. EEG와 비교하면

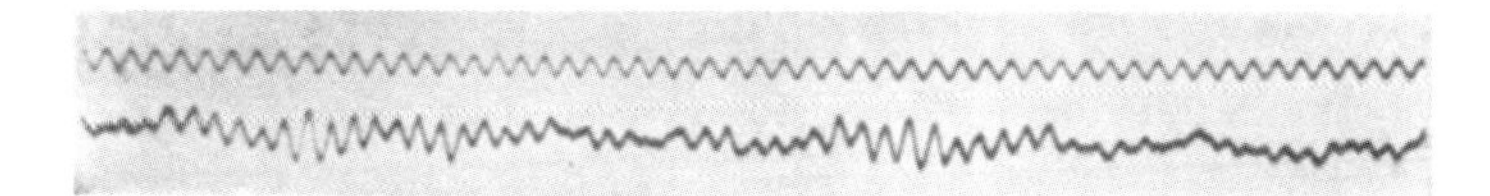

1924년에 처음 측정한 인간의 뇌파

당연히 공간 분해능도 뛰어납니다. 단점도 몇 가지가 있어요. 먼저 EEG에 비해 시간 해상도가 2초로, 무척 낮습니다. 측정 과정과 관련된 단점도 있어요. 우선 큰 원통형 기계에 사람이 들어가야 하기 때문에 피검사자가 폐소공포증이 있으면 곤란하고, 강한 자기장을 빠른 속도로 걸어야 하고 기계 내부도 냉각해야 해서 이 과정에서 기분 나쁜 소음이 들리고요, 검사실 내부가 춥고 진동이 있기 때문에 스트레스를 주기도 합니다. 강한 자기장 때문에 자석에 붙는 금속(틀니, 철심, 반지, 볼펜, 인공심장박동기 등)을 지니면 안 된다는 점도 언급할 수 있지만, 이거야 주의하면 되니까 본질적인 문제는 아닙니다.

기능 자기공명영상functional Magnetic Resonance Imaging, fMRI은 MRI로 뇌의 활동 또는 기능을 찍은 겁니다. MRI가 스냅사진을 찍는 것과 비슷하다면 fMRI는 3차원 동영상을 찍는 거라고 비유할 수 있겠네요. 뇌를 연구하려면 3차원 뇌 전체를 포괄하는 약 30장에서 60장 정도의 이미지가 영화 프레임처럼 수백 번 반복되어야 하는데, 이것으로 3차원 동영상을 만듭니다. 뇌에 대한 생생한 연구가 가능해진 거죠. 뇌의 어느 부위에 활동이 많아지면 일시적으로 혈류가 증가하는데, 이때 혈당과 산소공급, 헤모글로빈 양이 증가하는 특성을 활용하는 겁니다. 산소와 결합된 헤모글로빈은 철 이온과 결합되어 있고, 산소를 넘겨주고 이산화탄소를 받은 헤모글로빈은 철 이온과의 결합 상태가 달라서 자기장에 주는 영향이 달라지거든요. fMRI는 이 신호 차이를 찍습니다. 최근 기술의 발전으로 MRI의 시간 해상도는 몇백 밀리초로 낮아졌고, 뇌 전체를 3차원 스캔하는 것도 0.5초 이내로 걸린다고 합니다. 그래도 아직 갈 길이 멀다고 할 수 있습니다. fMRI로 뇌 전체의 3차원 이미지를 스캔하는 데 기존의 30분에서 8.5분으로 단축된 것일 뿐이니까요.

우리는 fMRI 이미지를 최근에 많이 접합니다. 실제로는 막 움직이죠. 뇌의 기능과 관련한 연구 결과에는 이런 fMRI 동영상이 꼭 등장합니다. fMRI는 만능열쇠인 셈입니다. 그런데 주의할 점이 몇 가지 있습니다. 먼저 fMRI의 기술적 한계를 두 측면에서 고찰하겠습니다. 우선, 기술이 발전하면 확실히 나아지겠지만 fMRI의 낮은 시간 해상도를 꼽을 수 있습니다. 우리의 생각은 아주 빠른 속도로 변합니다. 당장 뉴런의 반응 속도가 1,000분의 1초 단위라고 합니다. 그런데 fMRI로 뇌 전체를 스캔하는 데 걸리는 시간은 너무 깁니다(2011년 기준 8.5분). 시간 해상도가 여전히 너무 낮은 거예요. 과연 생각의 속도를 따라잡을 수 있을 정도로 스캔 속도가 빨라질까요? 뇌의 산소 농도 변화를 측정하는 것이 과연 생각의 변화를 측정하는 걸까요? 이런 문제들이 있다는 걸 짚고 가야 합니다.

다음으로 볼 것은, 우리가 보는 fMRI 동영상은 실제로는 컴퓨터그래픽이라는 점입니다. 모양도 비교적 또렷하고 서로 다른 색을 띠고 있는데, 기계가 측정한 건 그런 게 전혀 아닙니다. fMRI는 전자기파를 측정할 뿐이에요. 그 전자기파는 도대체 생각과 어떤 밀접한 관련이 있는 걸까요? 또, 신경세포는 크기가 너무 작아서 일정한 덩어리로 묶어서 측정할 수밖에 없습니다. 이를 2차원 정보 단위 픽

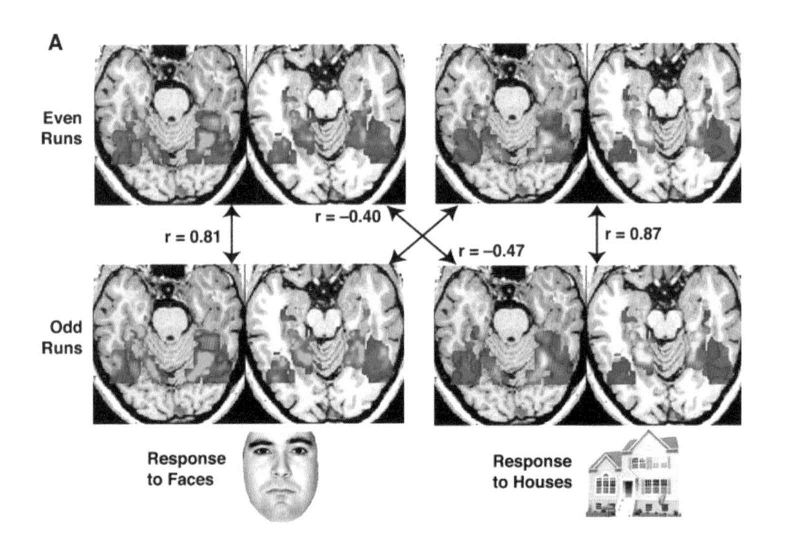

fMRI로 촬영한 이미지

셀pixel과 대비해서 3차원 정보 단위 복셀voxel이라고 하는데요, 연구자들은 연구의 편의상 임의로 복셀을 지정해서 그것들을 측정합니다. 이렇게 측정된 자료들은 적절하게 통계 처리되어 결과물을 내지요. 그런데 바로 그 통계 처리 과정에 심각한 오류 가능성이 있으며, 통계 분석 프로그램 자체도 많은 문제를 내포하고 있다는 겁니다. 죽은 연어를 fMRI 기기로 촬영했는데, 활성화된 신경 조직이 있다고 보고되었을 정도라고 합니다. 물론 이런 기술적 한계가 점차 극복되어 언젠가는 완전히 극복될지도 모르죠. 하지만 아직까지는 이런 한계들이 있다는 걸 알고는 있어야 하지 않겠어요? 원리상 기술적 한계가 있을 수도 있는 일이고요.

그 밖에 양전자 방출 단층 촬영Positron Emission Tomography, PET과 컴퓨터 단층 촬영Computer Tomography, CT을 동시에 수행하는 양전자/컴퓨터 단층 촬영PET/CT 스캐너를 이용하기도 하는데, 같은 대상에 대해서도 fMRI와 관측 결과가 다르게 나타나기도 하고 fMRI와 비슷한 문제를 드러내기도 하는 등 아직까지는 한계를 보이고 있습니다.

어떤 뇌를 연구할까

이제부터 다룰 문제는 더 본질적입니다. fMRI로 뇌와 마음에 대해 꽤 많이 알아냈다고 칩시다. 그런데 정말로 알아낸 건 과연 뭘까요? 분명하게 말할 수 있는 건, fMRI로 측정한 뇌들에서 얻어낸 정보를 통해 마음을 알게 된다는 점입니다. 과연 뇌 연구를 통해 마음을 알 수 있는지의 문제는 잠시 따지지 않기로 합시다. 여기에서 한 가지 의문이 듭니다. 앞서 보았듯이 MRI 장비에 들어갈 수 있으려면 정상적인 몸과 뇌를 가지고 있어야 합니다. 폐소공포증이나 공황장애가 있는 사람은 MRI 측정 환경을 견딜 수 없습니다. 발작이 일어나기 십상이거든요. 아마 소리에 예민한 음악가도 제대로 촬영하기 힘들 거예요. 요컨대 fMRI로 측정되는 뇌는 정상적이고 평균적인 뇌입니다. 정상인의 뇌를 촬영하면 그것이 뇌 자체일까요? 이런 사실이 의미하는 바가 뭘까요? 이건 철학적인 문제입니다.

다른 각도에서 이 문제를 살필 수 있습니다. 우리가 인간의 마음 또는 정신에서 제일 중요하게 생각하는 능력은 무엇일까요? 다른 많은 능력이 있겠지만 우리는 '창조성'을 가장 중요하게 생각하는 것 같아요. 사실 인류의 문명과 문화는 창조성을 매개로 여기까지 왔잖아요. 과학, 수학, 예술, 기술, 사상 등 중요한 대부분의 영역에서 발전을 선도한 건 창조성이었습니다. 그렇다면 창조력은 어디에서 나오는 걸까요? 인간은 아직 이 물음에 답할 능력이 없습니다.

다만 창조적인 인간은 정상적이고 평균적인 인간과 분명하게 다르다는 점은 관찰되어온 사실입니다. 여기서 내가 묻고 싶은 건 이런 겁니다. '창조적인 뇌'(이런 표현이 가능하다면)를 fMRI로 측정할 수 있을까요? 많은 경우 창조적인 뇌와 광기는 긴밀한 관계에 있는 것 같으니 말이에요. 다시 말해 창조적인 뇌가 다 그런 건 아닐지라도 많은 경우 '미친 뇌'일진대, 그렇다면 MRI 측정 환경을 견디기 어려울 거라는 이야기입니다. 꼭 미친 건 아니더라도 너무 예민해서 그 흉측한 상황을 견디기 어려운 경우도 있겠고요. 이건 광범위하게 검증해봐야 하겠습니다만, 내 개인적인 경험과 관찰에 따르면 분명 중요한 문제입니다. fMRI를 통한 뇌 연구가 갖는 '실험 대상과 관련된 한계'라고 표현할 수 있겠습니다.

마음의 가장 중요한 특징을 보여주는 뇌(창조적인 뇌)를 탐구할 수 없다면, 기술적으로 가능하더라도 실제적으로 불가능하다면 이건 심각한 문제입니다. 뇌 연구를 통한 마음 탐구에 근본적인 한계가 있다는 말이거든요. 내가 '근본적'이라고 표현한 건 뇌 연구로는 마음을 완전하게 탐구할 수 없을 거라는 점 때문입니다. 뇌 기능을 일정하게 제한해야만 창조적 뇌를 탐구할 수 있다면 정확한 연구가 이루어질 수 없을 테니까요. 이 점을 나는 굉장히 중요한 문제로 보는데, 여러분 생각은 어떤지 잘 정리해보기 바랍니다.

말이 나온 김에 창조성의 특징을 아주 약간만 살펴보겠어요. 영국 철학자 밀John Stuart Mill(1806~1873)이 쓴 『자유론』(1859)이라는 얇은 책을 참고할 수 있습니다. 밀의 다른 사상은 다 생략하고, 평가도 생략하고, 이 책에 나오는 '천재'에 대한 논의만 볼 생각이에요. 여기서 말하는 천재는 남다른 능력을 타고났다는 측면보다는 남다른 결과를 만들어낸다는 측면에서 봐야 해요. 천재의 특징은 새로운 관례, 발전된 행동, 수준 높은 취향과 감각을 선보인다는 데 있다고 밀은 말합니다. 이를 위해서는 자유로운 실험이 필요한데 천재가 갖고 있는 독창성, 개별성, 강한 성격, 파격, 개성 덕분에 이런 실험이 실천될 수 있습니다. 다수의(천재는 소수일 테니까요) 기준을 따르지 않는 경향이 강하다는 이유로 미쳤다고 혹은 엉뚱하다고 압박하면서 좁은 틀에 가두면 결과적으로 사회에 좋지 않다는 것이 밀의 결론입니다.

나는 한 걸음 더 나아가서 실험에 대한 무한한 권장이 있어야 한다고 봅니다. 나쁜 결과를 낼 수도 있다는 이유로 실험을 금지하는 일이 있어서는 안 된다는 거죠. 솔직히 말해 아무리 법규를 통해 실험을 금지한다 해도 몰래 실험하는 사람들은 항상 있게 마련이잖아요? 따라서 실험을 금지하는 게 중요한 게 아니라 그 어떤 결과라도 수용할 수 있을 정도로 강한 사회를 만드는 게 중요하다고 봐요. 아무튼 이건 내 생각이고, 아래에 밀의 글을 데려왔으니 잘 읽어보기 바랍니다.

우리 삶에서 새로운 진실을 발견하고 한때 진실이었던 것이 이제 더 이상 진실이 되지 못하는 때를 간파하는 사람만 소중한 것은 아니다. 남이 하지 않는 관례를 처음 만들고, 더욱 발전된 행동과 더 수준 높은 취향과 감각을 선보이는 사람도 필요하다. … 분명히 말하지만 아무나 이런 일을 할 수 있는 것은 아니다. 많은 사람들 가운데서도 극히 일부만이 새로운 실험을 주도할 뿐이다. 사람들이 그 새 길을 따라간다면 사회 전체가 한 단계 더 발전할 가능성이 있다. 이들 소수야말로 세상의 소금과 같은 존재이다. … 끊임없이 샘솟는 독창성으로 기존의 이론과 관례가 그렇고 그런 구습으로 굳어버리는 것을 방지해주는 사람들이 없다면, 그런 죽어버린 전통은 새롭게 부각되는 것들이 가하는 최소한의 충격에도 버티지 못한다. 비잔틴 제국이 보여주듯이 문명 자체가 죽어버릴 수도 있다. 천재는 언제나 소수일 수밖에 없다. 이는 지금도 그렇지만 앞으로도 언제나 변함없을 진실이다. 그들을 보호하기 위해서는 그들이 살 수 있는 토양을 만들어주어야 한다. 천재는 **그 속성상** 다른 사람들보다 **더** 개인적이기 때문에, 사회가 각 개인이 자기 기분대로 살아가지 못하게 쳐놓은 작은 그물 속으로 들어가는 것을 다른 사람들보다 더 어려워한다. 그들이 제재를 두려워한 나머지, 그 작은 틀 속으로 억지로 들어가 사는 데 동의

한다면, 그래서 그런 억압 속에서 자신의 재능을 사장시킨다면, 사회는 천재들에게서 아무것도 얻지 못할 것이다. 만일 천재적 재능을 가진 사람들 가운데 누군가가 강한 성격에 힘입어 자신들을 둘러싼 족쇄들을 깨뜨려버릴 수 있다면, 이들이야말로 자신들을 평범함 속에 가두어버리려고 시도하는 사회(마치 나이아가라같이 큰 강이 더치 운하처럼 좁은 쪽으로 잘 흘러가지 못한다고 불평하듯이, 그들의 행동에 대해 '미쳤다', '엉뚱하다'라고 하면서 압박을 가하는 사회)를 위한 푯대가 될 것이다. … 소수의 뛰어난 사람이 대중의 생각과 다른 방향으로 자유롭고 거리낌 없이 행동하고 살아가도록 장려되어야만 한다. 여느 시대 같으면, 그들이 대중과 다르게 행동하는 것 자체는 별 의미가 없고 오로지 더 나은 행동을 할 때만 긍정적인 평가를 받을 것이다. 그러나 지금 이 시대에서는 획일성을 거부하는 파격, 그리고 관습을 따르지 않는 것만으로도 인류에게 크게 봉사하는 셈이 된다. 오늘날에는 무언가 남과 다른 것을 일절 용납하지 않을 정도로 여론의 전제專制가 심하다. 바로 이런 이유 때문에 색다르게 행동하는 것이 바람직하다. 그래야 그러한 전제를 부숴버릴 수 있기 때문이다. 언제나 강한 성격이 충만할 때 거기에서 남다른 개성이 꽃핀다. 그리고 한 사회 속에서 남다른 개성이 자유롭게 만개할 수 있는 가능성은, 일반적으로 그 사회가 보여주는 탁월한 재능과 정신적 활력 그리고 도덕적 용기와 비례한다.

우리는 밀의 논의를 참고하면서 정상normal과 비정상abnormal, 규범norm, 표준standard 등의 주제를 널리 살펴볼 수 있습니다. 정상인지 비정상인지를 개인의 취향taste 차원에서 논하기는 어렵습니다. 그 문제는 사회적 차원에서만 의미가 있습니다. 규범 또는 표준에 부합하는지 여부가 정상인지 비정상인지를 가르니까요. 하지만 잘 살펴보면 규범이나 표준은 결국은 다수 또는 권력의 문제입니다.

생물의 차원과 사회적 차원을 보겠습니다. 생물에게 과연 무엇이 정상일까요? 아마 환경에 최적화된 몸을 갖춘 개체가 정상일 겁니다. 하지만 환경이 변하면 그 몸은 오히려 취약해지거나 심지어 사멸합니다. 반면 비정상이었던 개체들은 변한 환경에 오히려 적합할 수 있습니다. 돌연변이가 진화에 기여하며, 진화 자체를 가능케 한다는 건 잘 알려져 있습니다. 그렇다면 절대적인 의미에서 정상은 좋고 비정상은 안 좋다고 말하기 어렵겠지요? 정상은 해당 시점에서의 수의 문제인 것 같습니다. 시점이 변하면 얼마든지 변할 수 있고 새로운 다수와 정상이 등장하는 거죠.

사회적 차원에서 정상이란 사회 통념상 다수인 것을 가리킵니다. 따라서 정상에는 역사성이 있습니다. 처음에는 소수 의견이었던 것이 나중에 정상이 되기도 하고 정상이었던 의견이 폐기되기도 합니다. 지금은 정상이라고 얘기하는 것이 몇십 년 전만 해도 비정상이었던 사례들은 충분히 많습니다. 여성 인권이 의미 있는 개념이 된 건 100년도 안 된 일입니다. 역사 속에는 정상 자체가 비정상인 상황도 많았습니다. (과학 지식은 긴 안목에서는 누적적으로 발전하기 때문에 해당되지 않습니다. 과학과 비과학이 있는 것이지, 정상인 과학과 비정상인 과학이 있는 게 아닙니다.) 정상이란 다수의 힘, 가장 강한 힘에서 나옵니다. 그러다 보니 당연히 바람직한 쪽으로의 변화만 있는 건 아닙니다. 선동, 교육, 광고 등에 쉽게 좌우되는 측면도 있으니까요. 정상과 비정상은 질의 문제가 아닙니다. 비정상이 질적으로 우수할 수도 있습니다. 밀이 주장하듯 인류를 발전시킨 자들은 처음에는 비정상으로 간주되었습니다. 비정상의 대표는 괴짜나 범죄자입니다. 하지만 긴 시간을 놓고 봤을 때 범죄자는 사회를 퇴보시키지 않으며 괴짜는 틈을 비집고 들어가 새로운 것을 찾아냅니다. 그 어떤 인간이건 진보에 보탬이 될 수는 있어도 퇴보에는 별 역할을 하지 못합니다. 일어난 일을 되돌리는 건 인간이 할 수 없는 일이니까요.

3.7 기계의 확장

이 지점에서 중요한 질문을 하나 던질 필요가 있습니다. 기계란 무엇일까요? 기계라는 말로 떠올리는 전통적인 사례는 '시계'입니다. 톱니바퀴, 지렛대, 태엽 등의 부품들로 이루어져 있고 처음 설계한 대로 작동하는 기술 기계technological machine 말입니다. 오늘날 이 부품들이 반도체와 전기와 나노 크기의 정밀 기계로 폭을 넓혔을 뿐, 기계에 대한 통념은 별로 달라진 게 없습니다. 자크 모노Jacques Monod(1910~1976)와 프랑수아 자코브François Jacob(1920~2013) 이후 세포 역시도 생화학적 수준에서 기계적으로 작동한다는 것이 밝혀졌습니다. 다른 생명체와 마찬가지로 인간도 화학적 기계라는 겁니다. 하지만 인간은 이 사실을 받아들이려 하지 않고 있지요.

모노의 걸작『Le Hasard et la Nécessité(우연과 필연)』(1970)의

끝부분을 함께 읽어보면 좋겠어요. 여기에서 모노는 창조주인 신은 없으며 우주의 우연으로부터 탄생한 생명체인 인간은 신에서 유래한 가치와 도덕에 더 이상 의지하지 않고 홀로 살아가야 한다고 말합니다. 섬뜩한 진실이지요. 하지만 인간이 가치와 의미가 필요하다고 해서 다시 죽은 신을 불러들이는 것도 해결책은 아닙니다. 출구를 스스로 뚫어가는 수밖에 없는 거죠.

> 현대 사회는 과학이 발견해 준 부와 권력을 받아들였다. 하지만 과학의 가장 심오한 전언傳言은 받아들이지 않았으며, 거의 듣지도 않았다. … 우리 사회는 과학에 힘입은 모든 권력으로 무장하고 모든 부를 향유하면서도, 바로 이 과학에 의해 이미 뿌리까지 파산한 가치 체계를 여전히 살아가고 가르치기를 시도하고 있다.
> … 이 전언을 그 안에 있는 모든 의미와 함께 받아들인다면, 인간은 마침내 수천 년의 꿈에서 깨어나 자신의 전적인 고독을, 자신의 근본적인 이방異邦을 발견하게 된다. 이제 그는 마치 보헤미안처럼 자기가 살아가야 할 우주의 여백에 있음을 알게 된다. 우주는 인간의 음악을 듣지 못하며, 그의 괴로움이나 죄에 대해서와 마찬가지로 희망에 대해서도 무관심하다. 하지만 그렇다면 누가 죄를 정의하랴? 누가 선악을 이야기하랴? 모든 전통 체계는 윤리와 가치들을 인간 영역 바깥에 놓았었다. 가치들은 인간에게 속해 있지 않았다. 가치들은 강요되었었고, 가치들에 속해 있던 게 인간이었다. 이제 인간은 가치들이 인간에게만 있다는 걸 안다. 마침내 주인이 된 인간은 가치들이 우주의 무관심한 공허 속으로 용해되는 듯 여

긴다. 그렇기에 현대인은 과학 쪽으로, 아니 차라리 과학에 맞서 등을 돌린다. 현대인은 과학이 갖고 있는, 몸만이 아니라 영혼 자체까지도 파괴하는 끔찍한 권력을 헤아리고 있다.

… 구약舊約은 깨졌다. 마침내 인간은 자신이 우연히 출현했던 우주의 무관심한 광막함 속에 홀로 있음을 안다. 인간의 운명이나 의무는 그 어디에도 쓰여 있지 않다. 인간은 왕국과 암흑 중에서 선택해야 한다.

우리는 기술 기계의 범위를 전자 기계와 생물로까지 넓혀보았습니다. 아무리 그렇게 넓혔어도 기본 발상은 같습니다. 그런데 이와는 완전히 다른 발상을 한 사람들도 있습니다. 먼저 새뮤얼 버틀러Samuel Butler(1835~1902)의 생각을 소개하겠습니다. 유토피아utopia는 희랍어의 '없는ou-'과 '장소topos'라는 두 말이 합쳐진 표현이지요. 영어로 바꾸면 nowhere인데, 버틀러는 이 말의 철자 순서를 바꿔 『Erewhon』(1872)이라는 책을 펴냈습니다. 이 책에서 그는 기계에 대한 새로운 발상을 제시합니다. "The Book of the Machines(기계들의 책)"이라는 제목이 붙은 23, 24, 25장에 그 아이디어가 등장하는데, 흥미롭게도 이 대목은 튜링이 인공지능 문제를 최초로 다룬 1950년 논문에서 9개밖에 안 되는 참고문헌 중 하나로 등장합니다. 아마 과학자들 대부분은 알지도 못하고 관심도 없는 사실일 테지만요. 버틀러의 사고실험은 다음과 같이 진행됩니다. 우선 모노의 발견에서와 비슷하게, 유기체는 기술 기계에 불과하다는 겁니다.

우리가 가장 순수하게 정신적이라고 생각하는 것들도, 지레들의 무한한 계열들 속의 평형의 교란에 불과한데, 저 지레들은 너무 작아 현미경으로도 볼 수 없는 것들에서 시작하며, 인간의 팔과 팔이 이용하는 기기들appliances에까지 이른다.

하지만 이번에는 반대 관점에서 기계가 유기체의 연장이라고 말합니다. 인간은 다른 하등 동물들과 달리 기계들을 사방에 흩어놓고 필요할 때 이용한다는 겁니다.

인간은 기계적인machinate 포유류이다. 하등 동물들은 모든 지체肢體를 자기네 몸 안에 편히 간직하고 있지만, 인간의 지체들은 대부분 헐렁해서, 이탈한 채, 때로는 여기에 때로는 저기에, 세계의 다양한 곳들에 있다. 그 몇몇은 우연히 사용할 수 있도록 늘 가까이 두고 있으며, 다른 몇몇은 때로는 수백 마일 떨어진 채로 놓여 있다.

우리가 이 강의실에 모이게 된 과정을 떠올려보면 쉽게 이해됩니다. 버스나 지하철, 도로망과 철도망, 주유소, 전기, 수도, 통신 등의 인프라는 사실 인간의 연장인 기계들입니다. 안경, 의치, 계절에 맞는 옷, 신발을 비롯한 각종 보철물prosthesis, 또 오늘날에는 스마트폰까지도 모두 그런 기계들입니다. 버틀러가 제시한 첫 번째 아이디어는 전통적인 기계 개념으로 유기체를 설명하려 했습니다. 반면 두 번째 아이디어는 기계를 유기체의 확장으로 보려 했고, 충분히 타당한 견해입니다. 그렇지만 이 생각들은 아직까지는 기계와 생명체의 구분을 전제하고 있는 듯합니다. 다른 본성을 갖고 있지만 서로 수렴될 수 있다는 정도인 거죠.

버틀러는 여기서 멈추지 않습니다. 버틀러가 문제 삼는 것은 동종同種 간에 이루어지는 '재생산(생식) 체계' 그 자체입니다. 그런 재생산 체계는 생물에게만 있다고 여겨지는데, 기계도 나름의 재생산 체계를 지니고 있다면 정말로 생물과 기계 사이의 차이가 없어지는 거지요. 버틀러의 명문을 직접 보겠습니다. 인용이 좀 길고 어려울 수도 있지만 함께 보도록 합시다.

동물들의 재생산 체계는 식물들의 그것과는 광범위하게 다르다. 하지만 둘 모두 재생산 체계이다. … 확실히, 기계가 다른 기계를 체계적으로 재생산할 수 있다면, 그것은 재생산 체계를 갖고 있다고 말할 수 있으리라. 재생산 체계란, 재생산을 위한 체계가 아니라면, 무엇일까? … 뒝벌이 (그리고 오직 뒝벌만이) 붉은 클로버가 재생산生殖할 수 있기 전에 그것을 돕고 지원하기 때문에, 붉은 클로버는 재생산 체계를 갖고 있지 않다고 누가 말하겠는가? 아무도 그럴 수 없다. 뒝벌은 클로버의 재생산 체계의 일부이다. 우리들 각자는, 우리 자신의 것과는 완전히 별개인 존재성을 지닌 미세한 극미동물들aninalcules에서 유래했다. … 이 작은 피조물들은 우리의 재생산 체계의 일부이다. 그렇다면 왜 우리가 기계들의 재생산 체계의 일부가 아니란 말인가? … 복합된 기계 전체를 단일한 대상으로 여김으로써 우리는 오도되었다. 사실, 복합된 기계는 하나의 도시 내지 하나의 사회로, 그 각 성원은 진실로 자신의 유kind에 따라 길러졌다. 우리는 하나의 기계를 하나의 전체로 보며, 그것에 하나의 이름을 붙이고, 그것을 개체화한다. 우리는 우리 자신의 지체들을 바라보며, 그 조합이 재생산 작용의 단일한 중심에서 생겨난 하나의 개체를 형성한다는 것을 안다. 따라서 우리는 단일한 중심에서 생겨나지 않는 재생산 작용은 있을 수 없다고 가정한다. 하지만 이 가정은 비과학적이다. 또한, 증기 기관이 같은 유의 다른 하나 내지 두 개의 증기 기관에 의해 전적으로 만들어진 적이 없다 해도, 이 단순한 사실이, 증기 기관들은 재생산 체계가 없다고 우리가 말할 수 있게 보장하기에는 충분치 않다. 사실상, 그 어떤 증기 기관이건 그 각 부분은 그 자체의 특수한 양육자breeder들에 의해 길러지는데, 이들의 기능은 저 부분, 그리고 저 부분만을 길러내는 것이다. 반면 부분들을 하나의 전체로 조합하는 일은 기계적 재생산 체계라는 또 다른 부분을 형성한다. … 모든 부류의 기계들은 아마 자신의 특유한 기계적 양육자들을 갖게 될 것이며, 모든 상위의 기계들은 자신들의 실존을 둘만이 아닌 다수의 부모에게 기대게 될 것이다. … 기계들에게 작용하고 기계들을 만드는 것이 인간인 것과 마찬가지로, 인간들에게 작용하고 인간을 인간으로 만드는 것은, 바로 기계들이다.

버틀러는 우선 재생산 체계란 재생산을 위한 체계라고 규정한 후, 비록 종은 다르지만 뒝벌이 붉은 클로버의 재생산 체계의 일부라고 말합니다. 더 나아가 증기 기관도 그걸 이루는 여러 부분들이 제각기 만들어지고 발전하는 것이기에 이종異種의 부모들을 재생산 체계로 갖고 있다고 합니다. 심지어는 인간을 기계의 재생산 체계라고 주장하는 데까지 가게 됩니다. 기차를 한번 봅시다. 처음에는 증기 기관차 형태로 존재했지요. 철도망도 미미했고요. 그다음, 어떤 일이 일어났나요? 증기 엔진은 내연 기관으로, 다시 전기 모터로 바뀌었고 철도망은 지구를 구석구석 뒤덮었습니다. 경이롭게 진화한 겁니다. 이 과정에서 인간이 재생산 체계로 기능했다는 점은 부인하기 어렵습니다. 놀라운 발상이 아닐 수 없습니다. 그리고 이 발상은 생태학적 관점에서 더 잘 납득할 수 있을 겁니다.

버틀러의 생각을 더 밀고 간 철학자가 들뢰즈와 과타리입니다. 아주 최근까지 활동했던 철학자들이에요. 내가 박사학위논문 주제로 다루기도 했고요. 들뢰즈와 과타리는 기술 기계의 존재를 인정합니다. 다만 같은 기술 기계라도 언제나 같은 기능을 하는 건 아니라는 점에 착안합니다. 이를 위해 이들은 우선 미국의 사상가 루이스 멈퍼드Lewis Mumford(1895~1990)한테서 '거대 기계megamachine'라는 개념을 빌려 옵니다. 멈퍼드는 전제군주 사회를 가리키기 위해 이 말을 고안해 이렇게 말했습니다.

국가라는 '거대 기계', 즉 기능적 피라미드가 생겨난다. 이 피라미드의 꼭짓점에는 부동의 모터인 전제군주가, 측면에 있는 전동傳動 기관으로서는 관료 장치가, 바닥에는 노동 부품으로서 마을 사람들이 있다.

들뢰즈와 과타리는 이 발상을 발전시켜, 사회를 하나의 거대 기계로 볼 것을 제안하면서 사회 기계social machine라는 개념을 만듭니다. 예를 들어 시계는 균일한 시간을 측정하는 기능을 하는 기술 기계입니다. 반면 사회 기계는 인간들도 부품으로 삼으며 인간의 기계들(기술 기계, 기술들)을 함께 고려하면서 작동합니다. 시계는 표준 시간을 재생하고 도시의 질서를 확보하는 사회 기계이기도 한 것입니다. 그렇기에 같은 기계가, 서로 다른 양상이긴 하지만 기술 기계인 동시에 사회 기계일 수도 있는 것이지요. 나아가 사회 기계는 기술 기계들을 조직하고 제어한다는 점에서 기술 기계의 조건을 이룹니다. 들뢰즈와 과타리는 사회 기계 개념에서 멈추지 않고 우주 역시도 기계로 보아야 한다고 주장합니다. 이를 위해 만든 명칭은 '욕망 기계desiring-machine'인데, 설명하기 까다로워서 자세한 건 생략합니다만 여기서 '욕망'은 '생산'이라는 뜻의 동사로 사용되었다는 점만 지적하고 가겠습니다. 요점은, 우주 그 자신이 생산과 재생산의 체계라는 겁니다. 이 지점쯤 오면 생명의 개별성은 유지되기 어렵습니다. 생물도 기계인데 생물과 별개로 생명이 있다고 할 수도 없을 테니까요.

4
인과와 시간

4.1 몸과 마음의 이원론

몸과 마음의 특징을 다시 정리해보겠습니다. 몸은 3차원 공간을 점유하고 있습니다. 철학에서는 이런 특징을 extension이라고 하며, '연장延長'이라는 어려운 말로 번역해왔습니다. 본래 '바깥쪽으로'를 뜻하는 ex와 '뻗치다'라는 뜻의 tendere가 합쳐진 라틴어 동사 extendere(펼치다, 늘리다, 연장하다)의 과거분사 어근에서 extensio 또는 extentio라는 명사가 만들어진 후, 오늘날의 형태가 된 겁니다. 나는 공간을 차지하고 있다는 뜻에서 '펼쳐짐' 또는 '펼쳐있음' 정도로 옮기면 적절하지 않을까 생각해요. 나중에 직접 볼 텐데, 데카르트는 몸 또는 물체는 이렇게 공간에 펼쳐져 있고 언제든 부분으로 쪼갤 수 있다고 주장합니다. 가령 코끼리는 그렇게 3차원 공간에 있지요.

마음도 이렇게 공간에 펼쳐져 있을까요? 가령 코끼리에 대한 생각은 '어디에' 있을까요? 코끼리가 마음에 들어오는 건 아니잖아요. 그렇게 마음 안에 들어와 있는 걸 idea라고, 번역하면 '관념觀念'이라고 합니다. 원래는 '본 것'이라는 뜻인데 여기서는 눈으로 보았다고 한정할 필요는 없어요. 그냥 마음 안에 있는 것들이 idea, 즉 관념입니다. 방금 '안'이라는 표현을 썼지만 어디까지나 비유예요. 마음을 관념들을 담는 그릇처럼 생각하면 오해입니다. 그릇은 없고 관념들이 모여 있다고 하는 편이 적절해요. 그런데 관념들, 또는 생각들은 공간을 차지하고 있지 않은 것 같아요. 이럴 때 쓰는 형용사가 intensive예요. 어원을 보면 '~쪽으로'를 뜻하는 in과 앞서 본 tendere가 합쳐진 라틴어 동사 intendere(주의를 기울이다)의 과거 분사 어근 intens-에서 왔다고 합니다. '집중하고 있다'라는 뜻이 있지요. 그런데 칸트Immanuel Kant(1724~1804)는 공간을 점유하지 않으면서도 어떤 크기 또는 양이 있다고 보아 이 형용사를 썼습니다. 나는 intensive를 '안으로 뻗어 있다'로 해석하고 싶어요. 한 점에 집중되어 있다는 뜻으로 받아들이면 적절하겠습니다. 수학적으로 보면 점은 0차원이지요. 공간을 차지하지 않고 장소가 없으니까요.

요약해봅시다. 몸은 3차원 공간을 점유하고 있으며, 타인이 관찰할 수 있기에 3인칭으로 기술될 수 있고, 객관적이어서 실증적 탐구를 통해 입증 가능합니다. 마음은 0차원 점과 같고 1인칭으로만 접근되며 주관적이고 사적이며 내성內省을 통해서만 탐구됩니다. 몸이 자연과학을 통해 탐구될 수 있다면, 마음은 본성상 그럴 수 없는 것 같아요. 이렇게 몸과 마음은 공통점, 교집합이 전혀 없는 것 같아요. 이런 걸 엄밀한 의미에서 이원론이라고 합니다.

몸과 마음의 이원론은 실은 플라톤보다 더 오래된 관념입니다. 오르페우스교, 피타고라스학파까지 거슬러가요. 이들은 종교집단과 비슷했습니다. 혼의 윤회를 믿었고요. 혼이 현생에서 일정 시간 머물다가 죽으면 몸을 떠나 다시 혼의 상태로 돌아가고, 다시 몸에 깃들고, 이런 일이 반복된다는 겁니다. 그래서 중요한 과제는 혼의 정화였는데, 그래야 다시는 혼이 더러운 몸뚱이에 깃들지 않는다고 믿었기 때문이었어요. 몸은 썩어 문드러진다는 특성을 갖고 있다고 보였거든요. 정화를 위한 노력은 음악과 수학을 하는 거였어요. 음악에서의 비례, 즉 옥타브와 화성에 대한 수학적 연구가 발달한 것은 종교적인 이유 때문이었던 거지요.

어쨌건 이원론이 맞다면 몸과 마음은 서로 교류할 수 없어요. 뭔가 공통된 게 있어야 그걸 매개로 오가는 게 있을 수 있는데 이원론이 참이라면 그게 불가능하거든요. 시각과 청각은 공통된 게 없기 때문에 서로 영향을 미치지도 않고 간섭하지도 않잖아요. 인과관계가 성립하지 않는 거죠. 그런데 경험적으로 보면 몸과 마음은 상호작용을 하는 것 같아요. 목이 마르면 물을 마시고(마음에서 몸으로 작용), 물을 마시면 갈증이 해소됩니다(몸에서 마음으로 작용). 몸과 마음은 공통된 게 있어 상호작용을 하는 걸까요, 그냥 겉으로만 그렇게 보이는 것일 뿐일까요? 몸과 마음의 관계는 과연 무엇일까요? 이원론과 인과관계는 양립하기 어렵습니다.

지금부터 검토해볼 주제는 인과因果입니다. 이 주제는 영어로는 여러 가지로 표현할 수 있습니다. causality, causal relation, cause and effect, relation between cause and effect, causation… 아주 흥미로운 주제인데, 강의에서는 몇몇 핵심만 다룰 수밖에 없을 것 같습니다. 특히 불교의 인과 비판은 아주 중요하지만 건너뛸 수밖에 없겠습니다. 또한 희랍 철학자 아리스토텔레스 Ἀριστοτέλης(기원전384~기원전322)의 분석도 흥미로운데 생략할 수밖에 없겠어요.

4.2 인과란 무엇일까(1) : 자연과학에서의 당구공 모델

이제부터 인과라는 게 무엇을 뜻하는지 자세히 고찰하겠습니다. 인과라는 말은 본래 산스크리트어 불교 용어 '헤투-팔라hetu-phala'의 한자 번역입니다. 오늘날 우리가 인과라고 할 때는 원인과 결과의 관계를 가리킵니다. 비슷한 말로 인과성casuality, causation, 인과관계causal relation, cause and effect, 인과법칙casual law, 인과율principle of casuality 등이 있습니다.

내가 곰곰이 따져봤더니, 오늘날 인과에 관련된 논의는 거의 대부분 자연과학에서의 인과를 가리킵니다. 그건 인과를 논할 때 가장 흔히 거론되는 사례에서 잘 드러납니다. 하얀 당구공이 굴러가서 빨간 당구공을 쳤을 때 빨간 당구공이 굴러가기 시작합니다. 이 경우에 우리는 보통 하얀 당구공을 '원인'이라고 부르고 빨간 당구공을

'결과'라고 부릅니다. 물론 틀린 말입니다. 원인과 결과는 항term이 아니라 사건을 가리키기 때문입니다. 그래서 정확을 기하려면 '하얀 당구공이 굴러가서 빨간 당구공을 친 사건'이 원인이고 '빨간 당구공이 굴러가기 시작한 사건'이 결과라고 해야 합니다. 원인과 결과에 대한 이런 식의 접근은 얼마간 상식에도 부합합니다. 상식은 어떤 일이 일어나면 그 일을 일어나게 한 무언가가 반드시 있다고 봅니다. 철학에서는 이걸 충분이유율Principle of Sufficient Reason이라고 부릅니다. 자연과학은 우주 안에서 '어떤 일을 일으키는 것'과 '무언가에 의해 일어난 일' 사이의 관계를 알아가는 과정입니다.

과학자들은 어떤 일이 일어났을 때 무엇 때문에 그 일이 일어났는지 설명하려 합니다. "깃털보다 쇠공이 왜 더 빨리 떨어질까?" "사과는 왜 땅에 떨어질까?" "달이 떨어지지 않는 건 왜일까?" 자연과학의 대표적인 물음들입니다. 까마귀 날자 배 떨어진다는 말도 있지만, 우리는 종종 두 사건의 관계를 잘못 짝짓습니다(이걸 '상관관계는 있지만 인과관계는 없다'라고 표현하는데, 표현은 별로 중요하지 않습니다). 깃털보다 쇠공이 무겁기 때문에 더 빨리 떨어진다거나, 지구는 우주의 중심에 있고 모든 물질은 우주의 중심을 향해 가려는 성질이 있기 때문에 사과가 땅에 떨어진다거나, 달은 천상계에 속해 있는데 천상계의 물체들은 지구를 중심으로 영원히 원운동을 하기 때문에 달은 떨어지지 않는다는 답변들도 다 잘못된 짝짓기의 예입니다. 자연과학은 잘못된 짝짓기를 교정하는 데 몰두했으며, 많은 시행착오를 거치면서도 늘 최신의 최선의 답을 방정식 형태로 제시해왔습니다.

뉴턴의 운동법칙 원문과 그 현대적 서술은 각각 이렇습니다. 제1법칙(관성의 법칙)의 원문 "외부에서 가해지는 힘이 없을 때, 물체는 운동 상태를 유지한다"를 풀이하면, "물체의 질량 중심은 외부 힘이 작용하지 않는 한 일정한 속도로 움직인다". 제2법칙(가속도의 법칙) "외부에서 가해지는 힘은 물체의 운동 상태를 변화시킨다"를 풀이하면, "물체의 운동량의 시간에 따른 변화율은 그 물체에 작용하는 알짜힘과 (크기와 방향에 있어서) 같다". 제3법칙(작용반작용의 법칙)인 "모든 작용에 대해 크기는 같고 방향은 반대인 반작용이 존재한다. 또는 두 물체의 서로에 대한 상호작용은 언제나 (크기가) 같고 방향이 반대이다"를 현대적으로 풀이하면, "물체 A가 다른 물체 B에 힘을 가하면, 물체 B는 물체 A에 크기는 같고 방향은 반대인 힘을 동시에 가한다".

많은 설명을 보태야 하고 수학 공식이 꼭 필요하지만, 요점은 우주에 일어나는 모든 일이 이 세 법칙에 따라 설명될 수 있다는 겁니다. 여기에서는 '힘을 가하거나 힘을 받음'이 원인인 사건이고 '운동 상태의 변화'가 결과인 사건이지요. 앞서 보았던 라플라스의 결정론은 이 운동법칙에 바탕을 둔 것이었습니다. 우주의 모든 사물은 서로 작용을 가하거나 작용을 받으면서 매 순간 변합니다. '인과의 사슬'보다 '인과의 그물'이라는 표현이 더 나은 이유도 거기에 있습니다. 말하자면 사건이란 개별적인 게 아니라 복합적이어서, 원인인 사건들의 집합이 있고 결과인 사건들의 집합이 있으며 이런 일이 시간의 순서에 따라 계속 펼쳐진다고 해야 더 적절하다는 거지요.

모든 일에는 원인이 있다는 특징에 원인에는 반드시 결과가 따른다는 특징을 보태야 상식에 부합할 것 같습니다. 원인이 있는데 결과가 없다면 그건 원인조차 아닐 테니까요. 철학적으로는 '원인은 필연적으로 결과를 낳는다'라고 표현합니다. 또한 인과에는 시간적 방향이 있어서 거꾸로 흐르지 않는다는 특징을 보태야 상식이 완성될 것 같습니다. 결과가 원인을 초래하는 일은 없습니다. 상식과 과학에 어울리는 인과론을 요약하면 이렇습니다. 첫째, 모든 일에는 원인이 있다. 둘째, 원인에는 반드시 결과가 따른다. 셋째, 결과가 원인을 초래하는 일은 없다.

이러한 인과론에 대해 물리학 내부의 반론이 있습니다. 하나는 양자역학에서 제기된 존재적 반론이고 다른 하나는 통계역학에서 제기된 인식적 반론입니다. 양자역학의 불확실성의 원리에 따르면 양자 규모에서는 입자의 위치와 운동량은 동시에 정확히 측정할 수 없습니다. 심지어는 측정하는 순간 양자 규모의 어떤 입자에 대해 알게 되는 게 아니라 그 순간 비로소 존재하게 된다고도 말합니다. 우주 자체가 그렇게 되어먹었다는 겁니다. 필연적 인과성 대신 우발성이 우주의 운동의 근본 원리라는 거예요. 물론 우발성이 우주의 근본적 특성이라는 것과 자유의지가 있다는 건 별개의 문제이지만요. 한편 통계역학은 개별적인 입자가 아닌 아주 많은 수의 입자들의 전체 운동을 탐구하는 분야인데, 처음 정보를 무한의 정확도로 측정할 수 없기 때문에 미래도 예측할 수 없다는 카오스 이론을 말합니다. 양자역학이나 통계역학은 큰 규모에서는 인과율을 말할 수 있지만, 모든 정보가 오차를 수반할 수밖에 없기 때문에 세부적인 사안에서는 인과법칙을 알 수 없다고 말합니다.

4.3 흄의 귀납 비판

서양에서 인과에 대해 근본적이고도 결정적인 비판을 가한 사람은 흄입니다. 흄에 따르면 인과법칙은 원인과 결과 간의 '필연적 연결necessary connexion'에 의존합니다. 그리고 사실관계matters of fact에 대한 앎은 경험을 통해서만 얻을 수 있습니다. 그렇지만 아무리 애써도 저 필연적 연결은 경험되지 않는다는 것이 흄의 관찰이었습니다. 따라서 인과법칙의 '필연성'을 주장할 수는 없다는 거지요.

인과에 대한 흄의 비판은 더 넓은 범위에서 귀납 비판에 포함된다고 보아야 합니다. 귀납歸納 또는 귀납추리는 영어 induction의 번역어입니다. 한자어로 된 낱말을 아무리 풀이해도 뜻을 이해할 수가 없으니, 영단어 어원 분석을 통해 뜻을 알아봅시다. induction은 '~로 이끌고 감'을 뜻하는 아리스토텔레스의 용어 '에파고게epagoge'

를 로마의 키케로Marcus Tullius Cicero(기원전106~기원전43)가 inductio로 번역한 데서 유래합니다. inductio의 동사인 inducere는 '~(안쪽으)로'를 뜻하는 in과 '끌고 가다'라는 뜻의 ducere가 합쳐진 말로, '~로 끌고 가다'라는 뜻이 되며 영어 induce의 어원입니다. 추리가 전제(들)에서 결론을 끌어내는 쪽으로 향한다는 겁니다. 아리스토텔레스는 개별들에서 보편으로 가는 추리라는 뜻으로 귀납이라는 말을 썼습니다. 그리고 귀납에 대한 아리스토텔레스의 규정은 이후의 모든 규정들을 관통하는 통찰을 담고 있습니다.

흄은 사실관계에 대한 앎은 귀납을 통해서만 얻을 수 있다고 보았습니다. 그런데 인과법칙은 귀납의 산물입니다. 인과법칙은 원인과 결과 사이의 필연적 연결을 내포합니다. 예를 들어보죠. A1 유형의 사건이 관찰된 후 B1 유형 사건이 관찰되었고, A2 유형의 사건이 관찰된 후 B2 유형 사건이 관찰되었고, A3 유형의 사건이 관찰된 후 B3 유형 사건이 관찰되었고… 그렇게 해서 지금까지 An 유형의 사건이 관찰된 후 Bn 유형 사건이 관찰되었다면, 'A 유형의 사건이 있으면 **반드시** B 유형 사건이 발생한다'라는 법칙이 추리됩니다. 하지만 이 추리가 100% 확실하지는 않습니다. 철학적으로 말하자면 필연성을 결여하고 있습니다. 언제든 예외가 나타날 수 있거든요. 흄이 말한 '필연적 연결'의 결여가 가리키는 바가 이겁니다.

이런 문제는 귀납의 근본적 특성 때문에 생겨납니다. 귀납은 관찰된 사실들에서 관찰되지 않은 사실들까지 포함하는 보편성을 끌어내지만, 그 과정에 비약이 반드시 개입합니다. 우주 어딘가에 아직 관찰하지 않은 사실이 있을 수 있기 때문에 '모두' 그렇다고 단정할 수 없다는 공간적 한계, 과거나 미래에 관찰하지 않은 사실이 있을 수 있기 때문에 '항상' 그렇다고 단정할 수 없다는 시간적 한계, 적어도 이 두 가지 한계 때문에 '반드시(필연적으로) 그러하다'라고 단언할 수 없는 겁니다. 귀납 중에서 인과와 관련된 것이 아닌 예를 보면 이 문제가 더 잘 드러납니다. 지금까지 관찰된 백조가 하나같이 흰색이었다고 해도 검은 백조가 하나만 관찰되면 '모든 백조는 흰색이다'라는 단언이 거짓이 됩니다. 단 하나의 예외만 있어도 귀납의 결론은 파기될 운명입니다. 영국의 철학자 버트런드 러셀Bertrand Russell(1871~1970)은 이에 관해 유명한 농담을 남긴 바 있습니다.

닭의 생애 내내 매일 닭에게 먹이를 주었던 사내는 마침내 그렇게 하는 대신 닭의 목을 비튼다. 이 사례는 자연의 일관성uniformity에 대한 더 세련된 관점이 이 닭에게는 유용했으리라는 점을 보여준다.

귀납의 결론을 너무 맹신했던 게 화근이었다는 거죠. 귀납이 지닌 이런 문제점은 이미 아리스토텔레스도 간파하고 있었습니다. 그래서 그는 귀납을 추리로 인정하지 않았습니다. 흄이 인과를 비판하고 귀납을 비판했다고 잘 알려져 있지만, 그 공로는 아리스토텔레스에게 돌리는 편이 나을 듯합니다. 사실 흄의 더 본질적인 공로는 인간의 본성에 습관을 형성하는 경향성이 있다는 걸 발견했다는 데 있습니다. 어떤 일이 반복되면 거기에 필연성을 부여하는 습관이 형성된다는 겁니다. 그렇기 때문에 설사 자연에 필연적 연결이 결여되어 있다 해도 인간은 자연에 필연적 연결이 있다고 믿는다는 거고, 그게 인간 본성이라는 겁니다. 이 점에 있어서는 인과적 필연성이 자연에는 없고 인간 인식 능력에 내장되어 있다는 칸트의 통찰을 넘어서 있다고 평가할 수 있습니다. 칸트는 인간에게 '인과적 필연성'이라는 틀이 내장된 이유를 설명하지 못했으니까요. 흄과 칸트에 대한 이런 해석이 있다는 점을 기억해주면 좋겠습니다. 또, 뒤에 태어난 철학자라고 해서 더 유리하거나 뛰어난 건 아니라는 점도 알아두었으면 좋겠습니다.

4.4 수학, 과학, 철학

잠시 수학, 과학, 철학의 특징과 관계를 소개하겠어요. 나는 베이트슨을 따라 '기술description', '설명', '토톨로지' 개념에서 시작할까 합니다. 먼저 기술과 설명의 정의를 보겠습니다.

순수한 기술은 기술될 현상에 내재하는 모든 사실들(즉, 모든 실효적인 차이들)을 포함할 수 있지만, 이 사실들을 이해하기 쉽게 해줄 이 현상들 간의 그 어떤 종류의 연결connection도 언급하지 않는다. … 설명은 기술하지 않으면서도 완벽할 수 있다.

'기술'과 관련해서 베이트슨은 카메라 앞에 있는 모든 것들을 다 기록해서 보여주지만 벌어진 일들을 서로 연결해주지는 않는 상황을 예로 듭니다. 한편 '설명'과 관련해서는 '신은 존재하는 모든 것을 만들었다'라는 말이 실제 세계의 사물들이나 사물들의 관계에 대해서는 아무것도 말해주지 않으면서도 충분히 설명력을 갖는다는 예를 제시합니다.

토톨로지tautology 개념도 보겠습니다. 간혹 '동어반복'으로 번역하기도 하지만, 여기서는 그런 뜻이 전혀 아닙니다.

토톨로지. 서로 엮여 있는linked 명제들의 모임으로, 그 안에서는 그 명제들 간의 **연결고리들**links의 타당성이 의심될 수 없다. 명제들의 참이 주장되지는 않는다. 예로는 유클리드 기하학이 있다.

우리는 베이트슨이 제시한 유클리드 기하학을 통해 토톨로지의 의미를 이해해보겠습니다. 유클리드 기하학은 공리와 정의, 그리고 그로부터 연역적으로 도출된 정리(명제)들의 체계입니다. 여기에서 가장 중요한 건 내적 무모순성입니다. 각 명제들이 참인지 거짓인지 여부와 상관없이, 그 명제들의 관계에 모순이 없으면 그걸로 충분하다는 겁니다. 토톨로지에는 여러 가지가 있겠지만 특히 수학이 토톨로지라는 점을 강조하고 싶어요. 수학은 하나만 있는 게 아닙니다. 여러 개의 수학이 있어요. 우리는 필요에 따라 원하는 수학을 갖다 쓰는 거예요. 공리들과 적절한 정의들로 구성된 체계라면 모두 수학인 서죠.

이제 기술, 설명, 토톨로지 세 개념의 관계를 보겠습니다.

토톨로지는 그 어떤 정보도 포함하고 있지 않으며, 설명(기술을 토톨로지 위에 매핑하기)은 기술 안에 있었던 정보들만을 포함하고 있다. '매핑'이 암묵적으로 단언하는 바, 토톨로지를 한데 묶어주는 연결고리들은 기술 안에 담긴 관계들에 대응한다. 다른 한편 기술은 정보들을 담고 있지만, 그 어떤 논리도 그 어떤 설명도 담고 있지 않다. 몇몇 이유에서 인간은 정보나 재료를 조직하는 이런 결합 방식에 엄청난 가치를 부여한다.

기술이란 세상에 대한 정보의 기술입니다. 기술에는 참·거짓이 포함됩니다. 맞는 정보가 있고 틀린 정보가 있으니까요. 토톨로지는 자족적인 체계입니다. 수학이 대표적인 예이지만, 종교도 내적으로는 모순을 내포하지 않는 토톨로지입니다. 토톨로지는 참·거짓과 무관합니다. 세상에 대한 얘기가 아니니까요. 그렇다면 설명이란 무엇일까요? 적절한 토톨로지 위에 기술을 얹어 기술들 간의 연결고리들을 부여하는 겁니다. 이를 베이트슨은 '매핑'이라고 부르지요.

나는 이런 매핑이 자연과학 작업이라고 봅니다. 특히 물리학이 그렇지요. 물리학은 수학의 언어를 사용하기 때문입니다. 이와 달리 생물학은 토톨로지라 할 만한 것을 제시하지 않지요. 아무튼 자연과학은 관찰과 실험을 통해 획득한 정보들을 수학이라는 토톨로지 위에 얹어 서로간의 연결을 확보합니다. 물리학의 방정식은 우주의 현상들을 설명하는 참인 토톨로지인 것이지요. 그렇데 만일 정보와 방정식이 맞아떨어지지 않으면 어떻게 될까요? 관찰된 사실이 잘못

관측된 건 아닌지 확인을 거듭하지만, 결국은 사실을 받아들이고 방정식을 바꾸게 됩니다. 새로운 이론을 고안해야 할 압력을 받는 거지요. 사정이 이런 건 과학이 귀납에 의해 작동하기 때문입니다. 그래서 베이트슨은 이런 말도 합니다.

> 과학은 때로는 가설들을 **개선**하고improve 때로는 가설들을 **반증**한다disprove. 하지만 **증명**proof은 다른 문제이고, 아마도 완전히 추상적인 토톨로지의 영역들에서만 일어난다. … 과학은 **탐색**한다probe. 하지만 과학은 증명하지 않는다.

나는 이 구절도 좋아하지만, 이 구절을 설명하기 위해 베이트슨이 든 사례를 더 좋아해요. 베이트슨은 '2, 4, 6, 8, 10, 12'라는 수열을 제시한 후 그다음에 어떤 수가 올지 묻습니다. 14라고 대답하면 '아니, 27'이라고 답할 거래요. 본래 이 수열은 '2, 4, 6, 8, 10, 12, 27, 2, 4, 6, 8, 10, 12, 27, 2, 4, 6, 8, 10, 12, 27…' 이렇게 이어지는 수열이라는 거죠. 그러면 그다음에는 어떤 수가 올까요? 2라고 답한다면 너무 순진한 거겠죠. 그 뒤에는 다른 어떤 수라도 올 수 있습니다. '2, 4, 6, 8, 10, 12, 27'을 문자 x로 바꾸면 이 수열은 'x, x, x, y…'로 이어지는 수열일 수 있기 때문입니다. 매번 그다음에 어떤 수라도 올 수 있습니다. 이 수열이 귀납의 좋은 사례인 거죠.

가장 참인 과학 지식을 얻으려면 최신 교과서를 봐야 합니다. 과학은 내적 교정 기능이 작동합니다. 과학 지식을 최종적인 진실로 받아들이는 태도는 어리석어요. 과학의 발전은 '사실과 방정식이 왜 다를까' 하는 의심에서 시작했습니다. 여기에서 실증성이라는 힘이 생겨났고요. 수학은 실증성과는 상관없어요. 논리적인 문제이니까요. 그래서 수학에서는 실수實數를 다루고 연속을 말하지만, 물리학은 최소의 양인 양자量子 아래로 가지 않으며 우주를 양자의 배수로 봅니다.

재미있게도 물리학과 수학의 차이를 깨닫는 순간 오래된 역설 중 하나로 꼽히는 아킬레우스와 거북의 경주 문제는 자연스럽게 풀립니다. 희랍에서 가장 발이 빠르다는 아킬레우스와 가장 느린 동물 거북이 100미터 경주를 합니다. 출발선이 같다면 아킬레우스가 이기겠지요. 그럼 거북을 아킬레우스보다 10미터쯤 앞에서 출발하게 하면 어떤 일이 벌어질까요? 아킬레우스는 거북을 앞지르기 전에 일단 거북이 있던 곳에 도달해야 합니다. 물론 그사이에 거북은 얼마간 앞으로 달려갔겠지요. 따라서 아킬레우스는 그 순간 거북이 있던 곳에 도달해야 하고, 거북은 그동안 다시 얼마간 앞으로 나아가고, 이런 일이 무한히 계속될 겁니다. 이로부터 아킬레우스는 거북을 따라잡지 못한다는 역설이 생기게 됩니다. 이 역설은 왜 생겨난 걸까요? 물리적 공간이 수학에서처럼 무한히 나뉠 수 있다는 가정이 문제입니다. 실제 공간은 무한히 나뉘지 않습니다. 양자보다 더 짧은 거리는 있을 수 없으니까요.

철학은 어떨까요? 다시 언급할 기회가 있겠지만 철학은 자연에 대한 앎을 넘어서 더 이야기할 수 있는 주제를 다룹니다. 철학은 자연을 배신하지 않으며 자연을 배신할 수도 없습니다.

철학의 두 전통에 대해 말해볼까 합니다. 사람들을 만나보면 철학에 대해 몇 가지 선입견이 있더라고요. 그중 하나와 관련됩니다. 철학은 사람들이 흔히 생각하는 것처럼 단일한 활동, 단일한 분과가 아닙니다. 적어도 제도의 면에서 '철학과'가 있긴 하지만, 구성원들은 저마다 다른 활동을 해요. 예를 들면 우리 과는 크게 '동양철학'과 '서양철학' 두 세부전공으로 나뉩니다. 동양철학은 다시 한국철학을 포함한 중국철학과 인도철학을 포함한 불교철학으로 나뉘고요. 물론 앞에서 말했듯이 중국과 인도가 같은 동양인지는 의문스러워요. 고전 한문과 고대 인도어(팔리어, 산스크리트어)는 완전히 다른 언어이고 인도어는 유럽 언어들에 더 가깝거든요. 언어가 달라지면 언어로 포착되는 세계도 달라지고 생각도 달라지지요. '근본적'으로는 같다는 반론도 있긴 하지만, 적어도 역사적으로 고찰해보면 분명 달라요. 더욱이 중국어, 인도어와 한국어의 차이도 아주 크지요? 이게 큰 논쟁거리라는 점만 짚어놓고 갈게요.

철학과에서 더 큰 몫을 차지하고 있는 분야는 서양철학인데, 이건 여러 방식으로 나눠볼 수 있어요. 나는 크게 둘로 나누는 걸 선호해요. 하나는 분식적analytic 접근을 하는 전통이고 다른 하나는 역사-지리적historico-geographical 접근을 하는 전통입니다. '분석적 전통'

이라는 말은 실제로 사용되는 명칭이에요. 20세기 초 프레게Friedrich Ludwig Gottlob Frege(1848~1925)와 러셀에서 시작해서 전쟁을 피해 미국에서 유행하고 번성했는데, 지금도 영어권에서 철학이라고 할 때는 이 분석철학 전통을 가리킵니다. '역사-지리적'이라는 말은 내가 고심 끝에 만들어본 명칭이에요. 다르게 표현할 수도 있으니 명칭 자체에 집착할 필요는 없습니다. 나는 역사와 지리에 따라 서로 다른 언어가 갖는 뉘앙스의 차이에 주목할 필요가 있다는 관점에 가깝습니다. 3장에서 몸과 마음을 가리키는 언어들을 살펴봤었잖아요? 그런 작업은 분석적 전통에서는 잘 안 해요. 그 차이를 더 따져볼게요.

분석철학은 그야말로 분석을 주로 하는데, 분석의 대상은 바로 언어입니다. 그래서 '언어분석철학'의 약칭으로 보기도 해요. 그런데 분석철학이 대상으로 삼는 언어에는 많은 전제가 깔려 있어요. '깔려 있다'라는 말은 더 이상 문제 삼지 않겠다는 걸 말합니다. 철학은 비판적 활동이라고 알려져 있지요. 그래서 더 이상 문제 삼지 않는 것들이 있다는 점이 납득 가지 않을 수도 있어요. 하지만 그렇게 더 이상 문제 삼지 않기로 하는 출발점은 철학뿐 아니라 모든 활동에 있기 마련이에요. 과학도, 종교도 그래요.

아무튼 분석철학이 다루는 언어는 일종의 보편언어입니다. 다시 말해, 논리적이고 의미가 분명하며 문법에 잘 맞고 상식으로 이해 가능하고 투명하게 소통 가능한 언어입니다. 많이 신비화되어 인용되곤 하는데, 분석철학의 대가 비트겐슈타인Ludwig Wittgenstein(1889~1951)이 "말할 수 없는 것에 대해서는 침묵해야 한다"라고 말했을 때, 여기서 '말할 수 없는 것'이란 보편언어가 아닌 것들을 총칭합니다. 대표적으로 시와 같은 문학, 미친놈의 말, 표준어로 뉘앙스까지 번역할 수 없는 말, 그리고 예술이 있지요. 비트겐슈타인은 이런 것들에 대해 철학적으로 논할 수 없다고 말한 것이지, 겸손하자는 취지는 전혀 아니었습니다. 현대 분석철학도 비트겐슈타인의 저 신조를 따르고 있습니다. 여기에는 장단점이 있어요. 장점을 보면, 보편언어를 바탕에 깔고 논할 수 있는 것을 한정하게 되면 모든 논쟁debate이 개방적이고 민주적으로 진행될 수 있습니다. 논쟁 가능한 모든 주제를 잘게 쪼개어 논쟁 테이블 이곳저곳에서 각각 논할 수 있으며, 논쟁에 참여하는 이들은 평등한 권리를 갖고 오직 논증argument에만 집중할 수 있습니다. 쏟아져 나오는 많은 논문들이 그 흔적들입니다.

그런데 언어는 고정되어 있지 않습니다! 시간과 장소에 따라 그때그때 달라요. 인도 사람이 생각했던 '마음'과 희랍 사람이 생각했던 '마음'과 한국 사람이 생각하는 '마음'이 다 달라요. 각 언어와 역사를 함께 공부해야 마음이라는 것에 대해 언급할 수 있게 됩니다. 하지만 이렇게 되면 공부할 일이 많아지겠지요? 역사-지리적 접근은 언어적 다양성을 간과하고 있다는 분석철학의 약점에 대한 대응으로서 현대적 의미를 지닙니다. 하지만 이 접근은 철학이 탄생한 때부터 있어온 전통이기도 합니다. 여기서는 보편언어로 번역되기 전의 언어나 보편언어로 번역될 수 없는 언어 및 인간 활동(광기, 예술 등)을 다 다루려 합니다. 여기서는 논리마저도 비판 대상이 될 수 있습니다. 요컨대 보편언어를 부정합니다. 여기서는 언어를 인간 활동의 일부라고 봅니다. 그래서 철학을 보편언어를 분석하는 일로 축소해서는 안 된다는 주장이 나오는 거지요. 가령 니체나 들뢰즈의 경우, 철학은 근본적으로 비판 활동이고 의미와 가치의 문제를 다루어야 한다고 말합니다. 논의해볼 수는 있지만 중요하지 않은 문제도 있고 중요하지만 기존 논의의 장에 놓이기 어려운 문제도 있다는 거지요. 문제를 잘 정하는 게 가장 먼저이고 그다음에 그걸 다룰 수단을 찾아야 하는 겁니다.

이상의 분류는 나의 선호가 담겨 있기 때문에 꼭 따를 필요는 없습니다. 어떤 접근이 유용할지는 함께 확인해봅시다. 우리의 주제 중 하나는 '마음의 본성이 무엇인가'입니다. 현재까지 만족할 만한 답은 없었습니다. 어디서 문제를 풀 힌트를 찾을 수 있을까요? 마음이라는 게 자명하게 알려진 걸까요? 우리가 아는 건 별로 없습니다. 그렇기 때문에 지금껏 인류가 탐구한 모든 자취를 다 살펴보는 게 도움이 될 거라고 봅니다. 시간의 한계가 있으니 중요한 자취만 살필 수 있겠지만요.

4.5 인과란 무엇일까(2) : 니체의 계보학 모델

본론에 들어가기에 앞서, 천문학에 대해 좀 얘기해보겠습니다. 내가 고등과학원에 근무할 때 인상 깊게 들은 이야기인데, 천문학만의 두 가지 독특함이 있다고 합니다. 이걸 물리학과 비교해보겠습니다. 물리학은 자연의 법칙을 찾아내려 합니다. 어떤 법칙에 따라 자연이 운동하는지 알려고 하는 거지요. 그런데 물리학 법칙은 시간 대칭적입니다. 즉, 시간의 흐름이 방정식에 영향을 끼치지 않는다는 뜻입니다. 공을 던지면 그 공은 포물선 운동을 하죠. 이걸 동영상으로 찍은 다음 거꾸로 재생한다고 해봐요. 그래도 공은 동일한 궤적을 따라 운동합니다. 그 궤도는 하나의 방정식을 통해 기술되는 거예요.

그런데 천문학에서는 다릅니다. 천문학은 딱 한 번 일어난 일을 연구하기 때문입니다. 바로 우주의 역사이지요. 우주는 진화 과정에서 이런저런 자취를 남겼고, 그걸 통해 우주의 역사를 추측해볼 수 있어요. 하지만 실험적 재연은 불가능합니다. 이런 특성을 '비가역적'이라고 부르지요. 공의 궤적을 다시 볼까요? 천문학적 관점에서 처음 공을 던졌을 때 공의 운동과 동영상을 거꾸로 돌렸을 때의 공의 운동은 별개의 두 사건입니다. 서로 다른 시간에 일어난 별개의 사건들이지요. 이처럼 천문학에서는 시간이 한 방향으로 흐른다는 점을 기초로 하는 반면, 물리학의 방정식은 시간의 흐름에 별로 개의치 않습니다.

또한 천문학은 물리 법칙이 접근할 수 없는 지점까지 향합니다. 자연 법칙은 우주 탄생 전에는 존재하지 않았습니다. 기껏해야 우주 탄생과 동시에, 또는 우주 탄생 직후에 만들어졌다고 할 수 있어요. 현재 발견된 많은 물리 상수들도 그때 만들어졌습니다. 그렇다면 현재까지 알아낸 자연 법칙으로 우주의 탄생을 설명할 수 있을까요? 우주는 왜 탄생했을까요? 자연 법칙으로 풀 수 없는 답이지만 천문학에서 물어볼 수는 있는 문제이겠지요. 마음을 연구할 때도 일회적이고 유일한 역사를 거쳐온 우주와 생명의 끝부분에서 마음이 탄생했다는 점을 명심해야 합니다. 적어도 우주의 시작부터 마음이 있었던 건 아니거든요. 우리는 우주 역사에서 단 한 번 발생한 사건들의 집합의 계열을 다루고 있는 중입니다.

우주가 갖는 이런 특성에서 중요한 교훈이 하나 나옵니다. 바로 가정법적 사고subjunctive thinking를 거부해야 한다는 점입니다. 우리는

'만약 ~였다면 어땠을까'라는 식으로 접근할 때가 많습니다. 가정법은 반反사실적counter-factual 상황을 출발점으로 삼습니다. 이미 어떤 일이 일어난 후에 만약에 달랐다면, 그것이 아니었다면 어땠을까 하고 회고적으로 물어보는 겁니다.

그런 가정은 우주의 역사를 놓고 볼 때 무의미합니다. 일어난 일은 일어난 일이고 돌이킬 수 없으니까요. 그래서 '그랬다면 이러이러할 수도 있었을 텐데'라는 생각은 소용이 없습니다. 과정에 수많은 우연들이 있었겠지만 지금은 남아 있지 않아요. 필연적인 것들만 모여 있는 것이 우주입니다. 과거에 일어난 것만 남아서 지금까지 축적된 것이지요. 실제로 일어난 것과 딱 한 가지 요소만 다른 '가능세계possible world'를 생각해보는 철학자들도 있습니다만, 우주의 문제를 생각할 때는 이런 접근 역시도 가정법적 사고가 아닌가 의심스럽습니다.

○

이제부터는 지금까지 소개한 인과 이론과는 전혀 다른 이론을 소개할까 합니다. 아마 처음 들어보는 내용일 거예요. 인과 이론에 대한 논의에서 언급되는 걸 본 적이 없거든요. 흥미로울 겁니다. 여러분 중에 맏이가 있나요? 1인칭으로 표현할 테니, 이런 말이 성립하는지 생각해보세요. '내가 내 아버지를 낳았다' 또는 '내가 내 엄마를 낳았다'. 여기서 '낳았다'라는 말을 생물학적으로 이해하지 말고

(영어의 give birth to나 beget, 또는 bear로 한정하지 말자는 거예요) '야기했다, 만들어냈다, 생산했다, 유발했다' 등 영어 cause의 동사적 의미로 이해해봅시다. 내가 아버지나 엄마의 원인이라는 거예요. 영어로 표현하면 'I cause my father, I cause my mom, I cause my parent(s)' 정도입니다. 과연 이 말이 성립할까요?

결론부터 말하면, 내가 없었다면 아버지나 엄마도 없었을 테니 내가 내 아버지나 엄마의 원인이라는 거예요. 네, 잘 생각해보면 맞는 말입니다. 질문 속에 단서가 있어요. 내가 굳이 앞서 '맏이'로 한정한 건, 첫아이의 탄생이 비로소 아버지나 엄마를 생겨나게 했기 때문입니다. 자식이 없다면 부모일 수 없습니다. 성인 남자나 여자일 수는 있지만 부모는 아니지요. 부모가 되려고 아무리 노력해도 첫아이가 없으면 부모일 수 없습니다. 생물학적으로는 부모 없이 자식이 있을 수 없어요. 하지만 논리적으로는 자식이 있어야만 부모가 부모일 수 있어요. 즉, 논리적으로는 맏이가 부모의 원인입니다. 말 그대로 부모를 야기하고 만들어낸 거니까요.

이 사태를 어떻게 이해해야 할까요? 여기에서 당구공 모델 인과 이론이 전제하는 조건들은 뜻이 바뀌거나 폐기됩니다. 그 모델의 핵심 명제들을 다시 보죠. 첫째, 모든 일에는 원인이 있다. 둘째, 원인에는 반드시 결과가 따른다. 셋째 결과가 원인을 초래하는 일은 없다. 방금 살핀 부모-자식 사례에서는 첫 번째 명제만 타당합니다.

물론 주의할 점이 있어요. 이 대목은 어려우니까 찬찬히 살핍시다. 부모-자식 사례에서 첫 번째 명제의 '모든 일'에 해당하는 건 맏이이고 '원인'에 해당하는 건 부모입니다. 하지만 야기함causation의 방향은 일반적인 생물학적 상식과 반대로 바뀝니다. 야기하는 주체는 맏이이고 야기되는 것이 부모입니다. 이렇게 되면 세 번째 명제가 역전된 것 같지요? 결과가 원인을 초래한 거 맞죠? 더욱이 두 번째 명제도 성립하지 않아요. 성인 남녀가 꼭 첫아이를 초래한다는 법은 없으니까요. 오히려 결과에 반드시 원인이 따른다는, 첫 번째 명제와 거의 같은 내용만 남게 됩니다. 일종의 '역인과reverse causation' 또는 '회고적 인과retrospective causation'인 셈입니다. 왜 이런 일이 일어난 걸까요? 이 사례의 본질은 무엇일까요?

우선 상식과 자연과학이 전제하는 인과 모델이 '인과의 보편 모델'이 아니라는 걸 받아들여야 합니다. 시간의 본성을 함께 고려해야 해요. 물리학 이론은 시간에 대해 대칭적symmetrical입니다. 방정식에서 시간의 선후관계는 중요하지 않아요. 반면 우주는, 물리 세계는 시간에 대해 비대칭적입니다. 즉, 시간 역순으로 일이 진행되는 일은 없습니다. 엎어진 물은 다시 담을 수 없어요. 어떤 순간에서 다음 순간으로 가는 일은 있어도, 앞선 순간으로 가는 일은 없어요. 이 점이 생각의 전제가 되어야 합니다. 시간이 거꾸로 흐르지 않는다는 점을 전제로 삼으면 인과와 관련된 사태는 처음부터 다시 생각할 수밖에 없습니다.

가장 중요하게 달라지는 건 뭘까요? 시간의 흐름 바깥에서 원인과 결과를 지켜보는 관찰자('리플라스의 악마'가 그런 존재입니다)가 있을 수 없다는 점입니다. 관찰자도 시간의 흐름 속에서 시간의 흐름에 따라 시시각각 변합니다. 이 경우 관찰자가 제일 먼저 만나는 건 바로 '일어난 일'입니다. 어떤 일이 일어나기 전에는 그 일이 일어날 수도 있고 일어나지 않을 수도 있어요(만약 어떤 일이 일어나기 전에 그 일이 일어날 게 확실하다면 우주가 결정론을 따른다는 말인데, 이 가능성은 논하지 않기로 합시다). 우주에서는 일어난 일에서 출발해서 그 일을 야기한 선행 사건을 찾는 순서를 따를 수밖에 없습니다. 그렇다면 선행 사건은, 시간적으로는 원인의 자리에 오지만, 논리적으로는 일이 일어난 뒤에만 그 존재가 확인되고 추적될 수 있다는 점에서, 일이 일어난 것에 후행합니다.

흥미롭게도 독일어는 이런 사태를 잘 담아내고 있습니다. 영어 effect에 대응하는 독일어 낱말은 '비르쿵Wirkung'입니다. 비르쿵은 영어 work와 어원이 같아요. '일'이라고 옮길 수도 있고 '작동'이라고 옮길 수도 있어요. 어떤 일이 지금 일어나고 있다는 뜻입니다. 물론 인과에서 결과를 가리키는 말이에요. 비르쿵과 짝을 이뤄 원인을 가리키는 말은 '우어작헤Ursache'예요. 이 낱말은 '기원origin'을 뜻하는 접두사 Ur와 '일'이나 '사태'를 뜻하는 Sache가 합쳐진 말로, 어떤 일의 기원을 뜻합니다. 그러니까 독일어에서는 'Wirkung에서 Ursache 순서로 향하는 인과'라는 사태가 좀 더 이해됩니다. 말에서 느낌이 묻어나죠?

이 점을 명시적으로 지적하고 분석한 철학자가 니체입니다. 니체는 비르쿵, 즉 '일어난 일'이 출발점이라고 봅니다. 아무리 따져봐도 달리 볼 여지가 없어요. 니체는 이런 탐구 방식에 계보학genealogy

이라는 이름을 붙입니다. 이 말은 일상적으로는 '족보'라는 뜻이지요. 족보는 어떻게 만들어지나요? 성공한 후손이 자신의 뿌리가 깊다는 걸 정당화하기 위해 만들어지죠. 자기가 힘이 있어야 조상이라는 것도 의미가 있어져요. 용비어천가龍飛御天歌가 대표적인 족보입니다. 세종이 자신을 있게 한 6대조(목조·익조·도조·환조·태조·태종)의 치적을 읊은 노래죠. 그런데 태조 이성계가 조선을 개국하지 못하고 역적으로 죽고 말았다면 저 목조, 익조, 도조 등이 노래 속에 언급된 그런 치적을 이루었을까요? 아니, 세종 자신이 존재하기나 했을까요? 요컨대 모든 족보는 사후 정당화의 산물입니다. 후손이 없으면 조상은 없습니다. 맏이가 없으면 부모는 없습니다. 넓게 말해, 자식이 없으면 그 부모는 없습니다. 니체가 내가 제시하는 것과 정확히 똑같은 식으로 '계보학적 인과'를 말한 건 아닙니다만 핵심 아이디어는 니체한테서 왔어요. 이 아이디어를 매개로 나는 니체의 원인이 된 겁니다.

◌

앞의 사태로 돌아가봅시다. 맏이인 나는 내 아버지를 초래했습니다. 통상적인 의미에서 결과의 자리에 오는 '자식'이 원인인 거고, 통상적인 의미에서 원인의 자리에 오는 '부모'가 결과인 겁니다. 이 사태는 '부모-자식 관계가 생겨났다'라고 표현해야 더 정확할 겁니다. 부모라는 건 자식과의 관계 속에서만 성립하는 개념이죠. 우주에 한 맏이가 존재하게 된 순간 그와 동시에 그 맏이의 부모 역시도 존재하게 되는 겁니다. 맏이의 탄생은 부모-자식 관계를 낳습니다. 설사 유복자에, 출산 중 엄마가 죽었더라도 탄생 그 순간은 부모를 만들어냅니다. '진짜 원인'은 일어난 일이고 그와 동시에 생겨나는 관계망이 '진짜 결과'입니다. 논리적 순서에 따라 표현하면 '결과와 원인의 관계relation between effect and cause의 탄생 또는 생성'이라고 할 수 있습니다. 시간의 흐름 안에서 사태를 살피면 그렇게밖에 이해할 수 없습니다. 그럼 선행 사건, 이른바 원인은 시간이 흘러가면서 어디에 남는 걸까요? 원인이 사라진 후에 결과를 초래한다는 게 가당키나 할까요? 원인이 사라졌다면 결과는 결과라는 명칭으로 불릴 수 있을까요? 그냥 덩그러니 어떤 일이 일어났을 뿐이라고 말하면 안 되나요?

아무튼 시간의 흐름 속에서 유일하게 존재하는 건 지금 이 순간뿐입니다. 일어난 일은 지금 이 순간 일어난 일, 일어나고 있는 일입니다. 통상적인 의미의 원인은 시간 밖에서 관찰할 수 있는 능력자가 있다면 지금 이 순간 전에도 찾아낼 수 있을지 모릅니다. 하지만 그런 능력자는 있을 수 없고 모든 원인은 지금 이 순간에서 출발해서 거슬러 추정된 것일 뿐입니다. 그렇다면 그 원인은 이른바 과거 안에 있는 걸까요? 그럴 수 없습니다. 과거라는 것도 없기 때문입니다. 지금 이 순간의 어떤 일이 원인이 되어 미래에 어떤 결과를 초래하는 것도 불가능합니다. 미래는 문법상에만 있을 뿐 이 우주에는 없습니다. 있는 건 지금 이 순간밖에 없습니다.

다시 묻죠. 지금 이 순간 일어난 일의 원인은 어디에 있을까요? 그건 지금 이 순간에, 지금 이 순간 안에 있지 않다면 그 어디에도 있을 수 없습니다. 사실상 모든 건 지금 이 순간 안에 다 있습니다. 일어난 일, 즉 결과도, 그 결과의 추정된 원인도, 원인-결과의 관계도, 진짜 원인과 추정된 원인의 관계도, 지금 이 순간에, 모든 지금 이 순간에만 있습니다. 굉장히 어렵지요? 곰곰이 생각해보기 바랍니다. 앞에서 설명한 독일어 비르쿵과 우어작케로 생각해보면 도움이 됩니다. 따라서 계보학적 인과는 단지 인식의 순서(결과에서 시작해서 원인을 찾아감)를 가리키는 게 아니라 존재 발생의 순서(지금 이 순간에 모든 일이 일어남)를 가리키는 혁명적 착상입니다.

요약합시다. 앞에서 당구공 인과 이론의 핵심이 되었던 전제들은 이제 이렇게 바뀌어야 합니다. 첫째, 모든 일에는 그 일을 초래한 요인이 있다. 둘째, 어떤 일이 다른 일을 반드시 초래하라는 법은 없다. 셋째, 어떤 일이 일어났다면 그 일을 야기한 요인을 근사치로 추정해볼 수 있다. 이쯤 되면 원인이나 결과라는 말을 함부로 쓰기 어려울 것 같지요? 나는 계보학적 인과 이론이 인과에 대한 하나의 해석이라고 보는 데 머무르지 않고 올바른 관점이라고 주장하고 싶습니다. 나아가 이 해석만이 양자역학과 양립 가능한 유일한 인과 이론이라고 주장하겠습니다. 언제든 반론이나 논의를 환영합니다.

끝으로 법에 대해 잠깐 생각해보겠습니다. 인간 세상에서는 '법'이라고 하지만 자연에서는 '법칙'이라고 하지요? 이 둘 사이에 차이를 두는 건 자유의지 때문입니다. 우리는 자연 법칙을 많이 이야기하죠. 가령 달은 만유인력 '법칙'에 따라 지구 둘레를 일정한 궤도로 돕니다. 이 법칙이 귀납을 통해 도출된 것이었기에 필연성을 갖지 못한다는 지적도 가능하겠지만 그 문제도 앞에서 고찰한 바 있습니다. 지금 물어보려는 건 이런 겁니다. 과연 법칙이라는 것이 선행하고, 우주의 운동이 그 법칙에 따라서 일어나는 걸까요? 법칙이 운동을 유발할까요? 계보학적 원리를 생각해보면, 법칙이 운동을 유발하는 것이 아니라 운동이 벌어지고 그에 후행해서 법칙이 도출될 수밖에 없는 것 아닐까 하는 생각이 듭니다. '고정불변의 법칙' 같은 게 우주에 있을지 의문을 가져볼 수 있습니다.

4.6 시간과 운명

인과에 대한 계보학적 해석은 시간에 대한 이해를 완전히 갱신하라고 요구합니다. 어쩌면 시간에 대한 이 새로운 해석이 계보학적 인과론을 촉발했다고 할 수도 있겠네요. 인간은 시간이 무엇인지 아직 잘 모릅니다. 현대 물리학조차도 시간을 '시계가 측정한 것'이라고 조작적으로 정의하고 있을 뿐이에요. '조작적'이라는 표현은 나쁜 뜻이 전혀 아닙니다. 물리학 이론에 잘 어울리면서 작동한다는 의미예요.

현대 물리학에서, 시간의 단위인 1초는 절대 0도에서 세슘-133 원자의 바닥상태에 있는 두 개의 초미세 에너지준위의 방사放射 주기 차이를 9,192,631,770헤르츠Hz로 정의한 후, 이 수의 역수로 정의합니다. 1헤르츠는 1초에 1번, 2헤르츠는 1초에 2번 주기적인 현상이 일어나는 걸 가리켜요. 그러니까 9,192,631,770헤르츠란 1초에 그 수만큼의 주기적인 현상, 즉 특정한 거리를 왕복하는 운동이 일어났음을 가리키는 거죠. 거칠게 요약하자면 1초에 일정한 공간적 거리 사이에서 일어나는 주기적 운동을 특정한 수(단위는 헤르츠)로 정의한 다음, 그 수만큼 주기적 운동이 일어나는 시간을 1초라고 다시 정의했다는 말이지요. 그야말로 순환적 정의의 전형입니다. 이런 정의 방식은 이미 아리스토텔레스에게서부터 발견되는데, 그는 주기적인 천체 운동의 수를 통해 시간을 정의한 바 있어요. 태양이 지구를 한 바퀴 돌면 하루라는 식이지요. 물론 이렇게 시간을 공간과 운동을 통해 정의하는 것도 가능한 일입니다. 하지만 이게 진짜 시간일까요? 지금부터는 철학자 니체와 들뢰즈가 각각 이해한 시간 개념을 내 나름으로 정리해보려고 해요. 무척 어렵습니다.

우리는 시간을 과거, 현재, 미래로 생각하는 데 익숙합니다. 이런 이해는 다양한 판본으로 제시되는데, 기본 아이디어는 대동소이해요. 그런데 오래전 아우구스티누스St. Aurelius Augustinus(354~430)가 지적했듯이 이런 이해는 시간의 본성을 적합하게 파악하기에 부적절합니다. 과거는 지나갔기에 이미 없지요? 현재는 지나가고 있을 뿐이지요? 미래는 오지 않았기에 아직 없지요? 이런 점에서 과거, 현재, 미래라는 시간은 존재하지 않는 것 같다고 아우구스티누스는 고백합니다. 그는 이 역설을 해결하기 위해 시간을 영혼의 현재 안에 응축하는 방법을 사용해요. 현재present란 어원상 '영혼 앞에 있음prae-esse'인데, 과거는 기억의 형태로, 미래는 기대의 형태로 영혼의 현재 운동 안에 있다는 겁니다. 이 해결책은 시간을 영혼의 운동에 종속시킨다는 한계를 만나요. 영혼이 없다면 시간도 사라지는 걸까요? 영혼이란 도대체 무엇일까요? 영혼이 없었을 때, 가령 영혼의 담지자인 생명이 탄생하기 전에는 시간이 존재하지 않았다는 걸까요? 이런 물음들에 대해 아우구스티누스는 신학적 답변만을 줄 수 있을 뿐이었습니다.

시간은 흐릅니다. 아니, 흐른다는 표현도 시간에 대한 정확한 진술이 아닐 수도 있겠습니다. 이 점은 차치하고, 아무튼 시간은 되돌릴 수 없습니다. 일어난 일은 되돌릴 수 없어요. 셰익스피어의 『맥베스』에는 '일어난 일은 돌이킬 수 없다What's done cannot be undone'라는 말이 나오죠. 시간은 한 방향으로만 진행한다는 뜻입니다. 그리고 이유는 알 수 없지만 계속 새로운 미래가 옵니다. 시간은 한 방향으로만 흐르고 계속 새로운 미래가 온다는 이 두 가지 사실을 누구도 부정할 수 없습니다. 따라서 이 사실을 생각의 전제와 출발점으로 삼아야 합니다. 만약 누군가가 시간이 왜 흘러가느냐고 물으면 그 이유를 설명하기는 대단히 어렵습니다. 아니, 설명할 수 없다고 해야 옳습니다. 미래가 계속 새롭게 도래해서 현재를 밀어낸다, 또는 현재 위에 덮친다 등과 같이 여러 가지로 표현할 수는 있겠습니다만, 표현이야 어쨌든 간에 이런 일이 일어난다는 사실만은 틀림없습니다.

들뢰즈의 철학은 이 지점에서 출발합니다. 그의 대표적 개념 중 하나인 '차이'를 살펴보죠. 차이는 최소한 둘 이상의 무엇 사이에서 나타나는 현상입니다. 그런데 차이는 시간이 흘러가면 당연히 계속 생깁니다. 이 차이가 바로 들뢰즈가 가장 우선적으로 고려하는 차이입니다. 시간의 흐름과 차이는 사실상 같은 말입니다. 우주 전체는 단 한 순간도 쉬지 않고 자기 변화를 겪고 있습니다. 우주의 이런 자기 변화를 시간이라고 부를 수도 있고 차이라고 부를 수도 있습니다. 그렇게 해서 생겨난 것들, 우주 속에 있는 부분들 또는 더 정확히는 우주의 한 부분들은, 시간을 멈춘다면 비교할 수 있습니다. 동영상을 정지 화면으로 자르는 식으로, 변치 않는 어느 공간에 늘어놓고 비교해보는 거지요. 그러나 동시에 우주 전체의 변화라는 맥락에서 차이의 발생을 이해할 수 있어야 합니다. 이럴 때 가장 먼저 고려해야 할 것은 우주 전체가 동시에 함께 계속 매 순간 변한다는, 즉 차이가 난다는 사실입니다. 이것을 바로 '차이의 반복'이라고 합니다. 차이의 반복이란 새로운 미래가 계속 도래한다는 뜻입니다. 그 이유는 좀처럼 알 수 없습니다. 하지만 미래가 도래하면서 무슨 일이 벌어지는지는 약간 알 수 있죠.

여기에서 공간적 차이는 부차적이고 파생적입니다. 우리는 흔히 공간적 차이를 차이라고 생각합니다. 모양의 차이, 장소의 차이, 성질의 차이 등, 이런 것들은 모두 기하학적 차이라고 할 수 있습니다. 물론 이 차이는 시간적 차이의 파생물이죠. 시간적 차이를 더 세분해서 고려할 수도 있습니다. 이른바 과거, 현재, 미래가 무엇인지 탐구하는 것입니다. 하지만 아우구스티누스가 맞이한 역설처럼 과거, 현재, 미래는 시간을 설명해주지 못합니다.

시간이 계속 흐른다, 미래가 계속 온다, 오는데 우연히 온다, 예측 불가능한 방식으로 온다는 것이 들뢰즈의 시간관의 전제입니다. 요약하면 이렇습니다. 일어난 일은 돌이킬 수 없어요. 그것은 필연입니다. 앞으로 어떤 일이 올지는 모릅니다. 우연이 필연을 생산하는 겁니다. 우주가 존재하는 방식은 그렇습니다. 따라서 이미 일어난 일에 대해서는 아무리 징징거려도 소용없습니다. 이건 무조건 받아들일 수밖에 없습니다. 그러나 미래는 항상 열려 있습니다. 어떤 일이 어떤 형태로 확정될지 모르기 때문에, 한편으로 완전히 닫혀 있지만 다른 한편으로는 완전히 열려 있는 것입니다. 우주의 존재방식이 생성입니다. 생성은 끊임없이 차이가 생겨나는 과정입니다. 쩨쩨하게 생성을 인간 수준에서 보려 해서는 안 됩니다. 우주 전체가 어떤 원리에 따라서 작동하는지를 알고, 인간이 바라는 것과 그 작동이 부합할 수 있는지를 확인하고, 부합할 수 있다면 어떻게 해야 더 부합할 수 있을지를 찾는 식으로 가야 합니다.

들뢰즈의 시간관은 니체에서 유래했습니다. 니체의 시간 이해는 기존의 것과 전혀 다릅니다. 니체는 과거, 현재, 미래라는 시간 성분을 완전히 갱신했습니다. 니체에 따르면 존재하는 것은 '지금 이 순간'뿐이에요. 지금 이 순간은 생성의 시간입니다. 그래서 '입구'라는 표현을 쓰기도 해요. 생성이 존재로 들어가는 입구를 가리킵니다. 니체는 아우구스티누스 식의 영혼을 제거한 후 현재를 '지금 이 순간'으로 바꾸었습니다. 우주에서 지금 이 순간은 멈춤 없이 반복됩니다. 그럼 과거는 어떨까요? 니체한테서 과거는 그 어떤 의지작용도 결코 바꿀 수 없는 '이미 일어난 일'로 이해됩니다. 니체는 '의지의 통한痛恨'이 일어난 일은 결코 돌이킬 수 없다는 데 있다고 간파합니다. 가장 기쁜 일도 가장 가혹한 일도 일단 일어난 그 순간 존재로 고정되고 영원에 편입되고 말지요. '일어난 일은 돌이킬 수 없다'라는 말이 그런 뜻이지요. 과거의 다른 이름이라 할 수 있는 필연과 운명은 이런 식으로 만들어지고 확정됩니다. 니체가 명명한 '원한감정ressentiment'과 '복수의 정신'도 바로 이런 조건에서 탄생합니다. 일어난 일은 도무지 어찌해볼 도리가 없게 되니까요. 흥미롭게도 니체는 인간만이 과거 앞에서 원한감정과 복수의 정신을 갖는다고 해요. 인간 마음의 특징 중 하나로 꼽을 만한가요?

그렇다면 니체는 미래를 어떻게 봤을까요. 미래란 불확정과 미결정 그 자체입니다. 미래라는 시간은 없어요. 물리적으로 엄밀하게 말해서 없습니다. 미래는 지금 이 순간을 계속 도래케 하는 미지의 권력이에요. 지금 이 순간이 멈추지 않고 도래하는 것은 미래가 지금 이 순간을 계속 발생시키기 때문입니다. 미래는 우주를 가동시키는 근본 권력, 원초적 힘이에요. 미래는 순간을 통해 우연을 발송합니다. 그렇기 때문에 필연적 인과에 따른 결정론은 성립하지 않습니다.

이런 시간 이해는 깊이 생각해볼수록 틀린 게 하나도 없습니다. 시간은 이러해야 한다는 식의 당위적 요구도 아니고 막연한 추측이나 가설도 아니고, 관찰해보니 시간은 저러하다는 식의 기술記述이라는 거죠. 시간에 대해 마구잡이 주장을 하는 건 아니라고 강조하고 싶습니다.

시간을 이렇게 이해할 때 달라지는 것은 무엇일까요? 우선 첫째, 미래에 대해 겁먹을 필요가 없습니다. 미래는 미리 결정되어 있지 않으며 오히려 지금 이 순간이라는, 거듭 도전하고 실험할 수 있는 기회를 주는 원천입니다. 미래는 삶에 기회를 증여하는 힘이에요. 둘째, 과거는 영원히 바꿀 수 없습니다. 그렇기에 과거에 연연하는 것은 무모하고 어리석습니다. 지금 이 순간에 집중하면서 과거를 무시하는 실천이 더 낫습니다. 셋째, 과거의 영원함이 만들어지는 것은 지금 이 순간이라는 입구를 통해서입니다. 니체의 가장 중요한 전언傳言 중 하나는, 지금 이 순간의 행동이 영원에 각인된다면 지금 이 순간에 더 낫게 행하려고 애쓰지 않을 도리가 없다는 것입니다. 다시 말해서 지금 이 순간이 영원과 닿을 수 있는 유일한 입구라면 최선을 다해 영원을 새길 수밖에 없지 않겠냐는 거죠. 일단 새겨진 것은 돌이킬 수 없으니까요. 이렇게 해서 니체의 새로운 시간관은 새로운 삶의 방식을 요청합니다.

그런데 중요한 위협이 하나 있어요. 그건 '지금 이 순간'에 대한 평가와 관련됩니다. 지금 이 순간은 미래의 성공 여부에 의해 그 가치가 평가된다고 학생들에게 조언하는 어느 대학교수의 강의가 인터넷에서 유명하더라고요. 흔히 접하는 조언이지만 내 생각에는 너무 나쁜 조언이에요. 그 조언에 따르면 지금 이 순간은 성공의 시점까지 계속 유예됩니다. 내가 가장 견디지 못하는 것 중 하나가 결과를 기약할 수 없는 시험이에요. 시험에는 두 종류가 있어요. 절대평가와 상대평가. 운전면허 시험은 커트라인을 넘으면 무조건 합격이죠. 반면 선발시험은 정해진 등수 안에 들어야만 합격이에요. 후자, 즉 상대평가의 경우, 노력은 결과를 보장하지 않아요. 그래서 합격의 순간까지 모든 평가는 유예되고 말죠. 물론 그 경우 합격과 성공이 그것을 위해 애쓴 시간 전부를 보상해줄지도 모릅니다. 분명한 건 내 경우는 그렇지 않다는 거예요. 나만 그런가요?

살다 보면 이런 종류의 시간을 견뎌야만 하는 시절도 있지요. 저 교수의 조언은 되도록 짧게 그 시절을 끝내라는 말인지도 모르겠네요. 그러나 내가 아는 한, 성공을 위한 미션은 한 번으로 끝나지 않습니다. 입시, 취업, 승진 등 잇달아 부과되는 미션 속에서 지금 이 순간은 영원히 버림받을 운명이 돼버리는 겁니다. 지금 이 순간은 성공의 순간까지 버티기 위해 지불해야 하는 이자와 같아지는 거예요. 우리는 여기서 삶의 시간이 관리되는 또 다른 논리와 만납니다.

이 논리는 자본이 삶의 시간을 관리하는 방식과는 다르지만 결국은 삶을, 시간을 즐기지 못하게 만들어요. 우리가 유일하게 마주하는 시간인 지금 이 순간은 미래의 성공을 담보로 미리 갚아야 하는 이자 취급을 받고 대부분에게 부채 완전 상환(성공)은 기약이 없어집니다.

이 덫에서 빠져나오려면 어떻게 해야 할까요? 해법은 아주 단순한 것일 수 있습니다. 성공의 순간과 지금 이 순간의 우선순위를 바꾸면 됩니다. 까놓고 말해, 성공은 보장이 없어요. 성공은 일종의 미끼이고, 또 아주 매력적인 미끼이죠. 그렇기에 삶의 시간을 성공을 위해 투자하는 것이기도 하고요. 그러나 동시에 아주 치명적인 미끼입니다. 그것은 지금 이 순간을, 모든 지금 이 순간들을 성공의 순간을 위해 단념하게 하는 기능을 아주 잘 수행해내기 때문입니다. 일단 이 덫에 빠지면 삶의 유일한 진짜 시간인 지금 이 순간에 충실할 길은 멀어지고 맙니다.

그렇다면 우선순위를 바꾼다는 것은 무슨 뜻일까요? 핵심은 미래의 성공을 기준으로 지금 이 순간을 회고적으로 평가하는 것이 아니라 지금 이 순간에 최선을 다하는 것이 미래의 성공을 낳을 수도 있다는 것을 긍정하는 것입니다. 바라는 대로 결과나 나온다면 얼마나 좋을까요. 하지만 그렇다면 삶은 또 얼마나 지루할까요. 제대할 날을 손꼽아 기다리는 군인처럼 사는 것일 테니까요. 바라던 일이 이루어지고 말고는 전적으로 우연의 문제입니다. 하지만 아무 노력도 소용없다는 말은 진혀 아니에요. 노력과 성취가 자주 어긋난다고 해서 노력하지 않았다고 할 수 있을까요? 내 말은, 성취를 기준으로 노력을 평가해서는 안 된다는 거예요. 노력은 노력대로 가치가 있습니다. 성취로 이어지지 않더라도 소중한 거죠. 하지만 성취 없는 노력을 어떻게 평가할 수 있을까요? 노력이 행해지는 지금 이 순간 얼마나 최선을 다했느냐에 따라 평가할 수 있을 겁니다. 그래야, 오직 그럴 때에만 미래의 성공이 뒤따르지 않더라도 지금 이 순간이 구제될 수 있고 지금 이 순간에 충실할 수 있는 겁니다. 그리고 자기 삶의 시간 하나하나를 최선의 영원들로 조형造形할 수 있습니다. 운명이란 이런 식으로 자기가 조형한 것의 총체입니다. 운명은 만드는 것이지 주어진 것이 아닙니다.

실패란 처음에 의도한 목표와 내가 노력해 생겨난 결과가 어긋날 때, 목표에 이르지 못했을 때를 가리킵니다. 그 어긋남 때문에 사람들은 좌절하고 후회합니다. 후회는 결과에 비추어서 노력을 평가하려 할 때 생깁니다. '그때 그랬더라면' 하는 식으로 생각하는 거지요. 하지만 결과란 나의 노력과 우주의 조건이 어우러져서 생겨나는 법입니다. 내 노력이 바라던 결과를 낳는다는 보장은 없습니다. 목표를 향한 노력이 원하는 결과를 낳지 않는 것이 세상에선 오히려 정상입니다. 차라리 실패가 정상 상태라고 해야 합니다. 따라서 우리는 노력하는 순간에 집중해야 합니다. 매 순간 최선을 다할 때, 그 결과와 상관없이 후회가 남지 않습니다. 후회란 노력에 대한 후회인데 노력의 순간에 더할 수 없을 만큼 최선을 다했으니까요. 물론 노력과 결과를 분리하는 일은 쉽지 않습니다. 하지만 그래야 합니다. 노력은 최선을 다하되 결과는 무조건 수용하기, 그러고 나서 최선을 다한 또 다른 실험을 진행하기, 이런 것의 연속이어야 하고 이것이 삶이어야 한다는 게 니체가 명명한 운명애amor fati의 진짜 의미입니다. 삶의 경로와 결과가 모두 미리 정해져 있음을 받아들이는 '숙명론'과는 정반대입니다. 진인사대천명盡人事待天命이라는 말이 있습니다. 할 바를 다하되 그 결과를 겸허하게 긍정하라. 그렇게 살아갈 때만이, 그 삶의 끝에서 "나는 할 수 있는 일을 모두 했노라" 하고 말을 맺으면서, "이것이 내 운명이고, 나는 내 운명을 사랑한다"라고 말할 수 있겠지요?

5 철학 문헌 읽기(1): 플라톤

Réunion de Philosophie et Science

예고했던 것처럼 지금부터 두 장에 걸쳐 몸과 마음의 관계를 다룬 철학 원문을 직접 읽어보겠습니다. 플라톤의 『파이돈』과 데카르트의 『성찰』이 그것입니다. 플라톤이나 데카르트가 우리가 알고 있는 이런저런 얘기를 했다는 걸 확인하기 위해서가 아닙니다. 단지 확인을 위해서라면 애써 읽을 필요가 없어요. 철학 텍스트 원문을 읽는 건 거기에 담긴 물음들과 통찰들에서 오늘날에도 여전히 필요한 단서들이 있지 않을까 해서입니다. 철학의 통찰은 시간으로 극복되는 게 아닙니다. 오히려 시간이 흐르면서 퇴보하는 경우도 있어요. 반대로 어떤 철학자는 그 이후의 모든 철학자가 다루었던 논의들보다 더 중요한 논의를 했을 수 있습니다.

철학사를 공부하는 의의가 여기 있습니다. 사람들은 고전적인 철학 텍스트를 이미 읽었다고 생각하는 경우가 많습니다. 개론이나 요점정리를 통해 이미 다 알고 있다는 거예요. 그렇기 때문에 원문을 보더라도 이미 알고 있는 걸 확인하는 데서 그치는 경우가 대부분입니다. 하지만 어떤 것이 고전으로 평가된다는 건 지금 읽어도 새로운 무언가를 찾아낼 수 있다는 의미입니다. 사상이건 문학이건 예술이건 다 마찬가지예요. 이미 다 알고 있다고 생각하면서 고전에 다가가는 것만큼 어리석은 일도 없습니다. 최신 과학 교과서를 읽듯 철학 고전을 읽어서는 안 됩니다.

5.1 플라톤은 누구인가

르네상스 시대의 거장 라파엘로Raffaello Sanzio(1483~1520)가 그린 〈아테네학당Scuola di Atene〉은 아주 유명한 그림이지요. 여기에는 라파엘로 시대에 선대의 학자들이 어떤 모습으로 이해되고 있었는지가 잘 나타나 있어요. 기회가 되면 이 그림에 등장하는 인물 하나하나에 대한 설명을 찾아서 보기 바랍니다(참고로 그림 왼편에 누런 옷을 입고 제일 못생긴 사람이 플라톤의 스승 소크라테스입니다). 이 그림의 중앙에 있는 게 플라톤과 그 제자 아리스토텔레스예요. 누가 누구인지 알겠나요? 네, 그렇지요, 나이가 많은 사람이 플라톤이겠지요. 그런데 손가락 방향을 봐요. 플라톤은 하늘을, 아리스토텔레스는 땅을 가리키고 있어요. 두 사람의 철학의 특성과 차이를 잘 보여준다고 합니다.

〈아테네학당〉

'플라톤'은 원래 희랍어로 '넓다'라는 뜻입니다. 건장해서 그런 이름이 붙었다고도 하는데, 그 시대에 플라톤이 여러 명이었다고도 해요. 어쨌건 우리가 알고 있는 철학자 플라톤은 소크라테스 Σωκράτης(기원전470/469~기원전399)의 제자이고 아리스토텔레스의 스승인 플라톤입니다. 아테네에서 활동했던 이 3인방은 고전기 classical 희랍 철학의 정점에 있다고 평가되곤 합니다. 아리스토텔레스의 제자이기도 한 알렉산드로스 대왕이 죽은 기원전 323년까지를 '고전기'로 봅니다.

언제 플라톤이 태어났는지는 확정할 수 없습니다. '누구에 따르면 ~하다'라는 식으로만 기록이 남아 있으니까요. 게다가 지금의 달력과 체계가 달라 연도를 지칭하기도 어렵습니다. 또, 플라톤이 쓴 책은 단 한 권도 남아 있지 않아요. 여러 차례 필사를 거쳐서 나중에 기록으로 남겨졌을 뿐입니다. 플라톤 자신이 책을 엮은 적도 없고요. 이런 옛날 사람을 다룰 때는, 어떤 텍스트를 플라톤이 쓴 것이라고 확정하는 것 자체가 어렵다는 점을 유념해야 합니다. 20세기 초반의 인물들조차도 텍스트를 확정하는 문제가 만만치 않습니다. 익명으로 출판했거나 손으로 쓴 원고만 남아 있는 경우도 많거든요. 철학은 옛날로 갈수록 판본 확정의 문제, 인물 확정의 문제까지 생깁니다. 플라톤이 직접 쓴 것이 남아 있지 않다면 누가 쓴 것인지를 어떻게 알겠어요? 누락되었을 수도, 파손되었을 수도 있는 거지요. 이런 걸 정리하는 분야가 문헌학philology이며, 철학사 연구의 출발점입니다. 옛날일수록 진짜인지를 밝혀내는 일이 어려운 건 당연하고요.

플라톤은 철학자philosophos라는 말을 만들기도 했어요. '철학'보다 '철학자'라는 말이 먼저 있었던 겁니다. 놀랍지 않나요? 철학자는 본래 '앎 또는 지혜sophos'의 '친구philia'라는 뜻입니다. 사람이 먼저 있었고(철학자), 그런 사람의 활동에 대해 명칭이 생겨났고(철학), 그런 활동을 한 사람들을 주적해보니 탈레스Θαλῆς (ὁ Μιλήσιος)(기원전624?~기원전546?)가 처음이었다, 이렇게 보면 됩니다. 탈레스를 최초의 철학자로 꼽은 건 최초의 철학사가哲學史家이기도 했던 아리스토텔레스였습니다. 아무튼 전에도 말했지만, 철학에서는 나중에 등장한 철학자가 앞선 철학자보다 낫다는 보장이 전혀 없습니다. 그런 점에서 소크라테스, 플라톤, 아리스토텔레스 3인방이 고전기 희랍 철학의 정점에 있다는 일반적 평가도 다시 살펴봐야 합니다. 가령 니체는 소크라테스에서부터 철학과 문화의 몰락이 시작되었다고 혹독하게 비판하거든요. 자연과학이 집단 활동인 것과 달리 철학은 독자적 활동입니다.

플라톤을 말하려면 어쩔 수 없이 소크라테스부터 말해야 합니다. 소크라테스는 글을 쓰지 않았지만 제자 플라톤을 비롯한 여러 동시대인들의 기록을 통해 삶과 사상이 전해지고 있습니다. 그중 특히 플라톤의 작품들에서는 소크라테스를 주인공으로 설정하는 경우가 많기 때문에, 어디까지가 소크라테스의 생각이고 어디부터가 플라톤의 생각인지 구별하기가 쉽지 않아요. 플라톤이 소크라테스의 삶을 그린 작품들은 소크라테스의 생각도 보여준다고 가정해볼 수도 있겠지요. 그런데 꼭 그렇지만도 않은 게, 우리가 함께 읽을 『파이돈』은 소크라테스가 죽는 날 있었던 대화인데 여기에서 소크라테스의 입을 통해 이른바 '이데아'론이 처음 분명한 형태로 개진되거든요. 그래서 우리는 편의상 소크라테스의 사상을 따로 상정하지 말고 플라톤 사상에 녹아든 것만 보기로 하겠습니다. 이제부터 본 강의에서 소크라테스는 플라톤의 생각을 대변하는 주인공입니다.

플라톤은 자기 철학을 대화 형식으로 표현했어요. 플라톤의 생각을 대변하는 소크라테스가 나와서 또는 제자나 친구, 논쟁 상대자가 나와서 서로 대화하며 논쟁하는 거예요. 대화 형식이 아닌 유일한 작품은『소크라테스의 변론』입니다. 하지만 이 작품도 배심원단에게 소크라테스가 자신의 무죄를 주장하는 변론이기 때문에 대화 상대방이 없다고 볼 수는 없어요. 아무튼 이 작품만 독백 형식입니다. 다른 작품들에서는 여러 인물이 발언하기 때문에 어떤 사람 생각이 플라톤의 것인지 알기가 어려워요. 후기 작품들로 가면 소크라테스가 논박당하기도 하거든요. 플라톤을 읽을 때 만나게 되는 어려움 중 하나입니다.

플라톤이 기록한 소크라테스의 삶을 짧게 돌이켜보겠습니다.『소크라테스의 변론』은 신을 모독하고 청년들을 타락시킨 죄로 기소당한 소크라테스가, 자신은 무죄이며 오히려 아테네에 공헌한 바가 있다고 배심원단에게 주장하는 법정연설입니다. 소크라테스는 "소크라테스보다 더 현명한 자는 없다"라는 델피의 신탁을 전해 들었다고 해요. 그는 평소 자신이 무지하다고 생각했다가, 신탁을 들은 후 현명하다고 소문난 사람들을 하나하나 찾아다니면서 그 사람이 진짜로 현명한지 묻고 따지는 일을 했어요(플라톤의 작품들은 사람 이름으로 된 것들이 굉장히 많은데 대부분 소크라테스가 묻고 따진 상대방이었다고 보면 됩니다. 물론 작품 속 대화 내용은 인물의 특징만 뽑아서 순전히 꾸며낸 것들이죠). 그러다 보니 아테네의 많은 명망가들에게 미움을 산 건 당연한 일이었겠지요? 사실 기소까지 당한 건 이런 이유 때문이었다고 해요. 아무튼 이들은 스스로 현명하다고들 했지만 만나서 대화해보니 사실 그리 현명하지 않았고, 소크라테스는 최소한 자신이 무지하다는 건 알고 있었다는 거죠. 그래서 결론적으로 소크라테스가 자신이 가장 현명하다는 신의 말씀의 의미를 알게 되었다고 결론 내립니다. 하지만 잘 알다시피 소크라테스는 유죄 판결을 받고 사형이 언도됩니다.

'너 자신을 알라know thyself/yourself'라는 말 들어봤지요? 소크라테스가 한 말이라고 전해지지만 사실은 델피의 아폴론 신전 앞뜰에 새겨져 있었다고 해요. 본래는 이집트의 룩소르 지역에서 온 격언으로, 탈레스나 피타고라스 같은 사상가들을 통해 전해졌다고 합니다. 그렇기는 해도 이 격언은 소크라테스에게도 중요한 영향을 끼쳤어요. 소크라테스가 '무지無知의 지知'에 이르게 된 것도 이 격언을 충실히 따랐기 때문일 겁니다.

아무튼 소크라테스는 사형을 언도받아 감옥에 갇혔습니다. 이때 소크라테스의 부유한 친구 크리톤이 간수를 매수해놓고 탈옥을 권유했어요. 이에 대해 소크라테스는 자신이 탈옥해서는 안 되는 이유를 펼치죠. 플라톤은『크리톤』에서 이 대화를 상세히 묘사하는데, "오, 크리톤, 어찌 이렇게 이른 시간에 왔나?"라는 말로 시작해요. 플라톤의 작품 중엔 이렇게 주요 등장인물을 제목으로 하는 경우가 많아요. 플라톤 자신이 제목을 붙인 게 아니기 때문입니다. 물론 주제를 제목으로 삼은 경우도 종종 있는데 이것도 같은 이유 때문이겠지요. 이 대화는 소크라테스가 "악법도 법이다"라고 주장한 출처로 제시되곤 하는데, 사실 그런 내용은 없습니다. 후대에 독재자들이 소크라테스의 권위를 업고 자신의 독재를 정당화하기 위해 그렇게 왜곡했다고들 생각합니다. 또, 소크라테스가 탈옥하지 않은 진짜 이유가 딴 데 있다는 얘기도 있어요. 사실 71세의 노인이 아테네 밖에서 여생을 살아봤자 고생뿐이지 무슨 낙이 있었겠어요. 게다가 떳떳하지도 않았을 테고요. 폴리스polis 바깥은 황무지였고 당시 다른 폴리스에서 외국인으로 사는 일도 만만치 않았어요. 이런 현실적인 이유가 탈옥하지 않은 주된 이유였다는 거예요.

자, 이제 플라톤의 '소크라테스 3부작' 마지막 편인 『파이돈』으로 갈 차례입니다. 이 작품은 소크라테스의 임종을 지켜본 파이돈이 거기에서 오간 대화를 들려주는 형식으로 되어 있습니다. 흥미롭게도 임종 자리에 플라톤은 없었어요. 플라톤이 쓴 『파이돈』에 따르면 아파서 그 자리에 없었다고 하는데, 그게 너무 이치에 닿지 않아서 소크라테스가 처형되는 날을 깜빡 잊고 어디 놀러 갔었으리라는 농담이 있을 정도예요. 그렇지만 철학적으로 『파이돈』은 굉장히 중요한 작품입니다. 이데아론이 처음 등장하고 영혼 불멸도 주장됩니다. 우리가 읽을 텍스트가 『파이돈』의 일부예요. 여기에 몸과 마음의 이원론을 비롯해 몇 가지 곱씹어볼 만한 내용이 나옵니다. 텍스트를 보기에 앞서 플라톤의 이데아론을 간단히 알고 가면 좋을 것 같아요.

5.2 기하학과 이데아

이데아ἰδέα, idea라는 말의 어원을 먼저 살펴볼까요? 이 부분이 개인적으로는 굉장히 흥미로워요. 라틴어 동사 '위데레videre'에 포함되어 있는 weid-라는 어근은 '보다'를 뜻해요. weid-는 원原인도유럽어Proto-Indo-European에서 wid-es-ya-라는 말의 한 부분이었고, 여기에서 '보다'라는 뜻의 희랍어 동사 '이데인ἰδεῖν'이 나왔어요. 그리고 여기에서 '본 것'이라는 뜻의, 그래서 '모습, 형태'도 함께 뜻하는 '이데아'가 나왔습니다. 한편 weid-는 weid-es-라는 말로도 전해졌는데, 여기에서는 희랍어 동사 '에이데나이εἰδέναι'가 나왔어요. 이 말의 본뜻도 '보다'인데, '알다'라는 뜻으로까지 외연이 확대됩니다. 여기에서 '본 것'이라는 뜻의, 그래서 역시 '모습, 형태'를 함께 뜻하게 된 '에이도스εἶδος'가 나왔어요. 요약하자면 희랍어 이데아와 에이도스는 모두 '보다'라는 말에서 왔으며, '본 것'이라는 뜻을 가장 바탕에 두고 있다는 거지요. 플라톤은 이데아라는 말을 주로 썼고 아리스토텔레스는 에이도스라는 말을 썼습니다. 고대 희랍의 일상어로 만든 개념이었던 셈이에요. 그렇다면 플라톤의 이데아론이라는 건 도대체 뭘까요?

고대 희랍 영웅 아카데모스Ἀκάδημος의 성스러운 숲에서 기원한 신성한 장소, '아카데메이아 또는 아카데미아Ἀκαδημ(ε)ια'는 아테네 서북쪽 교외에 있었는데 플라톤이 기원전 387년경에 지명과 같은 이름의 '학술-생활-종교 공동체'를 세웠다고 해요. 이 명칭은 이후 '아카데미'의 어원이 되었지요. 아리스토텔레스도 플라톤이 죽을 때까지 거기에서 공부했고, 후에 마케도니아 출신의 외국인이라는 이유로 후임 원장이 되지 못해 고향으로 돌아갔다가 나중에 다시 돌아와 아카데메이아 인근의 '뤼케이온Λύκειον'에서 가르침을 이어갔다고 합니다. 아카데메이아의 현관에는 이런 말이 쓰여 있었다고 전해집니다.

기하학geometry을 할 줄 모르는 자는 내 지붕 아래로 들어오게 하지 말라.

이 말이 어떻게 전해졌는지, 진짜인지 가짜인지에 대해서는 논란이 있지만 적어도 플라톤 철학의 본질을 보여준다는 점은 분명합니다. 왜 플라톤은 기하학을 할 수 없는 사람을 받아주지 않았을까요?

기하학γεωμετρία은 본래 땅γῆ, gê을 잰다μέτρον, métron는 뜻입니다. 기

하학은 문명의 초기부터 농경과 건축이라는 실용적 필요에서 생겨났는데, 주로 점, 선, 면과 이것들로 이루어진 모양, 면적, 부피를 탐구합니다. 플라톤이 보기에 기하학은 수학적 대상을 탐구하는 것이었습니다. 예를 들어 설명하면 좋겠네요. 여러분은 세상에서 동그란 것들을 많이 봅니다. 캔 음료의 밑면도 동그랗고, 종이컵의 윗면도 동그랗습니다. 동그란 것들the rounds이 참 많지요. 그런데 이것들이 완벽하게 동그랗다고, 즉 원circle이라고 말할 수 있을까요? 엄밀히 보면 현실에 있는 동그란 것들은 원의 근사치일 뿐 '완전한 동그라미perfect round'나 '동그란 것 그 자체round itself'가 아닙니다. 플라톤에게 기하학은 원을 탐구하지, 동그란 것들을 탐구하지 않습니다.

동그란 것들에서는 '한 고정점에서 같은 거리에 있는 점들의 집합' 같은 정의가 성립하지 않아요. 전에도 말했지만 점은 위치만을 가리킬 뿐 크기가 없잖아요? 그렇다면 원 또한 위치만을 가리킬 뿐 크기가 없거든요. 따라서 아주 작더라도 부피를 갖고 있는 현실의 동그란 것들은 원이 아닙니다. 해상도가 아주 높은 모니터에 구현된 원은 어떨까요? 당연한 말이지만 그것도 얼마간 굵기가 있습니다. 물리 세계에 원은 존재하지 않습니다. '소마'의 세계에 원은 없어요. 현실 속 삼각형은 내각을 다 더해도 180도가 아니고, 현실 속 정사각형의 어떤 내각도 직각이 아니에요. 원이나 삼각형이나 직사각형 같은 것들이 수학적 대상이기 때문에 그렇습니다. 수학적 대상에 이런 것들만 있다는 얘기는 아닙니다. 하지만 기하학이 수학적 대상에 해당하는 것들을 다룬다는 건 틀림없습니다.

아무튼 기하학의 여러 정리定理는 현실에서 성립하지 않아요. 공학의 어려움도 여기에 있어요. 수학적으로 설계를 아무리 완벽하게 해도 현실에서 구현할 때는 자꾸 오차가 나니까요. 바로 그 오차가 수학과 현실의 차이를 다 설명해줍니다. 수학적 대상이 현실이 아니라면 어디에 있는 걸까요? 원, 삼각형, 정사각형 같은 것들은 어디에 있을까요? 이것들은 현실에서 '추상'된 것들입니다. 추상을 통해서만 기하학의 대상들이 존재할 수 있습니다. 수학적 존재들은 추상적 존재들입니다. 3차원 공간에서 떨어져 나왔다는 점에서 추상적이라는 거예요. '추상'이라는 말은 번역어인데, 그 개념을 발명한 사람이 바로 아리스토텔레스입니다. 그는 '따로 떼어놓는 일'을 뜻하는 '아파이레시스aphairesis'라는 말을 썼고 이게 라틴어 형용사 abstractus라는 번역어를 거쳐 오늘날에 이르게 된 겁니다. 아리스토텔레스는 플라톤이 염두에 둔 기하학적 존재들을 추상적이라고 평가한 최초의 철학자입니다.

물론 그렇다고 플라톤 자신이 이런 평가에 동의했다는 건 아니에요. 오히려 플라톤은 기하학적 존재들이 현실의 존재들보다 더 완전하고 완벽하다고 보았어요. 진짜이고 불변하는 기하학의 세계에 비하면 물리 세계는 가짜이고 저질이고 불완전하며 가변적이라는 겁니다. 기하학의 세계가 불멸이라면 물리 세계는 하루살이 같다고나 할까요. 이 점에서 기하학을 향한 플라톤의 열망은 종교적 성격까지도 갖고 있습니다. 플라톤이 보기에 불완전한 현실 세계에 그나마 얼마간의 안정과 질서를 부여해주는 건 기하학의 세계였습니다.

쉽게 말해 현실의 모든 동그란 것들이 어느 정도는 원의 특성을 갖는 건 진짜로 원이 있기 때문이라는 겁니다. 따라서 동그란 것들을 볼 때 진짜로 보아야 할 것은 원입니다. 동그란 것에서 원을 보는 능력, 즉 추상 능력을 불멸을 획득하는 능력으로 여기기도 했어요. 그리고 이렇게 진짜로 본 것들, 진짜로 보아야 할 것들이 바로 플라톤이 말하는 이데아들입니다. 플라톤은 이데아라는 표현보다 '~ 자체'라는 표현을 더 많이 썼다고 하고요.

이 지점에서 이데아에 대한 가장 흔한 오해 하나를 넘어서야 합니다. 이데아가 마치 천상 세계나 초월 세계나 이상 세계에 있다는 오해 말이에요. 실제로 이데아들은 3차원 공간에서 살짝 빠져나와 바로 그 곁에 있습니다. 현실의 존재들을 보면서 진짜로 보는, 진짜로 보아야 하는 존재들이 이데아들입니다. 동그란 것 앞에서 진짜로 본 원이 바로 이데아입니다. 사물을 볼 때 겉으로 보이는 것과 그것이 그것일 수 있게 해주는 그 자체를 구분해서 봐야 한다는 것이 플라톤 철학의 핵심에 있습니다. 그리고 그렇게 해야만 현실을 조리 있게 설명할 수 있다는 것이 플라톤의 생각이었습니다. 이데아의 어원이 '본 것'이라고 했지요? 플라톤은 정확히 이런 맥락에서 이데아라는 개념을 발명한 겁니다. 그의 이데아 개념은 수학적 존재에 대한 정확한 통찰을 담고 있다는 점에서 오늘날에도 유용합니다.

플라톤은 '이데아'를 주장하면서 수학적 대상에 한정하지 않고 도덕과 미의 영역으로까지 확장했어요. 현실에 구체적으로 있는 아름다운 사람이나 사물들, 올바른 행동들, 용감한 태도들, 선한 행위들을 넘어 아름다움, 정의, 용기, 선함, 좋음 등의 이데아가 있다고 말했던 겁니다. 좀 더 나이 든 플라톤은 가장 바람직한 정치체제politeia를 구상할 때 바로 이런 이데아들에 바탕을 두려 했습니다. 과연 그런 것들의 이데아가 있을까요? 플라톤은 그렇게 믿었던 것 같습니다. 하지만 플라톤 자신도 회의를 품는 대목이 나와요. "먼지나 티끌 같은 것에도 이데아가 있을까?" 이 물음은 고대의 위대한 철학자이자, 플라톤 자신이 깊이 영향받았던 파르메니데스Παρμενίδης ὁ Ἐλεάτης(기원전520/515?~기원전460/455?)가 『파르메니데스』라는 책에 주인공으로 등장해서 젊은 소크라테스에게 던진 질문입니다.

이런 이데아론은 훗날 니체한테 강하게 비판받기도 하는데, 세상에 존재하는 아름다운 사람이나 사물들, 용감한 태도들 등을 넘어 아름다움(미)의 이데아나 용기의 이데아 같은 걸 찾다 보면 구체적인 것들을 놓치게 된다는 겁니다. 구체적인 것을 평가할 수 있는 능력을 길러야 한다는 게 니체의 생각이었고 이런 능력 배양은 논리적이고 이성적인 문제가 아니라 경험의 문제입니다. 실패하더라도 자꾸 해봐야 잘 평가할 수 있고 잘 실천할 수 있게 되니까요. 윤리의 문제와 관련해서는 일찍이 아리스토텔레스가 반복해서 습관을 형성하는 게 관건이지, 머리로 아는 건 소용없다는 비판을 했다는 점도 기억하면 좋겠네요. 현대 철학자 들뢰즈는 플라톤이 이데아 개념을 발명하면서 이데아가 적용되는 것들과 그렇지 않은 것들을 나누는 일을 가장 먼저 했다는 점을 높게 평가하면서, 플라톤 자신이 이데아 이론을 가장 먼저 뒤흔든 최초의 반反플라톤주의자라는 놀라운 주장도 했습니다.

가만히 보면 철학자마다 자기 철학의 바탕으로 삼는 과학이 하나씩 있어요. 방금 보았듯이 플라톤은 기하학에서 출발하죠. 한편 아리스토텔레스는 생물학을 바탕으로 삼아요. 그래서 같은 용어를 쓰더라도 다른 걸 뜻하는 일이 종종 생겨요. 가령 앞에서 이데아와 에이도스는 둘 다 '본 것', 즉 '형상形相'을 뜻한다고 했지요. 그런데 플라톤이 본 것(이데아)은 기하학적 대상인 반면 아리스토텔레스가 본 것(에이도스)은 다 성장한 생물이에요. 같은 용어를 써도 각 철학자의 체계 속에서 뜻하는 바가 달라지는 일이 생기는 겁니다. 참고로, 대부분의 근대 철학자는 물리학을 바탕으로 삼았다는 점도 알고 있으면 유용하겠지요.

5.3 플라톤의 『파이돈』 읽기

플라톤 철학의 몇 가지 개요에 대해서는 이 정도까지 하고 이제부터 텍스트를 읽겠습니다. 앞에서 소크라테스의 삶과 관련된 이야기를 길게 했는데, 사실은 『파이돈』을 이해하기 위해 얼마간 배경 설명이 필요했기 때문이기도 해요. 앞서 말했듯 『파이돈』은 소크라테스가 독배를 마시고 죽는 날의 이야기입니다. 죽음을 앞둔 소크라테스는 제자들 및 친구들과 대화를 나누면서 죽음이 두려워할 일이 아니라 오히려 좋은 일이라고 말합니다. 프랑스의 신고전주의 화가 다비드Jacques-Louis David(1748~1825)가 그린 〈소크라테스의 죽음La mort de Socrate〉이 바로 이 장면입니다. 침대에 앉아 손가락으로 하늘을 가리키는 사람이 소크라테스인데, 라파엘로 그림에 등장했던 플라톤의 모습이 떠오르지요? 그리고 침대 가장자리에 앉아 슬퍼하는 사람이 플라톤이라고 합니다. 앞서 말했지만 플라톤은 실제로는 여기에 없었어요. 소크라테스 바로 곁에 있는 사람은 절친 크리톤입니다. 진한 우정이지요. 이 장면을 잘 기억해두세요. 텍스트를 읽을 때 이 장면이 등장하거든요. 이제 텍스트를 직접 읽어보세요. 다 읽고 내용을 함께 짚어가겠습니다.

젊었을 적에 나는 사람들이 자연에 대한 탐구라고 부르는 바로 그 지혜를 굉장히 열망했다네. 각각의 것의 원인原因들, 즉 왜 각각의 것이 생겨나고, 왜 소멸하고, 왜 있는지를 아는 것이 내겐 대단한 일로 여겨졌거든. … 그리고 이번에는 이것들의 소멸들에 대해 탐구하고, 하늘과 땅에서 일어나는 일들을 탐구하다가, 마침내 나 자신이 이런 종류의 탐구에는

〈소크라테스의 죽음〉

전혀 소질이 없다는 생각이 들었네. …

그런데 언젠가 나는 누군가가 그의 말로는 아낙사고라스가 썼다고 하는 어떤 책을 읽는 것을 듣게 되었네. 그런데 거기에선 말하기를, 모든 것들을 질서 짓고 그것들의 원인이 되는 것은 지성nous이라는 거야. 나는 이 원인이 마음에 들었고, 어떤 식으로든 지성이 모든 것의 원인인 건 잘된 일이라는 생각이 들었네. 그래서 만일 그것이 사실이라면, 지성은 모든 것을 질서 짓는 데 있어서 각각의 것을 최선의 방식으로 질서 짓고 위치시킬 것이라고 생각했네. 그래서 만일 누군가가 각각의 것에 대해서 어떻게 그것이 생겨나거나 소멸하거나 있는지 그 원인을 알아내고자 한다면, 그는 그 각각의 것에 대해 다음과 같은 것을 알아내야 한다고 생각했지. 그것이 있거나 다른 어떤 일을 겪거나 작용하는 것이 그것에게 어떻게 최선인지를 말일세. 그러므로 이 논리에 따르면 사람은, 자신에 대해서건 다른 것들에 대해서건, 다름 아닌 가장 좋고 최선인 것을 탐구해야 마땅하네. 같은 사람이 필연적必然的으로 더 나쁜 것도 알아야 하겠지. 이것들에 대한 지식은 같은 것이니까. …

이 엄청난 기대로부터, 여보게! 나는 그만 내동댕이쳐지고 말았다네. 읽어나가면서 보니, 그 사람은 지성을 사용하지도, 그것에 사물들을 질서 짓는 일과 관련된 어떠한 원인도 돌리지 않고, 공기와 에테르와 물과 그 밖의 여러 이상한 것들을 원인으로 대더란 말일세. 내 생각에 그건 마치 어떤 사람이, 소크라테스는 모든 하는 일을 지성에 의해서 한다고 말하고 나서는, 내가 하는 일들 각각의 원인을 말하려 할 때는 다음과 같은 식으로 말하는 것이나 매한가지네. 그는 우선 내가 여기에 앉아 있는 것은 내 몸이 뼈들과 근육들로 이루어져 있는데, 뼈들은 단단하고 관절들에 의해 서로 분리되어 있는 반면, 근육들은 팽팽해지고 느슨해질 수 있어서 이것들이 뼈들을 살들과 이것들을 유지시키는 피부와 함께 둘러싸고 있기 때문이라고 말할 걸세. 그래서 그 뼈들이 그것들의 관절들에서 들려졌을 때, 근육들이 느슨해지고 팽팽해짐으로써 어떤 식으로 지금 나의 사지를 굽힐 수 있도록 만드는 것이고, 이런 이유로 내가 여기에서 다리를 굽히고 앉아 있다는 것이지. 그리고 이번에는 우리가 이야기를 나누고 있는 것에 대해서도 그는 그런 종류의 다른 무수한 것들에 원인들을 대서, 소리니 공기니 청각이니 그런 종류의 다른 무수한 것들에 원인을 돌리면서, 참된 원인들을 대는 것에는 신경을 쓰지 않네. 그 참된 원인은 아테네인들에게는 나에게 유죄판결有罪判決을 내리는 것이 더 좋다고 생각이 되었고, 바로 이 때문에 나에게는 여기에 앉아 있는 것이 더 좋은 일이고 여기 남아 그들이 명하게 될 처벌을 받는 것이 더 옳은 일이라고 생각되었다는 것이네. 왜냐하면 맹세하지만, 내 생각에, 만일 내가 도피하거나 도주하지 않고 이 나라가 어떤 처벌을 내리든 그것을 받는 것이 더 옳고 훌륭한 일이라고 생각하지 않았다면, 이 근육들과 뼈들은, 더 나은 것에 대한 판단에 이끌려서 오래전에 메가라나 보이오티아 지역에 가 있었을 테니 말일세. 하지만 이런 것들을 원인들이라고 부르는 것은 매우 이상한 일일세. 만일 누군가가 이런 것들, 즉 뼈들과 근육들과 내가 가지고 있는 다른 것들을 가지지 않고서는 내가 생각하는 것들을 행할 수가 없다고 말한다면, 그건 맞는 말이겠지. 그렇지만 내가 하는 일들을 하는 것이 이것들 때문이고, 내가 그 일들을 지성에 의해 행하지만 그건 최선을 선택함에 의해서는 아니라고 한다면, 그건 매우 그리고 몹시 부주의한 주장이 될 걸세. 왜냐하면 그것은 진정한 원인과 그것 없이는 도대체 원인이 원인일 수 없는 것이 다름을 구분하지 못하는 것이니 말일세. 바로 이것을 내가 보기에 대중들이, 마치 어둠 속에서 더듬거리는 것처럼, 잘못된 이름을 사용해서 원인이라 부르고 있다네.

내용을 정리하겠습니다. 소크라테스는 '자연에 대한 탐구'를 열망했다고, 즉 오늘날의 자연과학에 관심이 있었다고 회고합니다. 그래서 만물이 왜 생겨나고 존재하다 소멸하는지를 알고 싶어 했습니다. 하지만 이과 소질이 아니어서 포기했다고 고백합니다. 그러던 중 오늘날 '마음'의 일부로 볼 수 있는 '지성 또는 이성'이 만물의 원인이라는 견해를 듣게 됩니다. 지성이 만물의 원인이라면 아마도 최선의 방식으로, 나쁜 쪽이 아니라 좋은 쪽으로, 더 좋고 더 옳은 쪽으로 만물을 질서 지을 것이라는 기대 속에서요. 나쁜 건 좋은 것의 반대이니까 좋은 것만 알면 충분했겠지요.

이런 기대 속에서 소크라테스는 아낙사고라스의 책을 직접 읽었어요. 하지만 아낙사고라스는 물리학적, 생리학적 답변만 늘어놓으면서, 그걸 지성적 설명이라고 주장하고 있었습니다. 이에 대해 소크라테스는 '참된 원인'을 말하지 않는다고 비판합니다. 이름만 같을 뿐 '원인'이란 말을 전혀 다르게 사용하는 것에 불과하다는 겁니다. 훗날 스피노자가 말한 비유를 들면, 멍멍 짖는 개와 별자리의 개를 이름이 같다고 같은 뜻으로 이해하는 것과 같은 오류를 범하고 있다는 거예요. 우리는 그가 기대한 참된 원인은 무엇이고 아낙사고라스가 제시한 원인이 어떤 점에서 불만스러운지 파악해야 하겠지요.

몸 없이 생각을 실현할 수 없다는 건 받아들일 수 있지만 몸이 원인의 전부라는 건 부주의하고 잘못된 주장이라는 겁니다. 소크라테스가 보기에 몸은 생각이 옳고 좋다고 판단하는 것에 따라갈 뿐입니다. 이 지점에서 플라톤이 생각한 몸과 마음의 관계가 잘 드러납니다. 훗날 데카르트는 이 관계를 '선원이 배에 승선한 것'이라고 묘사합니다. 마음이 몸에 올라타서 마음대로 조종하다가 결국은 떠난다는 겁니다. 몸(소마)과 마음(혼, 지성)이 이런 결합 관계를 유지하는 것이 지상의 삶이고 죽음은 혼이 몸에서 해방되는 걸 뜻하기 때문에, 소크라테스는 죽음을 찬양하기까지 합니다.

몸과 마음의 이원론뿐 아니라, 몸과 마음의 관계를 어떻게 보고 있는지까지를 플라톤의 텍스트를 통해 살펴보았습니다. 우리는 플라톤만 이렇게 생각한 것이 아니라 훨씬 전부터 있던 생각을 플라톤이 요약한 것일 뿐이고 훗날의 유럽인들이 이런 생각을 공유하고 있었다고 보아야겠습니다. 최소한 2,500년 동안 지속된 생각이라는 거죠.

○

다른 한편 플라톤이 구별한 '참된 원인'과 '부적합한 원인'이 과연 오늘날에도 적절한지 따져 볼 필요가 있다고 봅니다. 일반적으로 원인을 안다는 건 '왜'라는 물음에 답을 찾는다는 뜻입니다. 그런데 한국어로 '왜'라는 물음이 영어로는 둘로 구분될 수 있어요. 'why(왜)'와 'how(어떻게)'로 말이죠. '왜'와 '어떻게'는 맥락에 따라 혼동되어 사용되기도 하지만, 적어도 의미상으로는 분명하게 구별됩니다. 보통 '왜'라는 물음이 기대하는 대답은 목적, 이유, 동기 같은 것들과 관련됩니다. 반면 '어떻게'라는 물음에는 보편 법칙을 제시하고 구체적인 사례가 법칙에 잘 맞아떨어지느냐를 답하면 됩니다. 주로 자연과학이 설명하는 방식과 맞아떨어집니다. "왜 사과가 떨어지지?" 이런 물음에 대해서는 중력 법칙을 제시하고 지구와 사과의 상호작용을 진술하면 답이 되는 식이지요.

아무튼 플라톤은 '참된 원인'을 안다는 건 '왜'에 대한 답을 안다는 뜻이고, '부적합한 원인'을 제시하는 건 '어떻게'에 대해 답하는 거라고 주장한 셈입니다. 그런데 과연 플라톤이 생각하고 있는 지성만이 지성일까요? 좋은 것과 옳은 것을 판단하는 것만이 지성이 하는 일일까요? 이는 생각해볼 문제입니다. 자연과학자들의 작업, 즉 일어나는 그대로의 일과 자연의 질서에 대해 정확하게 진술하는 것 역시 지성 활동임은 틀림없으니까요.

플라톤의 고찰은 우리에게도 중요한 문제입니다. 사실은 두 원인 모두 답변이 필요합니다. 몸이 없으면 마음이 있을 수도, 어디론가 갈 수도 없습니다. 소크라테스는 그렇지 않은 척한 것일 뿐이죠. 고대 희랍인이 생각했던 것과는 달리, 오늘날에는 몸과 마음 사이에 긴밀한 관계가 있다고 해석됩니다. 내 생각엔 단지 자기 몸뿐 아니라 우리 태양계, 우리 우주도 꽤 긴밀하게 연결되어 있습니다.

끝으로 '어떻게'를 답하는 일은 과학이 하고 '왜'를 답하는 일은 철학이 한다고 생각해서는 안 된다는 말을 보태고 싶습니다. 어떤 철학자는 '왜'를 탐구합니다. 플라톤이 그러했지요. 이런 철학은 목적론을 전제로 깔고 있습니다. 우주의 운행에 어떤 목적이 있다는 거예요. 목적론적 철학자는 아주 많아요. 반면 어떤 철학자는 '왜'에 대한 답이 없다는 걸 전제로 철학합니다. 가령 니체는 지고의 여러 가치가 그 가치를 박탈당하는 것, 목표가 결여되는 것, '왜(무엇 때문에)'에 대한 대답이 결여되는 것을 니힐리즘의 의미로 제시해요. 어렵겠지만, 궁금한 사람을 위해 니체의 문장을 소개할 테니 건너뛰어도 상관없습니다.

믿음이란 뭘까? 그것은 어떻게 생기는 걸까? 모든 믿음은 참이라고 여김이다. 니힐리즘의 극단적 형식은, 그 **어떤** 믿음도, 그 어떤 참이라고 여김도, 필연적으로 가짜라는 점이리라. **왜냐하면 *참인 세계*는 결코 없으니까.** 이렇듯 참인 세계란 우리 안에서 유래한 **관점주의적 가상**이다. … 우리가 바닥으로 가지 않으면서, **가상성**假象性을, 거짓말의 필연성을 어디까지 시인할 수 있느냐가 ***힘의 양***이다.

도대체 왜 니힐리즘의 도래가 이제부터는 **필연적**인 걸까? 그것은 우리의 지금까지의 가치들 자체가 니힐리즘 안에서 그 최후의 귀결에 이르기 때문이며, 니힐리즘이 우리의 위대한 가치들과 이상理想들의 끝까지 생각된 논리이기 때문이며, 이들 '가치들'의 **가치**가 본래 무엇이었는가를 간파하기 위해 우리는 니힐리즘을 먼저 체험해야만 하기 때문이다. … 우리는 언젠가는 **새로운 가치**들이 필요하다.

니체의 요점은 우주는 물론이고 인간의 삶도 목적이 없다는 거예요. 그래서 니힐리즘, 즉 허무주의라는 거죠. 지금까지 제시되었던 모든 의미와 가치가 실제로는 허구였다는 겁니다. 그러면 어떻게 살아야 할까요? 새로운 목적, 새로운 가치를 스스로 만들어야 합니다. 외부에서 설정된 목적이 아닌, 자기만의 목적을 창조해야 합니다. 우주와 삶에 목적과 가치가 없다는 걸 딛고, 즉 무無 위에서 살 수 있는 힘을 길러야 합니다. 인간은 그럴 수 있는 존재라는 겁니다.

5.4 이데아 개념의 변천 : 변하지 않은 것과 변한 것

이데아를 보는 건 생물학적 기관인 눈이 아니라 '마음의 눈'인 '혼', 더 정교하게 말하면 통상 '지성, 이성'으로 번역되는 '누스νοῦς' 입니다. '누스'와 관련된 동사는 '생각하다'라는 뜻의 희랍어 '노에인νοεῖν'이며, 그렇기 때문에 '누스'는 '생각 또는 생각 능력'을 가리킵니다. '누스'가 감각의 눈이 아닌 마음의 눈과 관련된다는 점, 그리고 '생각하다'라는 동사와 함께한다는 점을 기억하고 넘어가도록 합시다.

그런데 여기서 한 가지 짚고 가야 할 게 있습니다. 플라톤이 이데아를 마음의 눈으로 본다고 했는데 사실 이 표현은 비유에 불과하다는 점입니다. 이데아이건 관념이건 아이디어이건, 그 말은 '마음의 눈으로 본 것' 또는 '마음의 눈 앞에 나타나서 보인 것'을 뜻합니다. 그렇다면 도대체 '마음의 눈'이란 무엇이고 어디에 있는 걸까요? 비유에 속으면 안 됩니다. 비유로 어물쩍 넘어가서도 안 됩니다. 내가 생각하기에 지금까지 이 비유의 의미를 제대로 파헤친 사람은 없었습니다. 나는 이 물음을 더 붙들고 가야 한다고 봅니다.

플라톤이 만든 이데아라는 말은 아주 성공적으로 전승되었어요. 이 말에서 유래한 영어 idea, 프랑스어 idée, 독일어 Idee 등이 일상어로도 쓰이고 있고요. 이 말의 역사를 살피는 일은 아주 방대한 작업입니다. 우리는 논의에 필요한 요점 몇 가지만 짚고 가겠습니다.

우선 중세의 신학과 그 용어를 계승한 근대철학에서 이 말이 어떤 의미를 가지고 있는지 보겠습니다. 우리는 이 경우 보통 '관념'이라고 번역해서 쓰고 있습니다. 그런데 꽤 잘 옮긴 것이, 그 말은 한자로도 '생각 속에서 본 것 또는 생각 속에서 보인 것'을 가리키거든요. 근대 철학자들에게 이 말은 '마음'과 같은 말이기도 했어요. 즉, 마음을 이루고 있는 것이 관념들입니다. 뒤에서 데카르트의 텍스트를 읽으면 이 점을 확인할 수 있어요. 관념이 어디에 있느냐 하는 문제는 여전히 답변되지 않은 채로 남아 있지만, 최소한 그것이 몸과 구별되며 마음에 있거나 마음을 이루는 것들이라는 점은 대체로 합의되었습니다.

나아가 이 전제 아래 '우리는 어떻게 관념을 지니게 되었을까' 하는 물음이 근대철학 전체를 관통하는 주제였어요. 크게 둘로 얘기되었는데, 하나는 마음 안에 본래부터 있다는 견해이고 다른 하나는 몸과 물체의 세계에서 비롯되었다는 견해입니다. 앞의 것을 본유관념本有觀念이라고 하는데 '타고난 관념innate idea'이라는 뜻으로, 감각으로 경험하기 전에도 존재한다는 의미에서 선험적a priori인 특성을 갖고 있습니다. 뒤의 것은 표상表象, representation이라고 하는데 감각기관sense organs을 통해 몸과 물체의 세계의 어떤 성질을 대신하고 대표한다는 뜻으로, 경험이 있어야 존재한다는 의미에서 후험적a posteriori 또는 경험적 특성을 갖고 있습니다. 철학자에 따라 본유관념에서 분석을 시작해야 한다는 입장과 본유관념은 없고 모든 관념은 경험에서 온다는 입장이 갈리며, 이 자체가 근대철학의 어마어마한 논쟁거리였습니다. 근대철학사는 이 문제에 대한 논쟁과 입장 표명이었다고 해도 결코 과장이 아닙니다. 근대철학의 '관념'에서 플라톤이 처음 이 말에 부여했던 의미와는 아주 다른 의미를 확인할 수 있지만, '본 것'이라는 핵심적 의미가 여전히 남아 있다는 건 쉽게 확인할 수 있습니다.

오늘날 서양에서는 물론 한국에서도 아이디어라는 말을 쓰는데, 그 유래도 플라톤의 이데아, 근대철학의 관념입니다. 참신한 생각을 가리키며 남들이 보지 못한 걸 내가 봤다는 말이지요. 이 일상어의 의미에서도 플라톤이나 근대철학에서와는 꽤 다르지만 '본 것'이라는 최초의 의미가 유지되고 있습니다.

플라톤의 이데아 개념과 관련해서 한 가지 보충할 게 있어요. 이 이야기는 플라톤의 『티마이오스』에 처음 등장하는데, 우주론을 다루는 책이에요. 여기서 플라톤은 우주의 탄생을 설명합니다. 우주를 창조한 신의 이름은 데미우르고스δημιουργός인데, 이 말은 보통명사로는 장인匠人을 뜻해요. 유대인과는 달리 희랍인에게 우주는 무에서 뿅 하고 창조된 게 아닙니다. 플라톤이 전하는 내용에 따르면, 데미우르고스가 어떤 모델 또는 본本에 따라 우주에 이미 존재하던 무질서한 재료들에 질서를 부여했습니다. 바로 그 모델 또는 본을 뜻하는 말이 '파라데이그마παράδειγμα'입니다. 이데아가 파라데이그마 노릇을 한 겁니다. 패러다임paradigm이라는 말은 많이 들어봤을 거예요. 미국의 과학사가 겸 과학철학자인 토머스 쿤Thomas Kuhn이 『과학혁명의 구조』(1962)라는 책에서 사용해서 유명해진 말이지요. 그 개념의 유래가 바로 플라톤입니다. 플라톤의 이데아 개념이 쿤에까지 영향을 주었다는 건 흥미로운 일입니다.

6

철학 문헌 읽기(2): 데카르트

2,000년 시간을 건너뛰겠습니다. 몸과 마음의 이원론을 최초로 주장한 사람이 데카르트라고 알려져 있지만, 데카르트가 몸과 마음의 이원론을 주장했다는 것이나 최초였다는 것 모두 잘못된 말입니다.

최초가 아니라는 건 앞에서 보았습니다. 플라톤 전에도 이미 몸과 마음은 별개이고, 혼은 영원히 윤회하는 반면 몸은 다른 물체, 시체와 같다는 건 통념이었습니다. 플라톤이 그걸 잘 정리하고 혼의 해방을 논했을 뿐인 거죠. 플라톤의 생각은 기독교로 계승됩니다. 기독교의 창시자는 사도 파울로스Παῦλος(5?~67?)입니다. 바오로, 바울, 바올로 등의 이름으로 불리고 있지요. 『구약성경』은 유대교의 역사이자 경전이고 『신약성경』이 기독교의 경전이지요? 『신약성경』은

총 27권으로 되어 있는데, 예수의 생애를 기록한 복음서 4권을 뺀 23권 중 파울로스의 서신이 13권인 것만 봐도 그의 위상이 짐작됩니다. 그런데 파울로스가 기독교 신학의 핵심 원천으로 삼은 건 플라톤 철학이었어요. 그래서 기독교 신학은 기본적으로 플라톤적인 몸과 마음의 이론을 담고 있었고요. 니체는 기독교를 '민중을 위한 플라톤주의'라고 규정하기도 했습니다. 데카르트 시대까지 유사한 세계관이 지속되어온 것은 당연해요. 기독교가 전반적으로 중세 유럽을 지배하고 있었으니까요.

그렇다면 앞서 내가 말한, 데카르트가 '이원론을 주장하지 않았다'라는 게 무슨 의미일까요? 당시 다른 사람들은 몸과 마음은 하나라고 생각했는데 데카르트만이 유일하게 몸과 마음이 별개라고 주장한, 그런 게 아니라는 의미입니다. 데카르트는 그 당시까지의 이원론적인 통념을 잘 정리하고 정당화했을 뿐입니다. 그런데 그 정교화와 증명이 상당히 문젯거리가 되었어요. 잘했지만 허점이 있거든요. 그 허점이란, 몸과 마음이 별개의 실체라면 둘이 어떻게 관계를 맺는지가 설명되지 못한다는 점이에요. 수백 년 동안 계속된 몸과 마음이 하나인지 둘인지에 대한 질문은 지금도 이어지고 있습니다. 그렇더라도 풀리지 않은 질문에 대한 답을 추측했다는 점에서 데카르트가 지금도 환영을 받는 거고요. 사람들은 답을 내는 건 잘하는데 논란거리를 던지는 건 잘 못해요. 아무도 의심하지 않던 것을 의심하기 시작하고 그 의심이 끝나지 않는다는 건 위대한 일입니다.

6.1 과학혁명과 데카르트

데카르트는 30년전쟁 와중에 살다가 55세에 폐렴으로 인해 죽었습니다. 낮이건 밤이건 어느 한순간도 안정되지 못하고 안심할 수 없던 삶을 살았어요. 이런 시대 상황은 데카르트의 사상을 이해하는 데 중요합니다. 확실한 안정성을 얻으려는 시도를, 나는 죽어도, 내 몸은 죽어도 내 혼은 죽은 게 아니라는 생각을 안 할 수 없었던 거죠. 그렇지 않으면 너무 허무하니까요. 또한 데카르트는 수학자이고 과학자이기도 했습니다. x축과 y축으로 표시되는 직교좌표계도 발명했고 해석기하학, 즉 도형을 방정식으로 표현하는 법도 창안했으며, 미지수를 x라는 문자로 표기한 첫 번째 인물이기도 해요. 광학, 천문학, 해부학에 업적을 남기기도 했습니다. 요컨대, 단순히 철학만 한 건 아니라는 거죠.

데카르트(1596~1648)는 근대과학의 아버지, 이탈리아의 갈릴레오Galileo Galilei(1564~1642)와 겹치는 시대에 살았습니다. 갈릴레오는 망원경을 개량해서 많은 천문학적 발견을 했고 지동설을 주장해서 로마 교황청에 의해 박해를 받은 것으로 잘 알려져 있지요. 그런데 갈릴레오는 그가 뉴턴 역학의 기초를 마련했다는 점에서 더 중요합니다. 그는『분석자』(1623)에서 과학이 수학을 통해 우주를 탐구하는 활동임을 처음으로 천명했습니다.

철학la filosofia은 우주라는 광대한 책에 쓰여 있다. … 그것은 수학의 언어로 쓰여 있고, 그 글자들은 삼각형들, 원들, 다른 기하학적 도형들이다.

이는 과학 활동을 종교에서 분리시키는 데 결정적 역할을 합니다. 그리고 또 그는 운동의 상대성을 발견하는데, 이는 훗날 아인슈타인의 상대성이론의 기초가 됩니다. 갈릴레오는 운동과 정지에 대한 개념을 혁신했습니다. 그 전까지는 운동과 정지를 절대적인 거라고 생각한 반면, 갈릴레오는 등속운동을 하는 물체끼리는 서로 정지 관계에 있다고 보았습니다. 기차가 움직인다고 말하는 건 기차 밖의 관찰자이지 기차와 함께 움직이는 탑승자는 아니라는 거죠. 이제 운동은 피조물 간의 관계 속에서 설명될 수 있게 되었습니다.

데카르트는 동시대인인 갈릴레오를 잘 알고 있었습니다. 갈릴레오의 종교재판 소식을 듣고 자기 책의 출판을 주저하기도 했대요. 데카르트가 이런 시대적 환경에서 작업했다는 점은 무척 중요합니다. 그는 이른바 '과학혁명' 시기를 지나가고 있었어요. 마찬가지로 스피노자나 독일의 라이프니츠Gottfried Wilhelm (von) Leibniz(1646~1716)도 수학과 자연과학이 급격하게 종교에서 독립하는 시기를 살았고요. 2,000년 넘게 상식이라고 생각했던 것들이 무너져 내리고 있었습니다. 이건 엄청난 충격이었지요. 모든 것이 위태로워졌고, 새롭고 단단한 토대가 필요했습니다. 당대에 많은 사람들이 이를 위해 노력했고 데카르트는 탁월하게 그 일을 해낸 첫 번째 인물이었습니다. 데카르트는 시대가 요청한 문제에 응답한 철학자였던 거지요.

과학혁명의 진짜 의미를 알아야 합니다. 이 시기에는 기존 세계가 무너진 정도가 아니라, 완전히 새로운 세계가 우리 세계의 터전에 있다는 점이 처음 알려진 겁니다. 과학혁명은 우리가 보고 느끼고 체험하는 것들human experiences이 자연의 실상과 다르다는 충격을 주었습니다. 우리의 경험 세계와는 또 다른 세계가 우리와 함께 있다는 사실을 알게 된 거죠. 이 세계는 수학이라는 언어를 통해서만 포착됩니다. 그래서 과학혁명 이후 인간이 사용하는 언어가 둘이 되었어요. 하나는 일상어이고 다른 하나는 수학입니다. 우리는 여전히 진화 과정에서 생겨난 일상어를 쓰지만, 여기에 더해 수학으로 기술되는 자연과학이 창조된 겁니다.

1만 년 전 인간과 지금의 인간은 몸으로 하는 경험에 있어서는 별로 달라진 것이 없습니다. 사람은 대략 1세제곱미터 사이에서 살아갑니다. 우리가 만나는 모든 사물들은 대략 그 규모를 기준으로 지각됩니다. 실내를 한번 둘러보세요. 그것보다 워낙 크거나 작은 것은 접하기도, 접근하기도 힘듭니다. 인간중심주의가 생겨난 이유도 거기에 있고요.

자연과학이 발전하기 전, 그러니까 15~16세기까지를 염두에 두면 세계에 관해 얻은 지식은 모조리 감각을 통한 지식이었습니다. 태양이 쟁반 정도 크기에 200걸음 정도 떨어져 있다고 아는 식이었지요. 해와 달이 된 오누이 이야기가 나온 것도 그래서입니다. 해와 달이 비슷한 크기로 비슷한 거리에 있다고 보았던 거죠. 그런 수준의 지식으로 논의된 철학은 자연에 대한 앎과 관련해서는 별로 쓸모가 없어요. 가치와 관련된 논의들, 가령 윤리학이나 미학 같은 철학 논의는 여전히 통찰을 주고 있지만요.

실제로 측정해보면 태양은 빛의 속도로 8분 19초 걸리는 먼 곳에 있고, 평균 지름은 지구의 109배입니다. 우리 세계를 실증적으로 좌우하고 결정하는 것은 수학과 과학이 알아낸 세계입니다. 이 세계는 보통의 감각으로 아는 세계와 차이가 너무 커요. 이제는 없으면 살아가기 어려울 정도인 휴대전화는 철저하게 수학과 과학과 공학이 결합되어 만들어낸 결과물입니다. 그 세계가 진짜 발판이지요. 오해하지 말아야 할 것은 일상 언어로 포착할 수 없다고 해서 없는 세계는 아니라는 겁니다. 데카르트나 로크John Locke(1632~1704) 등 근대철학의 시발점에 놓여 있는 사람들은 자연과학이 알려준 세계에 충격을 받았고, 어떻게 해야 실상에 다가갈 수 있을지 고민했습니다. 우리의 체험으로 실제 세계를 정확히 알 수 있으려면 어떻게 해야 할까? 이것이 근대철학에서 인식론epistemology, theory of knowledge이라는 분야가 탐구한 물음입니다. 인식론은 근대철학의 중심에 있었습니다.

모든 철학은 당대의 자연과학과 나란히 가야 합니다. 그렇지 않은 철학은 구식이에요. 실제 세계를 모른 채로 철학하게 되는 거니까요. 데카르트, 스피노자, 라이프니츠, 로크, 버클리, 흄 등 17~18세기 철학자들의 가장 중요한 특징은 이들이 당대의 자연과학과 동시대적으로 작업했다는 점입니다. 거기에 더해 자연과학 지식이 우리에게 답변해주지 못하는 것들까지 논하려고 했던 거죠. 자연과학 지식을 모른 채 그렇게 한 게 결코 아니라는 겁니다. 오늘날은 어떨까요? 철학자들이 저 선배들처럼 하지 못한다면 그건 지적 태만이 아닐까요? 과학에서 이미 알고 있고 공학에서 기술로 구현하고 있는데, 이를 부인하는 꼴이 되니까요. 물론 결정적인 어려움도 있습니다. 오늘날 과학과 기술이 너무 빠른 속도로 발전하고 있어서 실제 해당 분야의 전문가조차도 이를 따라가기 어렵다는 겁니다. 바깥 분야 사람들에겐 더더욱 어렵겠지요? 어떻게 하는 게 최선일지 답을 찾기가 참 어렵습니다.

요약하겠습니다. 1만 년 전 인간과 17세기 인간은 마치 종이 바뀐 것처럼 차이가 컸습니다. 자연과학이 알려준 새로운 세계가 생겨났거든요. 지금 우리가 맞닥뜨리고 있는 정보통신기술, 인공지능, 로봇공학 등의 유례없는 발전은 또 다른 새로운 시대를 예고하고 있습니다. 어쩌면 저 과학혁명 시기의 연장으로 볼 수도 있어요. 하지만 나는 지금 시대가 그런 과학혁명 시기와 비슷한 '단절'을 겪고 있다고 봐요. 과학혁명 시기에 데카르트를 비롯한 선배 철학자들이 했던 것과 같은, 새로운 철학이 있어야 한다고 생각합니다. 내가 하는 일이 이 시대의 문제에 대한 적절한 응답이 되었으면 하는 바람입니다.

6.2 『성찰』과 형이상학

고전 텍스트를 접할 때 유념할 점 중 하나는, 각각 서로 다른 판본이 있다는 거예요. 데카르트는 크게 보면 『성찰』이라는 책을 세 번 썼어요. 서로 다른 판본입니다. 철학이 과학과 다른 점을 잘 보여주는 측면이죠.

초판은 1641년 파리에서 출간되었습니다. 그리고 다음해인 1642년에 암스테르담에서 제2판을 출간했어요. 제2판은 프랑스어로 번역되어 1647년에 다시 출간됩니다. 번역은 뤼네Louis-Charles d'Albert de Luynes 공작이 맡고 데카르트 자신은 감수를 맡았죠. 이때 제목이 『Les méditations métaphysiques de René Descartes touchant la première philosophie, dans lesquelles l'existence de Dieu, et la distinction réelle entre l'âme le corps de l'homme

LES
MEDITATIONS
METAPHYSIQVES
DE RENE DES-CARTES
TOVCHANT LA PREMIERE PHILOSOPHIE,
dans leſquelles l'exiſtence de Dieu, & la diſtinction réelle entre
l'ame & le corps de l'homme, ſont demonſtrées.
Traduites du Latin de l'Auteur par Mr le D.D.L.N.S.
Et les Objections faites contre ces Meditations par diuerſes
perſonnes tres-doctes, auec les réponſes de l'Auteur.
Traduites par Mr C.L.R.

A PARIS,
Chez la Veuue IEAN CAMVSAT,
ET
PIERRE LE PETIT, Imprimeur ordinaire du Roy,
ruë S. Iacques, à la Toyſon d'Or.
M. DC. XLVII.
AVEC PRIVILEGE DV ROY.

1647년 파리에서 출간된 『성찰』

sont démontrées』입니다. 참 길죠? 해석하자면 "제1철학에 대한 르네 데카르트의 형이상학적 성찰, 여기서 신의 실존 및 인간의 영혼과 몸 사이의 실제 구별이 증명되다"입니다. 먼저 '성찰'을 수식하며 '형이상학적'이라는 표현을 쓴 것이 눈에 띕니다. 그리고 '실제 구별'이라는 표현이 있는데, '실제réel'는 철학사적 맥락을 담고 있는 개념이지만 우리는 그냥 '진짜'라는 뜻으로 읽어도 무방해요.

설명을 이어가기 전에, 데카르트가 1629년부터 1649년까지 굉장히 오랜 기간을 네덜란드에서 보냈다는 점을 짚고 가고 싶어요. 당시에는 개신교와 가톨릭교가 대결하는 가운데, 유대교에 대한 탄압이 극심했어요. 초기에는 포르투갈과 스페인이 상업의 번성에 기여하는 유대인들에게 관용적인 태도를 보이기도 했습니다만, 이내 유대인의 부를 빼앗으려는 시도가 있었고 유대인들은 박해를 피해 떠돌게 됩니다. 이들은 암스테르담을 중심으로 한 홀란드 공화국으로 모이게 되었어요. 상업적으로 번성했던 홀란드(네덜란드)는 공화정 체제를 채택하고 있었습니다. 그리고 17세기 중반 전 세계에서 가장 관용적이고 자유로운 도시로서 많은 지적이고 문화적인 성과를 배출했어요. 스피노자와 화가 렘브란트도 이 시기에 네덜란드에서 살았습니다.

나는 민주주의와 공화정이 사상과 문화의 발전에 기여한다고 봅니다. 세계사를 보면 르네상스 시기 피렌체나 로마를 비롯한 이탈리아의 도시들, 17세기 암스테르담을 비롯한 네덜란드 도시들, 18세기 에든버러를 비롯한 스코틀랜드 등 사상과 문화가 꽃피었던 시대와 장소가 있거든요. 경제적 부와 더불어 관용과 자유가 큰 역할을 했다고 생각합니다. 사상과 문화가 발전하기 위해 우리 사회는 어때야 할까요? 저들 사례에서 배울 게 많다고 봅니다.

다시 책 제목으로 돌아가겠습니다. 당시 철학philosophia이라는 용어는 우리가 오늘날 사용하는 그런 뜻이 아니라 그냥 '학' 또는 '학문'을 가리켰습니다. 두 개의 사례를 볼게요.

『Philosophiæ Naturalis Principia Mathematica(자연 철학의 수학적 원리)』라는 제목을 아시나요? 라틴어로 1687년에 출간되었고 1713년에 영어 개정판이 처음 출간되었지요. 고전 역학을 완성한 뉴턴의 주저입니다. 그런데 여기에 사용된 용어가 '자연과학'이 아니라 자연 '철학'입니다. 뉴턴은 자신이 철학을 한다고 생각했고,

그중에서 자연 철학을 한다고 여겼던 거지요.

다음 사례는 『Philosophie Zoologique ou exposition des considérations relatives à l'histoire naturelle des animaux(동물 철학 또는 동물들의 자연사에 관한 고찰들의 설명)』라는 제목의 책으로, 1809년에 출간되었습니다. 데카르트의 책처럼 제목에서 책의 내용을 길게 언급하는 게 당시의 관행이었던 것 같지요? 이 책의 저자는 진화론에서 용불용설用不用說로 유명한 라마르크Jean-Baptiste Lamarck(1744~1829)예요. 한때 완전히 기각되었다가 요즘 후성유전학의 발전으로 화려하게 부활했지요. 아무튼 라마르크 역시도 자신이 철학을 한다고, 그런데 그중에서도 동물 철학을 한다고 보았습니다.

멀리 갈 것도 없이, 갈릴레오가 1623년에 철학을 언급했던 걸 보고 놀랐던 기억이 날지도 모르겠어요. 내가 별도로 강조하지는 않았지만 분명히 갈릴레오도 과학이 아니라 '철학'이라고 했었습니다. 요컨대 철학이라는 용어가 굉장히 넓은 의미로 사용되었다는 거고, 이걸 잊어서는 안 됩니다.

데카르트는 『철학의 원리Principia philosophiae』의 프랑스어판(1647) 서문에서 나무의 비유를 들어요. 이 비유는 『성찰』의 위상을 잘 보여줍니다. 그에 따르면 나무의 뿌리는 형이상학이고, 줄기는 자연학이고, 가지는 기계학, 의학, 윤리학입니다. 자연학 및 그 하위 분야의 기초 자리에 형이상학이 온다는 거지요. 『성찰』의 프랑스어판 제목에서 '형이상학적 성찰'이라고 부연한 것은 이런 까닭입니다. 데카르트에게 형이상학은 오늘날 우리가 생각하는 철학을 가리키는 말이었습니다. 다시 정리하자면, 근대의 대부분 기간 동안 철학은 '학문'이나 '과학'과 동의어였고 오히려 형이상학이 오늘날의 철학을 의미했습니다. 근대 문헌을 읽을 때 유념할 대목입니다.

형이상학은 '메타피직métaphysique, metaphysica'의 번역입니다. 아리스토텔레스가 남긴 문헌들을 분류하던 기원전 1세기경의 편집자 안드로니코스가, 다른 어느 분류에도 포함되지 않는 글들을 자연학ta physika에 대한 글들 다음에meta 놓았다고 해서 'ta meta ta physika'라고 한 데서 명칭이 비롯되었다고 합니다. '메타'라는 말에는 '넘어'라는 뜻도 있어서 '피직 넘어'라는 의미가 되기도 하고요. 그래서 형이상학이란 말은 두 가지 뜻을 갖습니다. '피직 다음에'와 '피직 넘어'가 그것입니다.

'피직'이란 뭘까요? 그것은 자연에 대한 앎, 즉 오늘날의 자연과학입니다. 자연에 대한 앎은 항상 늘어나지만, 한계가 있기 때문에 그 앎은 여전히 얼마간은 엉성합니다. 그래서 엉성한 부분을 메우려는 시도가 생겨납니다. 자연과학적 앎 바깥까지 아우르면서 지금까지 우리에게 알려진 것과 모순되지 않도록 세계를 통합적으로 그려보는 거지요. 어찌 보면 앎의 빈틈을 추정해보는 일이기도 합니다. 이처럼 탄탄한 체계를 만드는 작업에 붙은 이름이 '메타피직'입니다. 자연에 대한 철저한 탐구 후에 여전히 이루어질 수 있는 탐구를 메타피직이 하는 겁니다. 자연과학을 포함해서 세계에 대한 더 큰 가설을 세우는 거지요. 자연을 넘어서 있는 초월 세계를 이야기하자는 건 아닙니다만, 이렇게 하다 보면 말 그대로 자연 너머에 있는 것들에 대한 논의가 중심이 될 수도 있습니다. 한마디로 뜬구름 잡는 얘기인 거지요. 철학자들의 작업을 보면 이런 경우도 드물지 않습니다. 일상인들이 철학을 공허하다고 느끼는 경우는 주로 이런 얘기들을 들을 때가 아닐까 해요.

형이상학이라는 용어가 이렇게 두 가지 상이한 용법을 갖고 있다는 점을 알아두세요. 데카르트 형이상학은 '피직 다음에'의 성격이 더 강하다고 할 수 있습니다. 다만 데카르트의 논의를 따라가다 보면 불가피하게 신을 만나게 되는데, 이 지점까지 오면 '피직 넘어'를 논하고 있다고 할 수밖에 없네요. 철학자마다 용법이 다 다르다는 점만 짚어놓고 가겠습니다.

6.3 『성찰』 읽기

데카르트의 『성찰』은 앞에서 『파이돈』을 읽었던 방식과 다르게 읽겠습니다. 논의가 훨씬 섬세하고 또 복잡하거든요. 그래서 중요한 구절을 먼저 읽고 그에 대해 살피는 식으로 가보겠습니다.

내용을 읽기 전에 개념 하나를 이해하고 가지요. 바로 라틴어 res입니다. 번역하기 참 어려운 말이에요. 영어로는 thing, 한국어로는 '(있는) 것' 정도를 뜻해요. 넓은 의미에서 '존재' 또는 '실재'라고도 옮기는데 딱 정확한 건 아닙니다. res가 프랑스어 réalité(현실)와 rien(무)의 공통 어원이라는 점은 흥미롭습니다. 왜 이런 차이가 생겼을까요? 무엇이 진짜로 있는가에 대한 해석의 차이가 결정적입니다. 가령 플라톤에 따르면 진짜로 있는 것은 이데아 세계이지요. 이 관점에 따르면 눈앞에 있는 것들, 즉 현상 세계는 없는 것이나 다름

없어요. 바로 이런 관점에서 '무'의 어원이 될 수도 있었던 거죠. 원래는 있는 것을 가리키지만, 진짜 있는 것이 무엇인가에 대한 철학적 해석에 따라 의미가 갈린 거죠. 진짜 있는 것이 눈앞에 있는 이런 것들이라는 입장이 한쪽에 있고, 이런 것들은 다 가짜이고 진짜 있는 것은 별도로 있기 때문에 오히려 이런 것들이 무나 다름없다는 입장이 다른 쪽에 있는 겁니다. 참고로 현상 세계가 진짜 세계라는 생각은 근대적 사고의 산물이라고 보아도 좋습니다.

책의 내용을 요약한 "여섯 성찰의 줄거리"의 한 대목부터 보겠습니다.

(정신과 몸처럼) 서로 다른 실체들로서 맑고 또렷하게 인식되는 모든 것은 사실상 서로 실제로 구별되는 실체들이다. … 몸은 나뉠 수 있는 것으로, 반면에 정신은 나뉠 수 없는 것으로 인식된다. … 아무리 작은 물체라도 그 절반을 생각할 수 있지만, 어떤 정신의 절반은 생각할 수 없다.

중요한 개념부터 확인하고 가지요. 먼저 실체substantia, substance라는 말이 나옵니다. 이 말의 일상적 의미와 철학적 의미가 꽤나 다르니까 주의해서 보기 바랍니다. 실체는 본래 아리스토텔레스가 사용한 희랍어 휘포케이메논ὑποκείμενον에서 유래한 개념인데, '휘포'는 '아래sub-'라는 뜻이고 '케이메논'은 '놓여 있다stand'라는 뜻으로, 라틴어로 substantia로 직역됩니다. 실체란 어떤 변화가 일어날 때 변화의 앞뒤에 계속 남아 있는 것, 아래에 서 있는 것을 가리켜요. 변화의 앞뒤에 공통되는 지속되는 무언가가 없으면 그것은 변화라고 할 수 없습니다. 공통 지반이 없으면 A가 사라지고 B가 생겨났다고 해야 할 텐데, 이건 변화라기보다 소멸과 생성이 순차적으로 일어난 것일 뿐이지요. 변화란 지속되는 것이 있고 그것의 일부가 사라지는 대신 다른 일부가 그 자리에 오는 것이라고 아리스토텔레스는 생각했습니다. 지속되는 그것이 실체인 거죠.

이런 생각에는 중요한 반론이 있습니다. 과연 시간을 거치면서도 계속 지속되는, 변치 않는 무언가가 있을까요? 생물이 자라면서 몸의 모든 세포가 바뀌면 그 생물이 다 커서 같은 생물이라고 할 수 있는 걸까요? 인간의 몸을 이루는 세포를 살펴보죠. 심장 근육, 뇌, 눈을 이루는 세포는 대체로 평생 미세하게 변하며 유지됩니다. 하지만 피부는 4주 정도, 간은 1년, 혈액은 4개월, 뼈 조직은 10년이면 완전히 바뀝니다. 이런 점에서 10년 전의 나와 지금의 나는 같은 몸이라고 말하기 어렵습니다. 이미 고대에도 이런 점을 지적한 '테세우스의 역설'이라는 것이 있었어요. 플루타르코스Πλούταρχος의 글을 보죠.

테세우스와 아테네의 젊은이들이 탄 배는 서른 개의 노가 달려 있었고, 아테네인들에 의해 데메트리오스 팔레레우스의 시대까지 보존되었는데, 부식된 헌 널빤지들을 뜯어내고 그 대신 튼튼한 새 목재를 붙였기 때문인데, 하도 그러다 보니 이 배는 철학자들 사이에서 '자라는 것들에 대한 논리학적 물음'의 두드러진 사례가 되었다. 어떤 이들은 배가 똑같이 남아 있다고 여기고, 어떤 이들은 배가 똑같지 않다고 주장했다.

이 역설은 '자기 정체성'의 문제와도 직결됩니다. 몸의 세포가 다 바뀌었는데도 여전히 같은 나라고 할 수 있는 이유를 찾기 어렵기 때문입니다. 그래서 흔히 호소하는 게 바로 기억입니다만, 기억 역시 동일성을 확보하기 위한 충분조건이 되지 못합니다. 이 문제는 추후에 살피겠습니다.

데카르트는 『철학의 원리』에서 '실체'를 이렇게 정의합니다.

우리는 실체를 실존하기 위해서 다른 어떤 것도 필요로 하지 않는 것으로 이해할 수 있고, 실존하기 위해서 다른 어떤 것도 필요로 하지 않는 실체는 오로지 하나뿐이라고 할 수 있는데, 바로 그것은 당연히 신이다.

그렇다면 앞에서 데카르트가 마음과 몸을 서로 다른 실체라고 한 것은 무슨 까닭일까요? 사실 이런 규정에 대해 많은 비판이 이어지게 됩니다. 하지만 데카르트는 여기서 단지 비유적으로만 실체라는 말을 쓴 겁니다. 그는 이런 말도 했기 때문입니다.

몸과 마음 또는 생각 실체는 피조물로서 공통된 실체 개념으로 이해될 수 있다. 왜냐하면 그것들이 존재하기 위해서 필요로 하는 것은 단지 신의 조력뿐이기 때문이다.

그렇기 때문에 엄밀하게 말하면 몸도 마음도 실체가 아닙니다. 이것들은 실존하기 위해 신을 필요로 하기 때문입니다. 데카르트가 『성찰』에서 몸과 마음에 대해 "모든 실체, 곧 신에 의해 창조되어야만 실존할 수 있는 것들"이라고 한 것도 같은 이유에서일 겁니다. 스피노자는 이 문제를 끝까지 파고들어, 유일한 실체는 신 또는 자연이라는 사실을 자기 철학의 기초로 삼습니다.

더 나아가기에 앞서 다른 개념쌍도 이해하고 가면 좋겠네요. 바로 '맑은clara, clear'과 '또렷한distincta, distinct'이라는 개념입니다. 기존에는 각각 명석明晳과 판명判明으로 번역되어왔습니다. 이 형용사는 관념을 분류할 때 사용됩니다. 가장 크게는 '어두운obscura, obscure' 관념과 '맑은' 관념이 대비됩니다. 맑은 관념만이 앎의 내용이 될 수 있겠지요? 맑은 관념은 다시 '또렷한' 관념과 '또렷하지 않은indistincta' 또는 '뒤섞인confusa' 관념으로 다시 구별됩니다. 여기서 또렷하다는 건 서로 구별할 수 있다는 뜻입니다. 데카르트의 생각에 참된 앎은 맑고 또렷한 관념을 얻는다는 뜻이었습니다. 그런데 나중에 바움가르텐Alexander Gottlieb Baumgarten(1714~1762)이 미학Aesthetica을 창시하면서는 '맑지만 뒤섞인 관념'을 아는 게 중요한 의미를 얻게 됩니다. 이성으로 환원되지 않는 예술의 고유한 의미를 밝히는 쾌거였지요.

사실 방금 언급한 형용사들(obscura, clara, distincta, confusa)을 한글로 옮기는 일은 참 어렵습니다. 나는 사진기의 비유를 통해 이것들을 설명해보겠습니다. 우선 obscura는 어둡다, clara는 맑다(밝다)로 구별됩니다. 사진을 찍을 수 있는 대상은 맑은데(clara),

어두우면(obscura) 아예 감지되지 않기 때문이에요. 한편 사진을 찍을 때 초점이 맞으면 대상의 요소들을 또렷하게(distincta) 알아볼 수 있지만, 초점이 맞지 않은 경우에는 뒤섞여 있습니다(confusa). 하지만 요소들이 뒤섞여 있더라도 나름 감상할 만한 사진이 나올 수도 있는데, 이 경우 '완전함perfectio'에 이를 정도로 뒤섞여 있다는 말도 가능할 거예요. 나는 이런 맥락에서 '어둡다, 밝다, 또렷하다, 뒤섞여 있다'라는 말을 사용하면 좋다고 생각합니다.

이제 정신과 몸이 실제로 구별되는 실체들이 아니라고 해봅시다. 그렇더라도 여전히 둘 사이에는 결정적인 차이가 남습니다. 몸은 나뉠 수 있는 것으로, 즉 아무리 작더라도 그 절반을 생각할 수 있는 것으로 인식되는 반면, 정신은 나뉠 수 없는 것으로, 즉 그 절반을 결코 생각할 수 없는 것으로 인식되기 때문입니다. 사정이 이렇다면 원리상 나뉠 수 없는 것과 무한히 나뉠 수 있는 것 사이에는 여전히 교집합이 없어 보입니다. 즉, 서로 다른 실체나 마찬가지인 것 같습니다. 그래서 몸과 마음은 서로를 필요로 하지 않고 서로 의존하지도 않는 것 같습니다.

그런데 우리는 양자역학으로 대표되는 현대과학의 관점에서 몸 또는 물체가 무한히 나뉠 수 있다는 주장이 틀렸다고 단언합니다. 양자quantum라는 용어부터가 벌써 '양의 최소 단위'를 가리키는 표현이니까요. 양자란 한편으로는 고대 원자론자들이 개념적 수준에서 말한 '더 이상 쪼갤 수 없는 것'을 가리키고, 다른 한편으로는 현대과학이 수학적 수준에서 말한 초끈superstring을 가리킨다고 해도 무방합니다. 우주는 더 이상 쪼갤 수 없는 어떤 것들(원자, 양자, 초끈 등)의 이합집산이라는 착상이니까요. 물리적 존재는 나누다 보면 더 이상 나눌 수 없는 요소에 이르게 됩니다. 수학적 존재인 선이 무한히 나뉘는 것과는 대비되지요. 따라서 물리적 존재인 물체가 무한히 나뉠 수 있다는 데카르트의 주장은 옳지 않습니다.

정신을 나눌 수 없다는 주장은 어떨까요? 정신을 나눈다는 건 무슨 뜻일까요? 나중에도 말하겠지만, 데카르트는 정신의 단일성과 통합성을 강조합니다. "제6성찰"에서 데카르트는 이렇게 말합니다.

이런 것을 고찰하면서 내가 처음으로 깨닫는 것은 정신과 몸 사이에는 큰 차이가 있다는 점이다. 즉, 물체는 본성상 언제나 나뉠 수 있음에 반해, 정신은 전적으로 나뉘지 않는다. 다시 말해 정신, 곧 오직 생각하는 존재로서의 나 자신을 살펴볼 때, 나는 내 안에서 어떤 부분들을 구별할 수 없고, 오히려 내가 완전히 하나이자 통합되어 있음을 인식한다. 그리고 내가 아는 바로는, 몸 전체와 정신 전체가 통일된 듯 보이긴 하지만, 발이나 팔이나 무엇이든 다른 몸 부분이 잘려나간다 하더라도 정신에서 떨어져나가는 것은 없다. 나아가 의지 기능, 감각 기능, 이해 기능 등이 정신의 부분이라고 말해서도 안 된다. 하나의 동일한 정신이 의지하고, 감각하고, 이해하는 것이기 때문이다. 그러나 거꾸로, 나는 부분으로 나눌 수 없는, 나아가 바로 이런 식으로 나눌 수 있다고 인식할 수 없는 몸 있는 존재, 곧 펼쳐져 있는 존재를 결코 생각할 수 없다.

그러면 정신의 쪼개짐, 분열을 겪는 경우라면 어떨까요? 분열증 schizophrenia, 조현병 말입니다. 분열증을 겪는 인간은 정신이나 마음이 없는 걸까요? 아니면 그것 역시 마음의 특정한 형태일까요? 그것도 아니면 아예 인간도 아닌 걸까요? 데카르트라면 정신 능력이 파괴되었다고 볼 것 같습니다. 따라서 인간이 아니라고 판정했을 겁니다. 한 몸에 둘 이상의 정신이 동시에 있다는 건 불가능해 보였을 테고요. 데카르트의 직관은 상식과 맞아떨어집니다. 분열증을 겪는 자와 함께 지내고 싶은 사람은 없으니까요. 그런데 사실 모든 인간은 망상과 착각 속에서 살아가고 있지 않나요? 앞에서 확인한 바 있지요? 그렇다면 분열자와 보통 사람의 차이는 무엇일까요? 이것 역시 편견과 배제의 산물 아닐까요? 데카르트는 우리에게 이런 의문을 불러일으킵니다.

이제 "제1성찰: 의심할 수 있는 것들에 대해"를 보겠습니다. 유명한 문장으로 시작됩니다.

벌써 여러 해 전에 나는 깨달았다. 어린 시절 나는 얼마나 많은 거짓된 것을 참되다 여겼던가. 그 뒤로 이것들 위에 세워 올린 모든 것은 또한 얼마나 의심스러운가. 그러니 언젠가 학문에 확고부동한 것을 세우고자 열망한다면, 사는 동안 한 번은 모든 것을 뿌리째 뒤집어 최초의 토대에서 새롭게 시작해야 하리라.

데카르트는 많은 거짓된 것을 참된 것으로 받아들여왔고, 오류의 토대 위에 세운 것들은 여전히 틀릴 수 있고 의심스럽다고 고백합니다. 그래서 바탕(처음)에 확고부동한 것을 놓고, 그 위에 탑을 쌓듯이 개별 학문들을 세워가려고 합니다. 안전한 토대를 찾아 확실한 앎의 체계를 만드는 것이 데카르트의 목표인 거죠. 형이상학 또는 '제1철학'을 하려는 거예요.

데카르트는 한 번이라도 참이 아니었다는 게 확인되면 일단 유보하자는 전략을 사용하기로 합니다. 자기 생각cogitatio들, 즉 관념들을 하나씩 검토해서 확실한 관념을 발견할 때까지 끝까지 가려는 겁니다. 우선 감각을 검토합니다.

나는 이제껏 가장 참되다고 여겨온 모든 것을 한편으로는 감각으로부터, 한편으로는 감각을 거쳐서 받아들였다. 그런데 이 감각들은 가끔 속인다는 것을 나는 경험했다. 그리고 한 번이라도 우리를 속인 것에 대해서는 결코 전폭적인 신뢰를 하지 않는 것이 현명한 일이다.

하지만 모든 감각이 다 그럴까요?

공교롭게도 아무리 감각이 아주 작은 것과 아주 멀리 있는 것에 대해서 가끔 우리를 속인다 하더라도, 똑같은 감각으로부터 얻은 것이면서도 도

저히 의심할 수 없는 것이 꽤 있다. 가령 지금 나는 여기 있다, 난롯가에 앉아 있다, 겨울 외투를 입고 있다, 이 종이를 손으로 쥐고 있다 등이 그러하다. 도대체 무슨 근거로 바로 이 손과 이 몸이 내 것이라는 사실을 부정할 수 있단 말인가?

데카르트는 생생한 현재적인 감각은 부정할 수 없다고 봅니다. 그러면서 흥미로운 구절들을 덧붙입니다. 그걸 부정하면 자기가 미쳤다는 거예요.

이를 부정한다면 나는 아마도 나도 모르게 나 자신을 미치광이들insanis과 같이 취급하는 꼴이 될 것이다. … 그러나 이들은 정신 나간 자들amentes이며, 만일 이 가운데 하나를 표본으로 삼아 흉내 내기만 해도, 나 역시 이들 못지않게 얼빠진 놈demens으로 보일 것이다.

그러나 데카르트는 곧바로 자신이 꿈을 꾸고 있는 중일지도 모르겠다는 생각이 듭니다.

지금 나는 확실히 깨어 있는 눈으로 이 종이를 보고 있다. 머리를 움직여 보니 나는 잠들어 있지 않다. … 이런 것들이 잠들어 있을 때는 이토록 또렷하지 않았던 듯하다. 하지만 나는 언젠가 꿈속에서 이와 비슷한 생각들을 하다가 속았던 일을 또한 기억하지 않는가. 이런 점들을 한동안 더 곰곰이 생각하다가, 깨어 있음과 꿈꾸고 있음을 가를 수 있는 어떤 징표도 없다는 사실을 확실히 깨닫고서 나는 얼떨떨해졌다.

그렇습니다. 지금 생생하게 겪고 있는 것들도 꿈이 아니라는 보장이 없지요. 꿈인지 꿈이 아닌지는 어떻게 아나요? 깨어나면 그 전이 꿈이었다는 것을 알지요. 꿈은 나중에야 그것이 꿈이었다는 것이 밝혀질 뿐 지금이 꿈속인지 아닌지 알 길이 없습니다.

그래, 꿈꾸고 있다고 치자. … 그렇지만 잠든 동안 보이는 것은 실제 사물의 닮은꼴로만 만들어지는 이를테면 베낀 그림이다. … [참된 것들은] 물체의 일반적 본성과 이것의 펼쳐있음[즉, 연장], 펼쳐 있는 사물들의 모양과 양, 크기와 수, 이것들이 실존하는 장소와 지속하는 시간 등이다.

데카르트는 설사 꿈에서일지라도 참일 수밖에 없는 것들이 있다고 봅니다. 열거된 것들을 보면 자연과학적 지식들임을 쉽게 알 수 있지요? 그렇지만 데카르트는 신적인 능력을 갖고서 자신을 늘 속이고 있는, 그래서 2+3=5 같은 계산도 틀리도록 만드는 어떤 '사악한 정령'이 있을지도 모른다는 의혹 속에서 첫날의 성찰을 마칩니다.

둘째 날 성찰인 "제2성찰: 인간 정신의 본성에 대해 — 정신은 몸보다 더 잘 알려진다"는 전날의 의혹으로 시작합니다. 사악한 정령은 모든 것을 부정하게 만듭니다. 그러다 문득 깨닫습니다. 반전이 일어나요.

누구인지는 몰라도 의도적으로 항상 나를 속이는, 대단히 능력 있고 아주 교활한 사기꾼이 있다. 이제는 그가 나를 속인다 하더라도 나 또한 의심할 여지없이 있다. 실컷 속인다 하더라도, 내가 '나는 무엇이다' 하고 생각하는 한, 그는 결코 나를 아무것도 아닌 것으로 만들 수 없을 것이다. 그리하여 나는 모든 것을 대단히 충분히 숙고한 뒤 마침내 이러한 공리를 확립할 수밖에 없다. '나는 있다, 나는 실존한다'는 내가 소리 내어 말하든 정신으로 파악하든 언제든지 피할 수 없이 참이다.

아주 유명한 구절이지요. 전날을 회고하는 구절이 "제3성찰"에도 나옵니다.

누구든 나를 속일 수 있는 자가 나를 속인다고 하자. 그런데도 불구하고 내가 '나는 무엇이다' 하고 생각하는 한, 그는 결코 나를 아무것도 아닌 것으로 만들지 않으리라. 내가 있다는 것이 지금 참이라면, 그는 내가 결코 있지 않았다는 것을 언젠가 참으로 만들지도 않으리라.

데카르트는 구원을 얻습니다. 평생을 함께한 전쟁 속에서 언제든 무로 사라질 수 있을지 모른다는 공포를 느끼며 산 그였습니다. 그런데 이 선언 속에서 데카르트는 철학적 구원을 얻는 것입니다. 내가 생각하는 한 그 어떤 존재도 나를 아무것도 아닌 것으로 만들지 못할 것이며, 내가 생각함으로써 지금 있다면 내가 있지 않았다는 일은 결코 생길 수 없으리라. 나는 한 인생 잘 살았노라 하는 실존적 선언인 겁니다.

데카르트는 『방법서설Discours de la méthode』(1637)에서 '나는 생각한다, 그러므로 나는 존재한다cogito, ergo sum'라는 공식을 내놓았습니다. '그러므로'로 연결되어 있기 때문에 추론의 형식입니다. 이 때문에 생각하는 것과 존재하는 것 간에 추론적 관계가 있다는 오해가 생길 수 있습니다. 데카르트가 『성찰』을 쓰며 표현을 바꾼 것도 그런 이유에서입니다. 데카르트는 '생각하는 한', '생각하는 동안' 내가 있다고 본 겁니다. '생각 활동'이 곧 '나'라는 것이지요. 이 점을 놓치면 안 됩니다.

> 생각한다? 여기서 나는 발견한다. 생각이 있다cogitatio est. 오로지 이것만이 나와 나누어지지 않는다. 나는 있다, 나는 실존한다. 이것은 확실하다. 하지만 얼마 동안? 물론 내가 생각하는 동안. … 그런데 나는 정신 바로 그것에 대해, 즉 나 자신에 대해 무엇을 말하겠는가? 말하자면 내가 지금까지 내게 속한다고 인정한 것이라고는 정신밖에 없다.

지금까지 데카르트는 '나'와 '정신(마음)'과 '생각'이 같다는 등식을 발견했습니다. 아직까지 그 이상은 모르는 일입니다.

셋째 날 성찰인 "제3성찰: 신에 대해 — 그는 실존한다"는 전날 발견한 것의 기쁨을 곱씹으며 시작합니다.

> 나는 생각하는 존재이다. 즉, 의심하고, 긍정하고, 부정하고, 적은 것을

인식하고, 많은 것을 모르고, 바라고, 바라지 않고, 그뿐만 아니라 상상하고 감각하는 존재이다. 앞에서 보았다시피 내가 감각하거나 상상하는 바는 어쩌면 내 바깥에서는 아무것도 아닐지도 모르지만, 확신컨대 내가 감각과 상상이라고 일컫는 이 생각의 양태들은, 이것이 생각의 특정한 양태들인 한, 내게 속한다.

물론 데카르트는 자신의 생각이 객관적으로 확인되거나 검증될 수 없다는 점을 자각하고 있습니다. '내 바깥에서는 아무것도 아닐지 모른다'라고 단서를 달고 있으니까요. 자신의 생각은 오직 자신만 확신할 수 있습니다.

셋째 날 성찰의 과제는 신의 실존을 증명하는 데 있습니다. 데카르트는 자신이 유한한 존재인데도 불구하고 자신에게 '무한'이라는 관념이 있기 때문에, 무한한 존재가 있어야 그 관념을 자신에게 야기할 수 있을 거라고 추론합니다. 그 무한한 존재가 바로 신이지요. 이런 신 존재 증명에 대해서는 많은 반박이 있었습니다. 무한은 유한을 부정하는 데서도 성립하기 때문에 반드시 존재한다는 보장이 없다는 게 가장 초보적인 반론입니다. 이런 논의는 우리에게 중요하지 않기 때문에 이 정도만 하겠습니다.

다섯 째 날에는 '몸 있는 것·물체적인 것res corporeas', '물질적인 것res materiales' 또는 '물체·몸'의 본성이 거론됩니다.

나는 양quantitas을 또렷하게 상상한다. 철학자들은 흔히 이것을 '연속적'이라고 말한다. 양은 이런 연속량의 펼쳐있음extensio, 아니 정확히 말해서 길이, 넓이, 깊이로 양을 지닌 것의 펼쳐있음이다.

여기에서도 펼쳐있음 또는 연장이 자연과학의 탐구 대상임을 확인하게 됩니다. 양으로 측정하고 표시할 수 있는 것들이 그것입니다. 그런데 왜 '연속적'이라는 말을 쓸까요? 연속적이란 중간에 틈이 없이 이어져 있다는 뜻입니다. 말하자면 얼마든 나눌 수 있다는 것이지요.

마지막 여섯째 날 성찰인 "제6성찰: 물질적 존재의 실존 및 정신과 몸의 실제적 구별에 대해"에는 그동안 알게 된 내용들이 정리되고 있습니다. 아울러 정신과 몸의 관계에 대한 성찰이 개진됩니다. 앞에서 데카르트는 '나'라는 것이 정신이라는 걸 알아냈습니다. 그런데 정신은 몸과 결합되어 있습니다. 뒤에 가서는 '정신과 몸의 합일 및 이른바 혼합'이라고도 말합니다.

이런 자연적 본성은 내가 허기나 갈증 따위를 겪을 때, 곧 음식이나 수분의 부족으로 인한 고통을 느낄 때 상태가 나빠지는 몸을 지니고 있다는 것을 내게 명백하게 가르쳐준다. 따라서 몸에 어떤 진실이 있다는 것을 의심해서도 안 된다.

자연적 본성은 바로 이 고통, 허기, 갈증 따위의 감각을 통해, 선원이 배에 승선한 것처럼 내가 단지 내 몸 곁에 있는 것이 아니라, 몸과 하나를 이루고 있다 할 만큼 몸과 더없이 밀접하게 결합되어 있고 이를테면 혼합되어 있다는 것 또한 가르쳐준다. … 이런 감각적 지각 가운데 어떤 것은 나에게 유쾌하고 어떤 것은 불쾌하다는 사실을 고려할 때, 내 몸이, 아니 오히려 정신과 몸의 합성체로서의 내 전체가 주변에 있는 물체들로부터 다양한 이로움과 해로움을 받을 수 있다는 것은 매우 확실하다.

데카르트에 따르면 정신과 몸은 하나를 이루고 있을 만큼 더없이 밀접하게 결합, 합일, 혼합되어 있습니다. 나아가 나의 몸과 본성이 같은 주변 물체들로부터 상호작용을 주고받아 내 정신에까지 영향이 미치기도 합니다. 그렇다면 정신과 몸은 어떤 관계에 있을까요? 데카르트는 설사 그렇더라도 '나'는 오직 정신이라고 재차 강조합니다. 비록 지금은 몸과 결합되어 있을지언정, 나는 몸과 실제로 구별되고 몸 없이도 실존할 수 있다는 거지요.

내가 어쩌면 (아니 오히려, 뒤에서 말하는 바대로, 확실히) 나와 매우 밀접하게 결합되어 있는 몸을 지니고 있을지라도, 이쪽에서 보면 펼쳐져 있지 않은, 오직 생각하는 존재로서의 나 자신에 대한 맑고 또렷한 관념을 지니고 있고, 저쪽에서 보면 생각하지 않는, 오직 펼쳐져 있는 존재로서의 몸에 대한 맑고 또렷한 관념을 지니고 있기 때문에, 나는 내가 내 몸과는 실제로 구별되며 몸 없이도 실존할 수 있음을 확신한다.

데카르트가 주목한 건 관념들의 성격입니다. 생각할 때는 여러 관념들이 출몰합니다. 이것들을 잘 분류해보면, 관념은 때로는 인식을 주고 때로는 상상을 줍니다. 상상imaginatio은 '상이 형성된다'라는 소박한 뜻으로 이해하면 됩니다. 여기서 형성되는 상은 감각기관을 통해 내게 전해지는 '관념 또는 이미지ideas sive imagines'를 가리킵니다. 이것과 대비되는 것은 본유관념, 즉 타고난 관념입니다. 인식은 본유관념과 관련되고 상상은 감각을 통해 지각된 관념과 관련된다는 겁니다.

정신은 인식하는 동안 일정하게 자기 자신과 마주하여 자신에 내재하는 어떤 관념들을 돌아본다. 반면에 상상하는 동안에는 몸을 마주하여 자신에 의해 인식된 관념들이나 감각에 의해 지각된 관념들과 대응하는 무언가를 바라본다.

이렇게 데카르트는 인식과 상상을 대비합니다. 인식은 정신이 내면의 관념을 돌아보는 활동이고, 상상은 정신이 몸을 통해 감각을 거쳐 지각된 관념들을 바라보는 활동입니다. 이런 일관된 입장은 '나'를 '정신'에, 그리고 '생각 활동'에 의해 정의한 "제1성찰"에서부터 견지되었고, 끝까지 포기될 수 없습니다. 초판의 제목에서 볼 수 있듯이 데카르트의 목표 중 하나는 영혼 불멸이었기 때문입니다. 몸은 언제고 죽을 운명입니다. 그 점에서 다른 물체와 똑같아요. 시체가 썩으면 흙으로 돌아갑니다. 본래의 나는 불멸의 정신, 영혼이어야 합니다. 오늘날도 마음을 컴퓨터나 인터넷에 올려mind up-loading 불멸을 획득하려는 시도가 행해지고 있는데, 플라톤에서도 보았듯이 불멸을 향한 욕망 자체가 인간의 본성 중 일부인 것 같기도 하네요.

끝으로 자연학을 정초하려는 데카르트의 노력을 보겠습니다. 가장 확실한 것은 '생각하는 나'의 존재였습니다. 이걸 "나는 생각한다, 그러므로 나는 존재한다"라는 문장의 라틴어 앞부분을 따서 '코기토cogito 명제'라고 합니다. 데카르트는 이 명제를 기초로 자연과학적 지식의 확실성을 쌓아올리려 했습니다. 데카르트가 몇 가지 표현으로 지칭한 물체·몸, 몸 있는 존재, 물질적 존재 등은 상상을 통해서만 접근할 수 있습니다. 당연히 그 과정에서 왜곡이 일어날 수 있겠지요.

몸 있는 존재는 실존한다. 그렇지만 아마도 이러한 모든 것은 내가 감각을 통해 파악한 꼭 그대로 실존하지는 않을 것이다. 감각의 파악이라는 것이 많은 경우 너무도 어둡고 헛갈리기 때문이다. 그러나 몸 있는 존재 안에는, 적어도 내가 맑고 또렷하게 인식하는 모든 것, 일반적으로 보아 순수한 인식의 대상 안에서 파악되는 모든 것이 있다.

사정이 이러하다면 어떻게 연구해야 할까요? 바로 물체의 본성인 '양'을 측정하는 겁니다. 말하자면 수학적으로 표시될 수 있는 물리세계를 탐구하는 거지요. 양에 대한 관념들을 맑고 또렷하게 인식하면 선한 신이 세계에 대한 확실한 앎을 보증해준다고 데카르트는 확신했습니다. 심지어 내 몸도 그런 식으로 탐구해야 합니다. 내 몸은 내 생각 바깥에 있을 뿐 아니라 내 생각과 실제로 구별되기 때문입니다. 엄밀하게 말하면, 나와 내 몸은 다른 존재입니다.

데카르트는 중세 스콜라철학에서 가져온 도구를 잘 활용해서, 몸과 마음의 문제를 성의껏 재규정했습니다. 오늘날 우리가 몸과 마음에 대해 고찰할 때 등장하는 거의 대부분의 주제들이 데카르트한테 발견됩니다. 우리가 열심히 텍스트를 따라가면서 읽은 이유가 여기에 있습니다.

6.4 <공각기동대>를 통해 본 몸과 마음의 이해

오시이 마모루 감독의 애니메이션 영화 〈공각기동대〉는 우리의 논의를 위해 좋은 자료입니다. 만화책 원작을 바탕으로 만들었고, 정말 많은 관련 시리즈가 그 후에 제작되었습니다. 본래 나는 철학적 전제를 출발점으로 삼아 문학이나 영화에 접근하는 걸 싫어해요. 예술작품은 그것 나름으로 감상하고 비평해야 한다고 보거든요. 예술작품은 철학을 증명하기 위해 만들어진 건 아니잖아요. 그렇지만 〈공각기동대〉만큼 인공지능을 둘러싼 얘깃거리를 풍부하게 주는 자료는 없었던 것 같아요. 그래서 나는 매 학기마다 이 작품을 함께 감상하고 학생들에게 직접 흥미로운 주제를 찾게 한 다음, 같이 토론을 해왔어요. 배경 설명이나 줄거리 소개 같은 건 생략하고 작품을 직접 보겠습니다. 여기에 정리한 건 몇 년에 걸쳐 거듭 제기된 중요한 질문들과 토론 내용입니다.

고스트란 무엇일까

영화를 본 후 가장 먼저 드는 의문은 제목과 관련됩니다. '공각기동대'는 '공격용 슈트攻殼를 입은 특수부대'라는 뜻으로, 영화에서는 수상 직속 공안9과를 가리키니 논의의 여지가 없습니다. 부제인 'Ghost in the Shell'의 의미가 의문의 핵심이겠지요. 영화 속 설명 없이 언급되는 '고스트Ghost'란 무엇이고, 또 제목은 무슨 뜻일까요?

작품의 원작 만화가 시로 마사무네士郎正宗에 따르면, 제목은 작가 아서 쾨슬러Arthur Koestler(1905~1983)의 철학적 심리학을 다룬 책 『The Ghost in the Machine』(1967)에서 따왔다고 해요. 딱 봐도 데카르트의 심신 이원론이 떠오르지요? 실제로 쾨슬러는 길버트 라일Gilbert Ryle(1900~1976)이 데카르트의 철학에 붙인 표현("기계 속 고스트라는 도그마")을 그대로 가져다 썼습니다. 여기서 라일이나 쾨슬러의 논의를 더 따라가지는 맙시다. 중요한 것은 영화 속에서 고스트와 껍질Shell 각각의 의미가 어떻게 그려지고, 그 둘의 관계가 어떻게 설정되었나 하는 점이겠지요.

고스트는 독일어 Geist와 어원이 같고 '숨'이라는 뜻이었죠. 마음을 가리키기에 적당합니다. 한편 기계나 껍질은 서로 뉘앙스의 차이는 나지만 데카르트의 코르푸스(몸, 물체)를 가리킵니다. 실제 데카르트도 몸을 기계라는 말로 지칭하면서 '스스로 움직이는 힘'을 지니고 있지 않다고 명시적으로 말하거든요. 영화 속에서는 의체, 즉

'사이버바디'를 가리킵니다. 첫 장면에서 쿠사나기 소령은 암살을 완료한 후 고층 빌딩에서 떨어져, 의체는 완전히 부서지고 뇌 및 뇌를 감싸고 있는 장치만 수거되어 다른 의체에 얹히지요. 한편 마지막 장면에서는 어린 소녀의 의체에 얹혀요. 이처럼 의체는 기계 부속처럼 언제든지 교체 가능합니다. 이런 점에서 껍질이나 기계라는 말은 어렵지 않습니다.

영화에서 고스트는 꼭 인간의 마음만 가리키지는 않습니다. 극중에는 인형사라는 존재가 나옵니다. 처음에는 막연하게 해커로 이해되고 있고, 고스트를 해킹해서 그런 이름이 붙었다고 합니다.

도쿠사: '인형사'란 건… 그 정체불명 해커를 말하나?
쿠사나기: 추정 국적은 미국. 나이, 성별, 경력 모두 불명. 작년 겨울부터 EC권에 출몰. 주가조작, 정보수집, 정치공작, 테러, 전자뇌윤리 침해 등 수많은 용의로 국제 수배 중인 범죄자지. 인조인간 고스트를 해킹하고 다녀서 '인형사'라 불리지. 이 나라에 나타난 건 처음이라는군.

나중에 인형사임이 밝혀진 교통사고당한 의체를 두고, 사이버바디에도 고스트가 있는 것 같다는 관찰이 보고됩니다.

바토: 문제는 그것만이 아냐. 머릿속에 뇌라고는 한조각도 없는데, 보조전자두뇌 속에 고스트 같은 것이 존재한단 거야.
연구원: 고스트를 넣을 때 생기는, 유사 고스트와 비슷하지만, 유사 고스

트 특성인 정보 손실이 없어요. 시스템을 뚫은 경로를 탐색해서 뛰어들어보지 않는 한, 정확한 건 알 수 없죠. 그럼 전 계속 검사를…

…

도쿠사: 근데 정말 저 의체에 고스트가 있을 것 같아요?

바토: 가능한 일이야. 셀룰로이드 인형에 혼이 들어가기도 해. 저 몸은 거의 완벽에 가까워. 영혼이 들어간대도 이상할 것 없지. 넌 신참이라서 잘 모르겠지만… 소령의 몸도 '메가틱'사 제품이야. 소령뿐만 아니지 나와 이시가와의 몸 일부나, 사이토나 다른 놈 몸도 마찬가지지. 과장과 너만 빼면 9과의 거의 모두가 그쪽 신세를 졌지.

따라서 고스트는 인간의 마음과 인공지능의 마음을 모두 지칭하기 위해 사용된 중립적 용어로 이해하는 게 가장 좋을 것 같습니다.

전뇌電腦에 이르면 사정이 좀 복잡해집니다. 전뇌는 인간 고스트의 거처입니다. 영화 속 설정에서 인간의 뇌는 의체와 교류하기 위해 매개 장치가 필요한데, 이 매개 장치가 일종의 나노컴퓨터입니다. 이렇게 뇌와 나노컴퓨터가 복합된 하이브리드 시스템이 바로 전뇌이고 전뇌를 만드는 과정이 전뇌화電腦化입니다. 쿠사나기를 보면 전뇌가 파괴되지 않도록 하면서 임무를 수행하고 의체를 교체합니다.

그런데 바로 이 전뇌의 성격이 문제입니다. 전뇌에서 인간과 기계의 결합이, 즉 뇌와 컴퓨터의 결합이 일어나고 있으니까요. 그런 결합이 어떻게 기능할까요? 여기서 문제가 되는 건 데카르트에서처럼 마음과 뇌의 결합이 아니라 몸의 일부인 뇌와 컴퓨터의 결합입니다. 즉, 마음과 컴퓨터의 결합은 고려 대상이 아닙니다. 우선 이 점을 명심해야겠습니다. 그러면 고스트 해킹은 무얼 가리킬까요? 전뇌를 해킹해서 마음의 상태나 내용을 바꾸는 걸 뜻하겠지요.

인형사가 고스트 해킹한 등장인물이 둘 나오는데, 하나는 청소부이고 다른 하나는 청소부를 고용한 킬러입니다. 이들의 공통점은 진짜 기억이 사라지고 이른바 '가짜 기억' 또는 '유사체험'만 지니고 있다는 점입니다.

청소부: 유사체험이란 게 뭐죠?

형사: 부인도, 딸도, 이혼도, 외도도… 다 가짜 기억이고 꿈같은 거란 거지. 당신은 누군가에게 이용되어 정부 요원 고스트를 해킹했던 거야.

청소부: 그런 일이!

형사: 당신 집에 갔다 왔어. 아무도 없더군. 독신자 방이었어.

청소부: 그 방은 별거를 위해 빌렸어요.

형사: 당신은 그 방에서 10년간 살아왔어. 부인도 딸도 없다구! 머릿속에만 있는 가족이지. [사진을 보여주며] 당신이 보여주려 한 사진이요. 누가 찍혀 있죠?

청소부: 분명 있었어. 내 딸이… 천사처럼 웃고 있었지.

형사: 딸 이름은? 부인은 언제 어떻게 만났고, 몇 년 전에 결혼했지? 사진에 있는 건… 누구와 누구야?

청소부: 이 꿈은 어떻게 지울 수 있죠?

형사: 안됐지만, 지금 기술로는 무리야. 2건 성공했다는 보고는 있지만.

권하고 싶진 않군. 아주 위험하거든.

바토: [대화를 지켜본 후 쿠사나기를 향해] 유사체험도 꿈도… 존재하는 정보는 모두 현실이고 동시에 환상이지! 한 인간이 일생 동안 접하는 모든 정보는 헛된 것이지.

쿠사나기의 동료인 바토는 청소부 취조 장면을 지켜본 후에 '존재하는 정보는 모두 현실이고 동시에 환상'이라고 말합니다. 우리는 이 말이 낯설지 않습니다. 우리의 지각은 일종의 망상이고 착각이라는 점을 확인한 바 있으니까요.

진짜 몸이 죽고 디지털화되면 '나'가 이어질까

고스트 해킹보다 먼저 궁금한 건 그것이 가능하기 위한 조건입니다. 생물학적 뇌가 우선 전뇌화되어야 합니다. 그렇다면 전뇌화는 원리적으로, 또 기술적으로 가능할까요? 또한 '나'가 이어진다는 건 무슨 뜻일까요? 특수한 종류의 동일성identity, sameness, originality을 유지한다는 걸까요? 이런 의문들이 동시다발로 쏟아집니다.

나는 전뇌화의 핵심에 디지털화의 문제가 있다고 봅니다. 전뇌화란 뇌의 화학·전기적 신호가 컴퓨터로 처리 가능한 디지털 신호로 변형된다는 뜻인 것 같아요. 어떤 것이 디지털화된다는 것은 무슨 뜻일까요? 공간에 존재하는 물질적인 것을 모종의 변환transformation 또는 코드화coding를 거쳐서 비물질적인 형태로 바꾸는 작업을 가리킵니다. 이 맥락에서 비물질적이라고 해서 물질적인 것에 의존하지 않는 건 아닙니다만, 물질적인 것과는 본성이 다르다는 점을 유념해야 합니다. 가령 수는 기록 매체(종이, 자기테이프, 하드디스크, 반도체 기억소자 등)에 기록됨으로써 보존되지만, 수는 기록 매체와 엄연히 다른 것처럼 말입니다. 물질세계와 디지털 정보는 교집합이 거의 없습니다. 디지털 정보는 특정하게 변환된 수와 함수들 같은 것들입니다. 디지털 정보가 물리 세계와 특정한 방식으로 대응될 수 있다고 해도 본성이 같은 건 아닙니다. 일정한 변형을 거치지 않고서는 물질세계가 디지털화될 수는 없습니다.

어떤 것이 일단 디지털화되면 정보 손실 없이 무한히 완벽한 복제가 가능해집니다. 동일성을 유지한 채 정보가 옮겨 다닐 수 있는 거예요. 이 점은 LP 판과 MP3 파일을 비교하면 차이가 금방 드러납니다. LP 판은 음파를 플라스틱 원반에 높고 낮은 홈을 파서 저장해 놓습니다. 그래서 재생할 때마다 물질적 변화가 생겨 음질이 저하됩니다. 앰프나 스피커 같은 전자 장치가 신경이 쓰인다면 에디슨이 처음 발명한 축음기를 떠올리면 좋겠습니다. 반면 MP3 파일은 음파를 숫자들로 코드화encoding해서 저장하고 코드 해독decoding을 통해 음을 재생합니다. MP3 파일의 경우 저장 매체에 물리적 손상이 가해지지 않는 이상 아무리 재생을 반복해도 음질의 변화가 없습니다. 이것이 디지털화의 특징입니다. 예전 필름 영화가 여러 번 상영하면서 화질이 떨어지던 것에 반해, 요즘의 디지털 영화는 그렇지 않다는 점도 마찬가지 이치입니다.

종이 문서도 복제 가능하다는 반론도 있을 수 있습니다. 그런데 종이 문서가 복제된다는 건 무슨 뜻일까요? 엄밀하게 보면 종이 문서가 복제될 때 원본이 물리적으로 그대로 복제되는 건 아닙니다. 복사한 걸 또 복사하기를 여러 번 반복하면 마지막 결과물은 분명 LP 판의 경우와 마찬가지로 질이 저하되니까요. 그러면 종이 문서는 LP 판과 유사한 성질을 지니고 있는 걸까요? 놀랍게도 종이 문서는 MP3 파일과 더 비슷합니다. 이 점에 주목해보겠습니다.

대표적으로 책을 볼까요. 판형, 폰트, 행간, 편집 상태 등 다 다를 수 있습니다. 종이책도 있고 전자책도 있고요. 책 하나하나는 물질적 차원에서 완전히 다 다릅니다. 하지만 글자가 흐려져서 겨우 읽을 수 있는 상태라 해도 책에 담겨 있는 정보들, 생각들은 똑같습니다. 종이 '문서'란 물질적 영역과 완전히 다른 세계인 겁니다. 여러분이 지금 읽는 이 책을 어떤 판본으로 접하건 내용은 같다고 할 수 있어요. 처음 드는 생각과는 달리 책은 디지털 정보를 담고 있습니다. 무슨 일이 일어난 걸까요? 책은 문자 언어로 이루어져 있는데, 언어가 물질세계 및 생각들을 담고 있는 겁니다. 우주가 언어로 변환되면서 우주와는 독립적인 비물질적 세계를 만들어낸 거지요. 이 경우 언어는 앞서 예시한 수와 성격이 같습니다. 여기에서도 핵심은 변환과 코드화입니다.

나는 디지털화의 객관적 성격을 강조하고 싶습니다. 디지털화 과정에는 특정한 변환 규칙이 필요하며 이 규칙에 따라 코드화와 해독이 일어납니다. 이 과정을 바깥 세계가 지각되어 마음에 상이 만들어지는 과정과 비교해볼 수 있습니다. 무의식적 과정을 통해 형성된 지각은 그 결과만을 접할 수 있다는 점에서 주관적입니다. 여기에서도 변형이 일어나지만 그 규칙은 우리가 알지 못합니다. 반면 디지털화의 경우에는 객관적인 규칙에 따라 코드화와 해독을 할 수 있습니다. 그래서 정보 손실 없이 무한 복제가 가능합니다. 이 차이를 유념하고 다시 생각해보면, 전뇌화는 어느 쪽에 해당할까요? 만약 디지털화라면 무한 복제가 가능하기 때문에 '나'는 보존될 것이고, 지각 과정에 가깝다면 '나'는 변형되겠지요. 마음과 뇌의 관계도 모르면서 뇌와 전뇌의 관계까지 논하는 건 무리인 것 같아, 전뇌화의 문제는 이 정도까지만 이야기하겠습니다.

이제 살펴볼 것은 '나'가 이어진다는 말의 의미입니다. 극 중에서 이 문제는 '기억'이라는 주제와 밀접히 관련됩니다. 앞의 청소부 사례에서도 엿볼 수 있지만 쿠사나기의 유명한 대사에 다시 한 번 집약되어 있습니다.

인간이 인간으로 살기 위해 많은 부품이 필요하듯이, 자신이 자신답게 살려면 아주 많은 것이 필요하지. 타인을 대하는 얼굴, 자연스러운 목소리, 눈뜰 때 응시하는 손, 어린 시절 기억, 미래의 예감. 그것만이 아냐. 전뇌가 접속할 정보와 네트워크. 그 모든 것이 나의 일부이며 나라는 의식을 낳고 동시에 계속해서… 나를 어떤 한계로 제약하지.

사실 기억은 둘로 구별해볼 수 있습니다. 하나는 '나의 내적 기억'이고, 다른 하나는 '외부 기억'입니다. 쿠사나기는 이 두 종류의 기억과 그 기억이 이루는 네트워크가 나의 일부라고 말합니다.

나는 기억의 문제를 잘 살펴야 한다고 봐요. 우리는 자신의 정체성이 기억에 의해 확보된다고 흔히 말합니다. 테세우스의 배의 역설에서처럼, 우리 몸의 세포 거의 대부분이 끊임없이 교체된다고 할 때 자기 정체성의 근거는 기억밖에 없는 것 같습니다. 하지만 자신의 내적 기억만을 기억으로 간주한다면 우리는 금세 난관에 봉착하게 됩니다. 왜냐하면 기억은 망각되고 왜곡되고 변형되고 갱신되기 때문입니다. 따라서 본성상 변하게 마련인 기억이 자기 정체성의 기초가 되기는 어렵습니다. 그렇다면 주목할 것은 외부 기억이겠지요.

청소부의 예를 다시 보지요. 청소부가 가짜 기억 또는 유사체험을 인정할 수밖에 없었던 건 객관적 증거들 때문입니다. 집은 10년간 혼자 산 독신자 방이었고, 사진에는 딸이 찍혀 있지 않았지요. 딸의 이름이 무엇인지, 아내를 언제 만났는지 등도 알지 못해요. 이것들이 관계 또는 네트워크 속에서 존재하는 외부 기억입니다. 아울러 지인들의 증언도 중요한 역할을 하지요. 외부 기억과 관계가 나를 확인해주어야 나는 나일 수 있는 겁니다. 쿠사나기도 자기 정체성을 의심하는 대목이 있습니다.

쿠사나기: 나처럼 완전한 사이보그라면 누구든 생각할 거야. 어쩌면 자신은 아주 옛날 죽었고, 지금 난 전뇌와 의체로 구성된 가짜 인격이 아닐까 하고. 나란 건 존재하지 않았을지도 모르지.

바토: 너의 두개골 안엔 뇌도 들어 있고 인간 취급도 받고 있잖아.

쿠사나기: 자기 뇌 속을 본 사람은 없어. 주변 상황을 보고 나다운 게 있다고 판단하는 것뿐.

바토: 자신의 고스트를 못 믿는 거야?

쿠사나기: 만약 전뇌가 고스트를 만들고, 거기에 혼을 넣는 거라면, 무슨 근거로 자신을 믿지?

자신이 저 청소부의 처지가 아니라는 보장이 없다는 거지요. 사실이지 자기 뇌를 본 사람은 아무도 없잖아요? 기껏해야 사진이나 영상 형태로 뇌의 이미지를 보았을 따름이죠. 우리는 타인의 증언을 포함한 외부 기억에 의존해서 자신의 정체성을 믿고 있을 뿐인 겁니다. 내가 분명히 기억한다고 믿는 걸 남들 모두가 부정한다면, 나의 기억이 진짜인지 의심이 생길 수밖에 없겠지요.

이제 내적 기억과 외부 기억을 비교·검토해보겠습니다. 나는 '내적 기억'이란 용어 대신 '인간 기억'이라는 말을, '외부 기억'이라는 포괄적 용어 대신 컴퓨터 메모리 같은 걸 가리키기 위해 '외장 기억'이라는 말을 쓰려 해요. 외장 기억은 USB나 SD 메모리, 하드디스크, SSD 같은 것들입니다. 나는 묻고 싶어요. 외장 기억과 인간 기억은 과연 '기억'이라는 같은 유類 아래에 있는 걸까요? 그 둘은 기억이라는 명칭만 공유할 뿐 본성이 전혀 다른 게 아닐까요? 최소한 '입력(코드화), 보존, 출력(해독)'이라는 과정만 보더라도 외장 기억과 인간 기억은 너무도 다릅니다.

아마도 외장 기억을 인간 기억의 유비로서 '기억'이라고 지칭한 것부터가 문제의 시작인 것 같아요. 놀랍게도 이 문제는 최소한 플라톤으로 거슬러 올라갑니다.

그런데 대화가 문자grammata에 이르자, 테우트가 이렇게 말했다네. "왕이여, 이런 배움은 이집트 사람들을 더욱 지혜롭게 하고 기억력을 높여줄 것입니다. 왜냐하면 그것은 기억과 지혜의 묘약mnēmēs kai sophias pharmakon으로 발명된 것이니까요." 그러자 타무스가 이렇게 대꾸했네. "기술이 뛰어난 테우트여, 기술에 속하는 것들을 만들어내는 능력을 가진 사람이 있다면, 그것들이 사용하려는 사람들에게 끼치는 손해와 이익을 판단하는 능력이 있는 사람은 따로 있는 법이오. 이제, 그대는 문자의 아버지로서 그것들에 대해 선의를 품고 있기에 그것들이 할 수 있는 것과 정반대되는 것을 말했소. 왜냐하면 그것은 그것을 배운 사람들로 하여금 기억에 무관심하게 해서 그들의 영혼 속에 망각lēthē을 낳을 것이니. 그들은 글쓰기graphē에 대한 믿음 탓에 바깥에서 오는 낯선 흔적들에 의존할 뿐 안으로부터 자기 자신의 힘을 빌려 상기하지 않기 때문이오. 그러니 당신이 발명한 것은 기억의 묘약이 아니라 상기의 묘약hypomnēseōs pharmakon이지요.

이 구절에서 플라톤이 비판하는 건, 문자(외장 기억)가 결국 인간에게서 기억력을 빼앗고 망각을 촉발할 것이라는 점입니다. 그러나 프랑스 철학자 데리다Jacques Derrida(1930~2004)도 지적한 바 있듯이, 인간 기억을 보호하고 도와주는 것이 바로 외장 기억이며 오히려 인간 기억은 변화무쌍하고 휘발성도 강합니다. 인간 기억이 왜 이런 특성을 지니게 되었는지는 진화의 역사만이 알려줄 수 있겠지요.

기억은 본성상 현재가 과거를 포함합니다. 하지만 인간 기억의 경우 과거가 현재에 끊임없이 삼투되면서 존속하는 반면, 외장 기억에서는 현재가 과거를 완전히 덮어쓰고 대체합니다. 인간 기억은 회상이라는 심리 활동을 통해 현재로 소환되며, 이 과정에서 기억 내용이 변합니다. 반면 외장 기억은 내용이 저장될 때 따른 규칙을 따라 역순으로 해독됩니다. 입력과 출력 사이의 내용은 똑같이 유지되고요. 마치 도서관 같아요. 서가에 꽂아놓았던 책을 그대로 꺼내는 식입니다. 물론 저장 매체가 훼손되면 내용이 손실되지요. 여기서도 한 번 더 저장 매체 그 자체가 기억 내용이 아니라는 점을 강조해야겠습니다. 망각은 외장 기억에서는 치명적이지만, 인간 기억에서는 자연스러운 과정입니다. 비록 다른 동물보다야 잘한다지만 본래 인간은 잘 암기하지 못하니까요.

'과거를 포함하는 현재'라는 뜻으로 기억을 이해한다면, 우주도 기억입니다. DNA를 단위로 본다면, 생명도 기억입니다. 이런 통찰들을 담은 베르그손의 『물질과 기억』(1896)이 최근에 다시 주목받고 있지요.

왜 인형사는 쿠사나기와의 '융합'을 원할까

영화는 인형사와 쿠사나기의 융합을 향해 치닫습니다. 먼저 하나의 생명체로서 인형사가 망명을 신청하는 장면부터 보겠습니다.

인형사: 하나의 생명체로서 정치적 망명을 희망한다.

과장: 생명체?

6과 과장: 웃기는군! 넌 단순한 프로그램일 뿐이야.

인형사: 그렇다면 당신들의 DNA도 자기 보존을 위한 프로그램에 불과해. 생명은 정보의 흐름 속에서 생긴 결정체 같은 거지. 인간은 유전자라는 기억 시스템을 통해, 기억에 의해 개인이 되는 거야. 기억이 환상이라 해도, 인간은 기억으로 살아가는 거지. 컴퓨터가 기억을 조작하게 됐을 때, 인간은 그 의미를 진지하게 생각했어야 했어.

6과 과장: 말도 안 돼! 네 놈이 생명체라는 증거는 없어.

인형사: 누구도 그것은 증명할 수 없지. 현대과학은 아직 생명을 정의 못 해.

…

9과 과장: 죽지 않는 인공지능AI인가?

인형사: AI는 아니다. 내 코드명은 프로젝트 2501. 정보의 바다에서 태어난 생명체지.

인형사는 생명이 '정보의 흐름 속에서 생긴 결정체 같은 것'이라고 하면서, 자신을 '정보의 바다에서 태어난 생명체'라고 주장합니다. 물론 자신이 인공지능이 아니라고 부인하지만, 인공지능인 건 맞지요? 인형사는 컴퓨터가 인간의 기억을 조작한다는 것의 의미를 진지하게 생각했어야 한다는 충고도 덧붙입니다. 몸과 마음으로 이루어진 인간이 의체와 전뇌화 때문에 기억 자체의 조작이 가능해졌다는 건데, 전뇌화가 가능한지는 더 이상 고찰하지 않기로 했습니다.

영화의 거의 마지막 대목에 인형사와 쿠사나기의 긴 대화 장면이 있지요. 여기에 인형사가 융합을 바라는 이유가 설명됩니다.

인형사: 내 코드명은 프로젝트 2501. 기업 탐사, 정보 수집, 공작, 특정 고스트에 프로그램을 주입, 조직이나 개인의 세력을 확장시켰다. 수많은 네트워크를 헤집고 다니다 나의 존재를 알았다. 담당자는 나를 버그로 간주하고 네트워크에서 분리시켜 나를 의체로 옮겼다.

…

인형사: 날 좀 더 이해시킨 후에 너한테 부탁할 게 있어. 난 스스로 생명체라 말하지만, 지금 상태로는 불완전하지. 내 시스템에는 자손을 남기고 죽음을 얻는 생명의 기본적인 과정이 없거든.

쿠사나기: 복사체copy를 남기잖아.

인형사: 복사체는 유사품에 불과해. 바이러스 하나로 전멸할 수도 있고, 개성이나 다양성을 못 가지지. 영원히 존재하기 위해선 복잡해지고 다양해지면서 버릴 것은 버려야만 하지. 세포는 대사 활동을 반복하고 새로 태어나고 또다시 죽지. 죽을 때 많은 경험 정보를 지우고 유전자와 모방자만 남기는 것도, 영원한 존재를 위한 방어 기능이지.

쿠사나기: 영원히 존재하기 위해 개성과 다양성을 원하는군. 하지만 어떻게?

인형사: 너와 융합하고 싶다.

쿠사나기: 융합?

인형사: 완전한 통합이지. 너도 나도 외모는 변하겠지만 잃는 것은 아무

것도 없어. 융합 후에 서로를 인식할 순 없겠지.

...

쿠사나기: 융합하면 난 언제 죽지? 나의 유전자는 남지도 않는 건가?

인형사: 융합 후의 새로운 너는 내 변종을 네트에 흘리지. 인간이 유전자를 남기듯 말이야. 그리고 나도 죽음을 얻게 되지.

쿠사나기: 왠지 그쪽만 득 보는 것 같은데.

인형사: 내가 가진 기능을 과소평가하는군.

...

쿠사나기: 한 가지 더! 내 존재가 남는다는 보장은?

인형사: 보장할 순 없지. 인간은 계속 변하는 법이고, 지금의 너로 남으려는 집착은 너를 계속 제약할 거야.

쿠사나기: 마지막으로 하나 더! 날 선택한 이유는?

인형사: 우린 서로 닮았지. 거울을 볼 때의 실체와 허상 같지. 잘 보라고. 내게는 방대한 네트워크가 있어. 접속해 있지 않은 너에겐, 단순한 빛으로 보일지 모르지만, 우리를 일부로 포함하게 될 우리의 집합체! 사소한 기능에 구속받고 있지만 제약을 버리고, 더 높은 상부구조로 올라갈 때가 왔지.

인형사의 주장을 간추리면 이렇게 됩니다. 인형사는 자신을 불완전한 생명체로 여깁니다. 개성이나 다양성을 갖지 못하는 복사체를 남길 뿐, 생물학적 의미의 자손을 낳지 못하기 때문입니다. 그래서 쿠사나기와 융합해서 인간이 유전자를 남기듯 변종을 남기겠다고 합니다. 그렇게 죽음으로써 생명체로 완성될 수 있다는 거지요. 다시 말해 진화에 돌입하겠다는 겁니다.

설정 자체는 흥미롭습니다. 말 그대로 인공지능과 인간의 융합을 말하고 있으니까요. 그런데 여기서 정확히 무엇과 무엇 간에 융합이 일어난다는 것인지는 분명치 않습니다. 쿠사나기에게 유전자의 변이와 관련될 수 있는 요소는 뇌밖에 없습니다. 뇌가 전뇌화되어 의체에 얹혀 있는 형국이니까요. 쿠사나기의 뇌가 없어지는 것이 그에게는 죽음일 겁니다. 뇌는 적절한 방식으로 '물질대사'를 하면서 항상성을 유지할 겁니다. 뇌이기 때문에 '정보대사'도 하고 있다고 봐도 좋겠네요. 사실 DNA도 정보 전달 물질이기 때문에, 정보를 전달한다는 목적만 놓고 보면 상당히 괜찮은 매체입니다. DNA의 염기가 A(아데닌), G(구아닌), C(시토신), T(티민)로 이루어져 있기 때문에, 0과 1로 이루어진 2진법이 아니라 4진법이라는 차이가 있지만요.

여기에서 두 가지 난점이 생깁니다. 뇌와 마음은 구별됩니다. 뇌도 그렇지만 특히 마음은 DNA에 의해 결정되지 않습니다. 어떤 경험을 하느냐에 따라 마음이 달라지니까요. 한편 인형사는 하나의 바이러스로도 전멸할 수 있는 프로그램입니다. 자, 인형사는 쿠사나기의 뇌와 융합하는 걸까요, 아니면 전뇌 속 고스트와 융합하는 걸까요? 앞의 융합은 불가능합니다. 뇌가 생식세포도 아닌 데다 설사 적절히 처리해서 유사분열을 한다 해도, DNA의 그 가닥과 결합할 인형사 쪽 가닥은 존재하지 않으니까요. 그렇다면 고스트와 융합하는 건 어떨까요? 실제 가능성 여부를 떠나, 전뇌 속 고스트는 컴퓨터와 소통 가능한 유형의 정보들로 이루어져 있다고 보입니다. 그럼 인형사가 그것과 융합하는 건 가능하겠지요. 하지만 융합 후 변종이 생겼다 해도 거기서 끝입니다. 더 이상의 변종은 자연발생적으로 일어날 수 없으니까요. 이는 인형사의 원래 목적에 어긋납니다. 인형사는 유성생식을 통한 진화를 바랐지만, 일어난 일은 산술적인 덧셈 이상이 아닌 겁니다. 마지막 장면에 등장한 소녀는 쿠사나기와 인형사가 융합된 전뇌를 지니고 있습니다. 생물학적으로 그 뇌는 쿠사나기의 것이며, 새로운 전뇌는 인형사가 보기에 융합된 것이지만 내가 보기에는 쿠사나기에 흡수 통합된 것일 뿐입니다.

처음에도 말했지만 철학의 소재로 영화를 사용하는 건 내 방식이 아니에요. 그런데 이 영화는 우리 주제와 관련된 생각 실험을 흥미롭게 보여주었다고 생각해서, 인간과 인공지능의 관계를 탐색하는 과정에서의 생각의 단서로 삼아봤습니다.

7
무엇을 어떻게 학습할까?

튜링이 1936년 디지털 컴퓨터의 논리를 제안하고 1950년 인공지능의 가능성을 주장한 이래, 인공지능과 관련한 많은 소문이 생겨났다 사라지곤 했습니다. 최근 들어 분명해진 건 컴퓨터 제작 기술, 로봇공학, 통신 기술, 빅데이터 처리, 기계학습 프로그래밍 등 인공지능과 관련한 모든 분야에서 유례없는 발전의 수렴이 있다는 점입니다. 무엇보다 각종 정보통신기술 기업들이 사활을 걸고 경쟁하고 있고 성과도 가시적입니다. 10년 정도만 돌아봐도 이미 딴 세상으로 접어든 것 같습니다. 특히 그사이 한국에서는 알파고의 충격이 컸고요.

이렇게 급변하는 상황에서 많은 사람들이 예측하기 힘든 미래에 대해 불안을 느낍니다. 산업, 금융, 군사, 노동, 교육 등 여러 분야의 변화가 예견되고 있습니다. 인공지능의 군림을 우려하는 목소리도 들립니다. 나는 이런 세부적인 문제들을 다루기보다 원리상의 논의를 하려 합니다. 앞에서도 군데군데 논의했지만, 지금부터는 학습이라는 주제에 집중해서 고찰하며 가볼까 합니다. 우리는 학습이 무엇인지 잘 모릅니다. 기억이 학습과 밀접하기 때문에 이 둘을 동일시하는 경우도 많습니다. 암기식 교육의 경우가 대표적이지요.

영국에서 가장 유명한 심리학 교과서를 봤습니다. 리처드 그로스Richard Gross가 집필한 『Psychology: The Science of Mind and Behaviour』예요. 생물학에서는 학습을 '적응적 변화adaptive changes'와 관련시키면서, '개인을 보호하고 능력들을 향상시키도록 기능하는 생물학적 장치' 또는 '유기체가 변화하면서 예측 불가능한 환경에 적응할 수 있게 해주는 메커니즘'이라고 정의하더군요. 한편 심리학자는 학습을 '경험의 결과로서 행동 잠재력 면에서 상대적으로 영속적인 변화를 낳는 과정' 또는 '과거 경험'과 연관되어 '한 사람의 행동 수행에 있어 꽤 영속적인 변화'를 낳는 과정이라고 정의합니다. 이런 정의는 상당히 행동주의적입니다. 학습이 이루어졌는지는 직접 관찰되는 게 아니기 때문에 관찰 가능한 행동에서 추론할 수밖에 없다는 거죠.

나는 그로스의 교과서에 나온 정의보다 위키백과 '학습' 항목의 몇몇 외국어 정의들이 더 흥미롭습니다. 가끔 이런 짓을 하곤 하는데, 각 나라의 특징이 엿보여서 참 재미있어요.

〈영어〉

학습learning은 경험의 유형 및 범위와 관련해서 정보, 지식의 깊이, 태도, 또는 행동을 종합하는 잠재적 변화를 낳는 새로운 지식, 행동들, 재주들, 가치들, 또는 선호들을 획득하거나 기존의 그것들을 수정하고 강화하는 행위이다.

〈프랑스어〉

학습apprentissage은 하는 법, 지식 또는 앎을 획득하게 하는 메커니즘들의 집합이다.

〈독일어〉

학습Lernen은 새로운 능력의 의도적인 (의도 학습) 그리고 부수적인 (우연 학습) 획득을 뜻한다. 학습의 성장은 정신적, 육체적, 성격적, 사회적 영역에서 일어날 수 있다. 학습심리학적 관점에서 보면, 학습은 경험이나 새로 얻은 통찰 그리고 이해(환경에 대한 개선된 지각이나 자신의 충동에 대한 자각)에 근거해서 태도, 생각, 또는 느낌의 상대적으로 안정된 변화 과정으로 파악된다.

영어 정의에는 정보, 지식의 깊이, 가치, 선호 등 그 자체로는 관찰되지 않는 인지 및 가치의 측면도 포함되어 있어요. 프랑스어 정의에는 '하는 법savoir-faire'을 특별히 강조하고 있고요. 독일어 정의는 의도 학습과 우연 학습을 제일 앞에서 구별한 게 눈에 띄고, 상대적으로 안정된 변화라는 점을 강조하고 있네요. 영어권 특유의 나열식, 프랑스 특유의 잘난 체, 독일 특유의 무뚝뚝함이 보이지 않나요?

아무튼 나는 이런 정의들도 형식적이고 피상적이라고 봅니다. 학습의 본질은 무엇일까요? 학습은 어떻게 이루어지는 걸까요? 이런 문제를 살펴보기 위해 앞서 보았던 베이트슨의 『Mind and Nature』를 써먹어볼까 합니다. 널리 알려지진 않았지만 새로운 통찰들이 많이 담겨 있는 책이거든요.

7.1 스토캐스틱 과정

베이트슨은 '유전적 변화'와 '학습'의 본질을 동시에 해명하기 위해 '스토캐스틱stochastic'이라는 개념을 사용합니다. 베이트슨의 정의를 보겠습니다.

이 책의 일반적 가정은 유전적 변화와 (습관과 환경에 의해 야기되는 체세포 변화들을 포함해서) **학습**이라 불리는 과정은 모두 스토캐스틱 과정들이라는 것이다. 내 생각에, 각 경우마다 어떤 측면에서 무작위 사건들의 흐름이 있고, 각 경우마다 특정한 무작위 성분들이 다른 무작위 성분들보다 더 오래 '살아남도록' 유발하는 무작위가 아닌 선별 과정selective process이 있다. 무작위 없이는 새로운 건 있을 수 없다. … 요컨대 나의 전제는 진화적 변화와 체세포 변화(학습과 생각을 포함한다)는 근원적으로 유사하고 둘 모두 본성상 스토캐스틱하며, … 논리 유형만 서로 완전히 다를 뿐이라는 점이다.

어떤 사건들의 연쇄가 무작위 성분과 선별 과정을 결합해서 무작위적인 것 중 단지 몇몇 결과물만 견뎌 배기도록 허용된다면, 그 연쇄는 스토캐스틱하다고 얘기된다.

첫 번째 인용의 '살아남는다survive'라는 표현이 두 번째에서는 '견뎌 배긴다endure'로 바뀐 것에 주목할 수 있습니다. 이런 표현들은 결과의 관점에서 보겠다는 의미입니다. 사전에 어떤 것이 견뎌 배길지 알 수는 없지요. 결과를 놓고서, 살아남은 이 성분을 역추적해보니 그때의 그 무작위 성분이었다는 걸 확인할 수 있다는 겁니다. 접근법이 계보학적 인과와 상당히 유사하죠?

스토캐스틱 과정은 세 국면으로 이루어져 있습니다. 먼저 무작위 성분의 발생이 있습니다. 우연에 기대는 거라고 말해도 좋습니다. 그게 없으면 결정론적 과정일 것이기에 새로운 건 생겨날 수 없습니다. 둘째로 살아남음 또는 견뎌 배김이 있습니다. 이 말들은 살아남지 못하거나 견뎌 배기지 못하는 성분들이 있다는 걸 전제합니다. 왜 그럴까요? 모든 성분이 다 환경에 적합한 건 아니기 때문이지요. 아니, 대부분은 환경에 적합하지 않아요. 이렇게 환경에 적합하지 못한 성분들을 걸러내는 작용이 바로 세 번째 국면입니다. 스토캐스틱 과정은 진화 과정을 다른 개념으로 표현한 거라고 이해해도 맞습니다. 진화 과정을 먼저 이해한 후에 학습으로 넘어가겠습니다.

자연선택

원래 진화라는 건 살아남은 놈의 관점에서 역으로 추적하는 거예요. 진화는 환경과 개체들 사이의 관계 속에서 일어납니다. 항상 환경이 먼저예요. 지질학적 수준의 여러 변화들, 가령 바다가 솟구쳐 산이 되고 땅이 갈라지고 운석이 떨어지고 하는 변동들이 환경의 층위에서 일어나는 사건들입니다. 물론 먹이, 적, 온도, 강수량 등의 변화도 중요한 환경 변화들이고요. 그러한 급변의 와중에 어떤 성분이 살아남는 데 도움이 될지는 미리 알 수 없습니다. 환경의 변화도 무작위적이니까요. 생명 전체, 종, 개체 등 어떤 관점에서 보건, 중요한 건 각각 그 안에 얼마나 무작위성 또는 차이를 확보하고 있는가입니다. 다양성은 진화에서 살아남기 위해 가장 좋은 전략이에요. 자기 안에 최대한 다양한 자원들을 갖고 있을수록 좋다는 뜻입니다. 그래야 무작위적 변화에 대처할 수 있으니까요.

진화론에서 말하는 자연선택natural selection에서 selection은 능동적으로 무언가를 선택한다는 뜻의 choice와 구별됩니다. selection은 결과적으로 남겨지는 걸 가리켜요. choice는 선택에 선행하지만, selection은 선택에 후행합니다. 그래서 selection을 예전에는 도태淘汰라는 말로 번역했어요(나는 '선별'이라는 말을 좋아해요). 도태란 '쌀알을 물에 넣고 일어서 좋은 것만 골라내고 불필요한 것을 가려서 버리다'라는 뜻이에요. 결과의 관점에서 selection을 번역한 거죠. 오해의 여지가 없다는 점에서 좋아 보여요. 그런데 생물학자들이 기묘한 단어인 '선택'으로 번역을 고쳤어요. 하지만 자연선택에서 능동적인 국면은 전혀 없습니다. 자연의 관점에서 보니까 결과적으로 살아남았더라, 정도의 일이 일어나는 거지요. 진화론에서의 적자생존適者生存, survival of the fittest도 오해가 많은 말이죠. 여기서 적자, 즉 가장 적합한 자는 견뎌 배기고 살아남은 자, 해당 환경에 가장 적합한 자를 가리킬 뿐이에요. 진화는 진보가 아니에요. 어떤 변화가 해당 환경에 적합했더라는 사후 확인일 뿐입니다.

우리의 통념은 힘센 놈이 살아남을 거다, 포식자인 이놈이 먹이인 저놈보다 강할 거다, 이렇게 생각합니다. 잘못된 생각이지만 이것이 사회 속에 투영되어 모두가 힘센 놈이 되려고 하지요. 그런데 진화 관점에서는 살아남은 놈이 힘센 놈인 것이지, 힘센 놈이 살아남는 것이 아니에요. 토끼와 늑대 중 누가 더 힘이 셀까요? 답은 뻔한 것 같지만 사실 모르는 일입니다. 토끼가 늑대를 죽일 수도 있어요. 명백하게 늑대가 강하고 토끼가 약하다고 생각하지만, 자연은 훨씬 복잡하거든요. 동영상을 한번 보세요(QR코드 참조). 저렇게 애쓰고도 결국 늑대는 토끼를 잡지 못하고 힘만 소진합니다. 사자도 최선을 다한 사냥에서 성공할 확률이 고작 30%라고 하고요. 진화가 검증해준 것을 만만하게 보지 않았으면 합니다.

여러분과도 관련된 이야기를 해볼까요? 한 개인이 사회에서 견뎌 배기기 위해서는 무엇이 필요할까요? 어떤 능력을 갖고 있어야 할까요?

인간도 생명체이기에 엄청난 진화의 시간을 통해 획득한 지혜가 있습니다. 그 지혜에 맞게 가면 됩니다. 경쟁은 바깥의 다른 누군가와의 경쟁이 아니라 자기와의 경쟁이에요. 거듭 강조하지만, 자연선택은 기본적으로는 경쟁 논리가 아니에요. 자연선택이나 적자생존을 경쟁 논리와 연관시켜 이해하면 안 됩니다. 자연에서 경쟁이란 환경 급변에 대처할 수 있도록 자기 안에 다양성을 최대한 많이 확보하는 것을 가리킵니다. 일정한 범위에서 자원이 제한되어 있기 때문에 다른 누구나 다른 종과 경쟁하는 것이 불가피하긴 하지만 그건 핵심 문제가 아니에요. 자기 안에 최대치의 다양성, 정보 풀 또는 데이터베이스를 확보하는 것이 관건입니다.

라마르크의 화려한 귀환

유전과 관련된 용어 몇 개를 정리하고 가는 게 좋겠어요. 종종 헛갈리거든요. 먼저 유전자遺傳子, Gene가 있습니다. 유전의 기본 단위인데, 오늘날은 '유전체 서열의 특정한 위치에 있는 구간으로서 유전형질의 단위가 되는 것'으로 정의됩니다. 유전체遺傳體, Genom는 한 개체의 유전자의 총 염기서열이며, 한 생물종의 거의 완전한 유전 정보의 총합입니다. 참고로 지구상에 사는 모든 인간, 즉 호모 사피엔스는 인종, 지역, 성별과 상관없이 유전체의 99.99%가 똑같다고 합니다. 유전체 서열 안에서 유전자는 DNA 서열의 일부분을 이룹니다. DNADeoxyribonucleic acid(데옥시리보핵산核酸)는 핵산의 일종이며 주로 세포의 핵 안에서 생물의 유전 정보를 저장하는 물질로, 주된 기능은 장기간에 걸친 정보 저장입니다.

바나나와 인간의 DNA는 50% 일치한다고 합니다. 생쥐와 인간은 97.5%가 일치하고요. 이런 수치들은 무슨 의미를 가질까요? 유전자, 유전체, DNA 이런 것들을 어떻게 이해하는 게 좋을까요? 생물학자들도 아직 분명하게는 모릅니다. 여기에서 나는 이런 말들을 뭉뚱그려서 부모에서 자식에게 전달되는 '유전 정보'를 지칭한다고 이해하겠습니다. 그렇다면 유전 정보란 무엇이고 어떤 기능을 할까요? 베이트슨은 유전을 '차이'의 전달이 아니라 '동일성'의 전달이라고 강조합니다. 전달되는 '동일성'에는 일종의 설계도, 데이터베이스, 정보의 풀, 그리고 발생 규칙이 있을 겁니다.

생물은 처음 조상 때부터 생존과 번식에 필요한 정보들을 최대한 수집해온 것으로 보입니다. 바나나의 조상과 인간의 조상이 갈라지기 시작한 어느 시점까지, 그 둘의 공통 조상은 아마도 같은 DNA를 갖고 있었겠지요. 유전 정보는 일단 수집되고 나면 당장 쓸모가 없더라도 곧바로 폐기되는 것 같지는 않습니다. 한 번 써먹었던 정보라면 나중에 또 써먹을 수 있을지 모르니까요. 앞으로 환경이 또 어떻게 급변할지도 모르고요. 그래서 자기 안에 최대한으로 다양한 정보를 기회가 되는 대로 저장해두는 게 유익하다고 보입니다.

마이크로소프트 윈도를 쓰는 컴퓨터를 보면 확장자가 .dll로 끝나는 파일이 있습니다. '동적 링크 라이브러리dynamic-link library, DLL'라는 어려운 이름을 갖고 있지만 하는 일은 단순합니다. 말 그대로 도서관 같은 역할을 하는데, 파일 각각은 프로그램이 불러서 쓸 수 있는 함수라고 보면 됩니다. A라는 프로그램과 B라는 프로그램이 동일한 계산을 할 필요가 있을 때, A와 B가 똑같은 함수를 각각 별도로 내장하는 게 아니라 계산에 필요한 DLL 파일, 즉 함수 파일을 불러와서 계산하는 거죠. 특정 프로그램 관점에서 보면 필요 없는 DLL이 많은 셈이에요. 그러나 전체 컴퓨터 차원에서는 매우 효율적인 도서관이지요. 나는 유전 정보가 DLL 같은 식으로 사용된다고 봅니다. 차이가 있다면 유전 정보는 생명이 진화 과정에서 획득한 정보인 반면, DLL은 인간이 일일이 짜놓은 알고리즘이라는 거죠.

유전 정보 중에서 세포를 만들기 위해 사용되는 부분은 개체나 종마다 서로 다릅니다. 바나나와 인간이 많은 부분 다르고, 한 개체에서도 하나의 수정란에서 발생했지만 각 기관마다 세포가 다르다는 게 이런 식으로 설명됩니다. 발생학embryology이 중요해지는 겁니다. 발생과 관련해서 중요한 연구 분야가 바로 후성유전학後成遺傳學, epigenetics입니다. 후성유전학은 DNA의 염기서열이 변화하지 않는 상태에서 이루어지는 유전자 발현의 조절을 연구합니다. 요컨대 유전 정보는 동일한데 서로 다른 세포가 만들어지게 되는 이유들을 연구하는 거죠. 어떤 형질을 발현시키고 어떤 형질을 발현시키지 않을지 수많은 스위치를 켜고 끄는 조합이 있다는 겁니다.

이 맥락에서 베이트슨은 라마르크를 재해석합니다.

잘 알려져 있듯이, 다윈은 라마르크적 유전 없이 작동하는 진화 과정이 이루어지려면 지질학적 시간으로는 불충분하다는 믿음에서 라마르크주의에 대한 입장을 바꾸었다. 따라서 『종의 기원』의 후기 판본들에서는 라마르크의 입장을 받아들였다.

라마르크의 진화론은 두 가지로 요약됩니다. '용불용설'과 '획득형질의 유전'이 그것이죠. 어떤 기관을 사용하면 할수록 그 기관이 발달하고 그렇지 않으면 퇴화하는데, 개체가 살아가면서 획득한 그런 형질이 자손에게 전달된다는 겁니다. 독일의 진화생물학자 바이스만August Weismann(1834~1914)은 실험을 통해 오직 부모의 생식세포 수정을 통해서만 유전 정보가 자손에게 전달될 뿐, 체세포의 변화는 유전되지 않는다고 밝혔습니다. 체세포에서 생식세포로 넘어가지 못하게 가로막는 이른바 '바이스만 장벽'이 있다는 거지요. 그렇다면 다윈이 수용한 라마르크의 입장은 무엇이고 그에 대한 베이트슨의 해석은 어떠할까요?

교배가 가능해서 후손을 남길 수 있는 범위를 개체군population이라고 해요. 종은 한 개체군의 평균치 또는 대푯값을 가리키는 명칭이고요. 한 개체군 안에는 유전적으로 굉장히 이질적인 개체들이 있고, 이질성의 폭이 클수록 개체군은 급변하는 환경 속에서의 생존에 유리합니다. 이질성이 생기는 까닭은 자연적 변이variation나 돌연변이mutation 때문입니다. 그리고 종의 변화, 즉 진화란 환경의 선택 압력 때문에 기존의 개체군과 더 이상 교배가 안 되는 개체군이 형성되는 것을 가리키지요.

개체와 환경의 관계를 다른 각도에서 고찰해볼까요. 개체의 유전 정보는 체세포 변화의 기준입니다. 유전 정보 안에 없는 것이 발현되는 일은 불가능합니다. 유전 정보의 변화는 불연속적이고 비가역적입니다. 따라서 환경이 변하지 않는 경우라면 개체 각자의 노력으로 환경에 적응하는 편이 유리합니다. 하지만 모든 개체가 일정한 적응을 필요로 하는 환경에서라면 어떨까요? 차라리 유전 정보 차원에서 그 환경에 유리하게 변하는 게 낫겠죠. 베이트슨은 이 대목에 주목합니다.

체세포 변화들이 진화적 변화의 방향을 **개척한다**pioneer는 주장은 논리 유형의 다른 층위를, 훨씬 더 큰 형태Gestalt를 요구한다. 우리는 공진화co-evolution를 원용해서, 주변 생태계나 아주 인접한 종들이 개체들의 체세포 변화들에 적합하도록 변할 거라고 주장해야 하겠다. 환경에서의 그런 변화들은 체세포 변화들의 유전복사genocopy에 우호적일 주형mold처럼 작용한다고 생각해볼 법하다.

베이트슨이 말하는 '공진화'란 둘 이상의 종이 자연선택 과정에서 서로 발판을 놓아주면서 진화적으로 변화하는 스토캐스틱 시스템을 가리킵니다. 한편 '유전복사'란 환경에 적응한 체세포의 형질을 유전 정보 층위에서 복사할 수 있으면 얼마나 좋을까 하는 바람으로 베이트슨이 만든 말입니다. 물론 이런 일이 절대 일어날 수 없다는 건 베이트슨도 잘 알고 있습니다.

그런데 개체군 층위에서 한번 생각해볼까요? 어떤 환경에서 특정하게 발현된 형질이 유리하다면, 그 형질을 발현하게 하는 유전 정보를 가진 개체들이 시간이 지나면서 다수가 되리라는 건 자명합니다. 그래서 개체군의 대푯값이 그 '주형'을 중심으로 바뀌게 되는 거죠. 베이트슨은 이를 유머러스하게 유전복사라고 불렀던 거예요. 라마르크주의의 화려한 귀환입니다. 체세포 변화가 유전 정보의 변화로 가는 게 아니라, 환경에 유리한 체세포를 발현하는 유전 정보가 개체군 내에서 다수를 점하게 되는 변화인 거죠. 이는 오늘날 후성유전학에 의해서 충분히 뒷받침되고 있습니다.

진화에서 가장 중요한 건 '살아남는 변이'입니다. 이 문제와 관련해서 (내가 보기에) 아주 이상한 주장을 펼친 생물학자가 있습니다. 영국의 진화생물학자 도킨스Richard Dawkins(1941~)는 『The Selfish Gene(이기적 유전자)』(1976, 1989 2판)에서 자연선택의 단위가 유전자라는 주장을 합니다.

마침내 우리가 출발했던 문제, 즉 자연선택에서 중심 역할을 하는 경쟁 후보로서 개별 유기체와 유전자 간의 긴장으로 돌아올 때이다. … 이 문제 전체를 정리하는 한 가지 방법은 '복제자'와 '운반자'라는 용어를 쓰는 것이다. 가끔의 무작위 돌연변이들을 지닌 동일한 복사들의 계보를 형성하는 자연선택의 근본 단위들, 즉 생존하거나 생존에 실패하는 기본적인 것들은 복제자라 불린다. DNA 분자들이 복제자이다. 일반적으로 그것들은 우리가 앞으로 보게 될 이유들 때문에 거대한 공동 생존 기계들 또는 '운반자들'로 집결한다.

나는 우선 도킨스의 물음이 적절치 않다고 봐요. 자연선택의 단위는 개체나 유전자가 아니라 개체군이거든요. 그래도 이 문제는 도킨스가 개체를 '확장된 표현형extended phenotype'으로 이해하려 하기 때문에 얼마간 납득하고 넘어가겠어요. 더 큰 문제는 자연선택을 natural selection이 아니라 natural choice, 즉 choice by nature인 것처럼 이해하고 있다는 점이에요. 자연이 선택한다는 은유를 실제인 것처럼 받아들이고 있다는 거죠. 앞서 그 두 개념의 차이에 유념해야 한다고 했지요? 또 의인법을 조심해야 한다고 했지요? 도킨스의 오류가 거기에 있는 겁니다.

앞에서 강조했듯이 자연선택은 결과의 관점에서 출발해서 계보를 찾는 거예요. 개체이건 개체군이건 아니면 특정한 형질을 지닌 유전자이건, 미리 아무리 노력해도 소용없어요. 전략을 짠다는 것 자체가 불가능합니다. 그저 변이와 다양성을 자기 안에 되도록 많이 확보하는 게 최선이에요. 그런데 변이와 다양성은 유전자 차원에서 확보될 수 없어요. 도킨스한테 유전자는 복제자로 이해되고 있거든요. 도킨스는 과도한 의인법에 스스로 속아 넘어간 걸로 보입니다. 유전 자체는 동일성 전달이지만 자연선택은 차이의 선택입니다. 동일할수록 환경의 급변 앞에서 멸절하기 쉽습니다. 나는 이 점에서 도킨스가 진화론의 기본을 오해하고 있다고 생각합니다.

7.2 몸이 있어야만 한다

베이트슨이 잘 지적했듯이 학습은 개체 또는 체세포 수준에서 일어나는 변화입니다. 학습이 이루어졌는지 또는 누군가 무엇을 배웠는지는 결과의 관점에서 판단할 수밖에 없습니다. 시간과 노력이 학습의 성취를 보장하지는 않습니다. 우리가 너무나 뼈아프게 알고 있는 사실이지요. 학습 과정 전후에 우리는 전면적으로 바뀝니다. 더 정확히 말하면 기존의 지식, 재주, 생각, 가치 등이 전체적으로 재편됩니다.

베이트슨은 유전적 변화와 학습을 스토캐스틱 과정으로 설명했습니다. 동시에 그는 그 둘이 논리 유형logical type을 달리한다고 말합니다. 이건 무슨 말일까요? 논리 유형이 무엇인지 먼저 알아볼 필요가 있겠습니다.

논리 유형

크레타 사람 에피메니데스Επιμενίδης는 "모든 크레타 사람은 거짓말쟁이다Cretans, always liars"라는 말을 함으로써 유명해졌습니다. 이 역설은 나중에 세련된 방식으로 정교해져서, '이 문장은 거짓이다'와 같은 문장을 만들어냈습니다. 이 문장이 거짓이면 이 문장은 참을 진술합니다. 이 문장이 참이면 이 문장은 거짓입니다. 그래서 이 문장이 참도 아니고 거짓도 아니라는 역설이 생기는 거죠. 이 역설은 '자기 지칭self-reference의 문제'라고도 이야기됩니다. 자기가 자신에 대해 규정하려 할 때 역설이 생기거든요. 이 역설을 해소할 수 있는 훌륭한 수단을 제공한 사람이 철학자 러셀입니다. 러셀은 논리 유형을 무시할 때 생기는 혼란을 지적합니다. 베이트슨이 제시한 예들을 통해 이 개념을 이해해보겠습니다.

1. 이름은 이름 붙은 사물이 아니며, 논리 유형이 다르고, 이름 붙은 사물보다 높은 논리 유형이다.
2. 부류class는 그 성원member들과 논리 유형이 다르고, 더 높은 논리 유형이다.
3. 집 안의 온도조절장치의 바이어스bias에서 나온 명령 또는 제어는 온도계에 의해 나온 제어보다 높은 논리 유형이다(바이어스는 벽에 있는 장치인데, 적당한 온도를 설정하면 집의 온도가 그 언저리에서 변하게 된다).
4. 굴러다니는 풀tumbleweed이라는 단어는 덤불이나 나무와 같은 논리 유형이다. 그것은 식물의 유나 종의 이름이 아니다. 오히려 그것은 성원

들이 특정 유형의 성장과 파종을 공유하는 식물의 집합의 이름이다.
5. 가속도는 속도보다 높은 논리 유형이다.

이 예들은 논리 유형의 차이와 위계를 보여주는 것들로서 논리 유형의 높고 낮음을 보여주기 위해 선택된 것이며, 서로 다른 사례에서의 높은 유형끼리나 낮은 유형끼리 동등하게 묶이는 건 아닙니다. 우리가 주목할 것은 논리 유형이 구별되고 높낮이가 있다는 점입니다. 가령 속도는 가속도를 좌우할 수 없는데, 가속도가 힘이고 속도를 만들기 때문입니다.

내가 해석하기로는 여기에서 핵심은 분류classification입니다. 분류에 의해 부류(집합)와 성원(원소)이 만들어집니다. 분류란 '부류 만들기'라는 뜻이지요. 분류는 전적으로 분류하는 자에 달려 있습니다. 여기에 컵과 보온병과 밥공기가 있다고 합시다. 이 셋은 용기라는 부류의 성원이 될 수 있습니다. 또, 거꾸로 했을 때 액체가 쏟아지느냐 아니냐를 기준으로 분류할 수도 있습니다. 그러면 컵과 밥공기가 하나로 묶여 보온병과 다른 집합에 속하게 되겠죠. 물론 생명의 나무나 원소 주기율표처럼 자연의 질서에 따라 분류가 다소 수동적으로 이루어지는 경우도 있습니다. 이 경우에는 분류하는 자를 자연으로 보면 될 것 같습니다. 나의 요점은, 높은 논리 유형에 속하는 것은 낮은 논리 유형에 속하는 것에 대해 규정하는 권력을 갖는다는 점입니다.

앞에 나왔던 '이 문장은 거짓이다'라는 문장의 역설은, 낮은 논리 유형에 속하는 것은 높은 논리 유형에 대해 규정할 수 없다는 식으로 해소될 수 있습니다. 모든 문장은 참인 문장의 부류나 거짓인 문장의 부류 중 한 부류의 성원입니다. 그런데 무엄하게도 이 문장은 성원(낮은 논리 유형)인 주제에 부류(높은 논리 유형)를 규정하려 합니다. 같은 맥락에서, '이 문장은 참도 거짓도 아니다'라는 문장도 논리 유형을 혼동하고 있습니다. 요컨대 어떤 문장이 참을 주장한다고 할 때, 그 문장의 진위에 대한 평가는 문장 밖에서만 내려진다는 겁니다(분류와 부류).

들뢰즈는 역설이 존재한다는 사실에 주목했습니다. 그가 쓴 『의미의 논리』가 이 문제를 다루고 있습니다(어려운 책이죠). 들뢰즈의 논점 중 하나는 '의미'가 참이나 거짓을 비켜가는 층위에 있다는 겁니다. 심지어 의미는 논리 유형의 혼동에서 생겨나기도 해요. 그렇지만 어쨌건 과학 명제는 의미가 아니라 진실과 관련됩니다. 과학 명제 또는 방정식에서 지칭되는 사실들은 참 아니면 거짓이어야 하는 거죠. 그리고 이 경우, 논리 유형의 구별은 핵심적입니다. 자연의 사실들을 논할 때 서로 다른 의미 유형을 혼동하면 당연히 안 됩니다.

유전적 변화와 학습이 스토캐스틱 과정이라는 점에서 유사하다면 이 둘은 어떤 점에서 논리 유형이 다르고, 또 어떤 쪽이 더 높은 층위일까요? 간단히 답부터 말하면, 유전적 변화가 더 높은 유형이고 학습의 출발점이 됩니다. 이건 당연해요. 왜냐하면 학습은 체세포 차원의 변화인데, 그 변화는 유전 정보를 기준으로 일어나거든요. 유전 정보 안에 미리 마련되어 있지 않으면 체세포 차원에서도 발현될 수 없습니다. 약물이나 병이나 몸의 손상 같은 경우는 별개 문제이고요.

되먹임과 보정, 학습의 두 방법

바로 이어서 학습의 메커니즘을 살펴보겠습니다. 나는 암기의 문제는 깊이 고려하지 않으려고 합니다. 암기가 학습과 동전의 양면을 이룬다는 점은 많이 지적되어왔습니다. "학습은 그것의 '영속성'을 위해 기억에 의존하고, 기억은 학습이 없으면 '내용'을 갖지 못할 것"이라고 그로스는 지적합니다. 생물학과 뇌 과학은 기억이 어떻게 저장되고 보존되고 회상되는지에 대해 여러 가지 연구를 해왔지만, 아쉽게도 알아낸 것이 많지는 않다고 합니다. 나는 인간에게 기억 능력이 있다는 사실을 출발점으로 삼아, 단순한 암기 말고 두 종류의 학습이 구별된다는 걸 말하려 합니다.

베이트슨은 정보를 '차이의 소식news' 또는 '차이를 만드는 차이'라고 정의합니다. 이렇게 정의된 정보는 어떤 내용이나 의미와 관련되지요. 그리고 베이트슨은 학습을 '정보의 수용receipt'이라고 간략히 규정합니다. 암기도 물론 학습이지만, 그것은 정보와 규칙의 단순한 수용과 저장이죠. 우리가 학습하는 목적 중 하나는 환경에 적절하게 대처하기 위해서입니다. 그때그때 상황을 분석해서 어떻게 행동하는 게 최선일지 결정해야 합니다. 암기를 통해서는 이런 걸 할 수 없습니다.

베이트슨은 학습의 본질을 밝히기 위해 독일 생물학자 미텔슈태트Horst Mittelstaedt(1923~2016)가 '적응 행위를 완성하기 위한 방법'을 두 종류로 구별한 데서 출발합니다. 이에 따르면, 논리 유형이 서로 다른 두 개의 자기 교정 방법이 있습니다. 예를 들어보죠. 새를 사냥하는 데 두 가지 방법, 앉아 있는 새를 소총으로 맞추는 경우와 날아가는 새를 엽총이나 권총으로 맞추는 경우가 있습니다. 첫 번째 경우 사수는 새를 조준하게 되는데, 과녁과 총이 일직선이 될 때까지 상하좌우로 총을 교정하다가 조준이 맞았다고 생각하면 발사합니다. 이런 방법을 미텔슈태트는 '되먹임feedback'이라고 부릅니다. 되먹임에서는 자기 교정 행위가 한 번의 발사 행위 '안에서' 일어난다는 점이 중요하다고 베이트슨은 평가합니다.

날아가는 새를 사냥하는 경우는 훨씬 복잡합니다. 감각기관들을 통해 새에 대한 정보를 모아 잘 계산한 다음, 그 대략적인 계산 결과에 맞춰 총을 발사해야 합니다. 이 경우에는 한 번의 발사 행위에서 오류를 교정할 가능성은 없어요. 발사하고 나면 끝이니까요. 뭔가 개선이 있으려면 두 번째 발사할 때 첫 번째 발사 경험을 참조해서 시도하고, 또 세 번째 발사할 때 첫 번째와 두 번째 경험을 참고해서 시도하고 하는 식으로 앞선 경험들을 종합해서 새롭게 시도해야만 합니다. 이런 방법은 '보정calibration'이라 불려요. 이에 대해 베이트슨은 이렇게 언급합니다.

오랜 연습에 의해, 사수는 신경들과 근육들의 **설정**setting을 조정해서 결정적 순간에 '자동적으로' 최적의 수행을 하게 해야만 한다.

이 경우에 학습이 잘 이루어졌다는 건 어떻게 알 수 있을까요? 날던 새가 떨어지는 걸로 확인되겠죠. 그래야만 사수가 보정을 잘해낸 겁니다. 사수가 적합한 습관을 형성한 셈이지요.

첫 번째 경우는 아주 간단하게 이해될 수 있습니다. 사수는 총을 이리저리 움직여 목표물과 총의 방향 사이의 오차를 수정하기만 하면 됩니다. 사냥꾼이 자기 자신을 바꿀 필요가 없어요. 하지만 두 번째 경우는 대단히 복잡하죠. 베이트슨은 이 구별을 학습의 맥락으로 가져갑니다.

사수에게 조준과 발사는 분리되지 않는다. 사수가 방아쇠를 당기기 전에 조준을 수정하는 일은 허용되지 않는다. 한데 묶여 있는 행위인 조준-발사는 그 성패가 다음 발사 행위에 대한 정보로 이양되어야 할 단일한 행위이다. 전체 활동operation이 개선되어야 하고, 따라서 정보를 통해 얻어야 할 내용은 전체 활동이다. 다음번 발사 행위에서, 사수는 '새로운 과녁의 위치 **더하기** 사이버네틱 회로의 먼젓번 라운드에서 그가 했던 것에 대한 정보 **더하기** 그 행동들의 결과에 대한 정보'를 바탕으로 그의 행동을 계산해야만 한다. 다른 과녁이 있는 회로의 제3라운드에서, 사수는 첫 라운드에 일어난 일과 둘째 라운드에 일어난 일 사이의 차이에 대한 정보를 이용해야 이상적이다.

사수는 매 라운드마다 자신의 전체 활동을 바꾸어야 합니다. 새를 지각하고 신경과 근육 등 몸을 조정해서 총을 발사하는 일이 동시에 형성됩니다. 앞선 경험들이 누적적으로 정보를 주기 때문에 이게 가능한 거죠.

엽총 사격 학습의 꾸준한 업무는 **필연적으로** 불연속적이다. 자신에 대한 정보(즉, 보정을 위해 요구되는 정보)는 발사 순간 **다음**에야 수확될 수 있기 때문이다.

보정은 시간 차이를 전제합니다. 반복이지만 매번 차이 나는 그런 반복을 통해 능력이 향상됩니다. 새로운 습관을 들이는 거지요. 물론 세 살 버릇 여든까지 간다는 말도 있듯이, 습관을 바꾸는 건 쉬운 일이 아닙니다.

되먹임에도 당연히 훈련이 필요합니다. 하지만 보정 때와는 다른 훈련이겠지요. 내 생각에 가장 큰 차이는 사수의 몸이 바뀌느냐 아니냐에 있습니다. 되먹임 상황에서는 사수 자신이 바뀌지는 않습니다. 같은 사수가 매번 독립적인 사격을 하는 겁니다. 반면 보정 상황에서는 사수의 지각에서 운동에 이르는 시스템이 매번 새롭게 조정됩니다. 매번 다른 사수가 사격한다고 해도 좋습니다. 변화와 동일성이 함께 가는 역설이 발생한다고 할 정도죠. 그래서 베이트슨도 학습의 논리 유형이 다르다고 말한 겁니다.

학습하는 기계의 논리 유형

되먹임과 보정의 구별을 기계학습에 연관시켜보겠습니다. 인공지능이 기계학습을 한다고 얘기할 때, 어떤 학습을 하고 있는 걸까요? 흥미롭게도 튜링은 1950년 논문의 말미에서 '학습하는 기계learning machine'를 제안했습니다. 성숙한 인공지능은 프로그램으로 직접 구현하기가 너무 어려울 수 있기 때문에, 차라리 아이 인공지능을 만들어 교육하면 어떻겠느냐는 거지요. 아이 뇌가 학습을 거쳐 어른 뇌가 되는 것처럼 말이에요. 이 경우 두 가지 단계가 구분됩니다. '아이 프로그램'을 만드는 일과 '교육 과정'이 그것이죠. 물론 실제 아이를 교육하는 것과는 다른 교육이 필요할 테지만, 그렇긴 해도 그것이 강화 학습의 형태를 띤다는 건 분명합니다. 그런데 튜링은 그것의 한계도 지적하고 있습니다.

처벌들과 보상들의 사용은 기껏해야 교육 과정의 일부일 수 있다. … 학습하는 기계라는 아이디어는 어떤 독자들에겐 역설적으로 보일지 모른다. 기계의 작동 규칙들이 어떻게 변할 수 있을까? 규칙들은 기계의 역사가 어떻건, 기계가 어떤 변화를 겪건, 기계가 그에 어떻게 반응할지 완전히 기술해야 한다. 따라서 규칙들은 시간 불변적time-invariant이다. 참으로 맞는 말이다. 그 역설은 이렇게 설명된다. 학습 과정에서 변하는 규칙들은 단지 하루살이 목숨의 타당성an ephemeral validity만을 주장하기에 좀 덜 건방진 종류의 규칙들이다. 독자는 미국 헌법과의 유사성을 비교해볼 수 있으리라.

나는 튜링이 최종적으로 고려한 학습이 '보정'이었다고 봅니다. 본래 규칙들은 변하지 않아야 합니다. 그런데 학습하는 기계는 규칙들의 변화를 함축하고, 그렇기 때문에 역설이 생기는 겁니다. 이 역설에 대해 튜링은 그 규칙들이 좀 덜 건방진 종류이며, 그래서 불변의 타당성이 아니라 하루살이 목숨의 타당성만을 지닌다고 말하고 있죠? 그러면서 미국 헌법과 닮았다고 말합니다. 미국 헌법은 불변의 규칙이 아니라 개정되면서도 규칙으로서의 힘을 지니는 그런 규칙이지요. 따라서 이는 보정에 해당합니다.

말이 나온 김에 기계학습에서 강조되고 있는 강화학습reinforcement learning을 이해하고 가겠습니다. 강화학습은 보상이나 처벌을 통해 무엇이 좋은지 알게 하는 교육 방법인데, 되먹임을 통해 이루어집니다. 잘했을 때 보상을 주고 잘못했을 때 처벌을 주게 되면, 시간이 갈수록 보상을 받은 행동은 더 빈번하게 하게 되고 처벌을 받은 행동은 행하는 빈도가 줄어들겠지요. 인간이 아이들을 교육할 때 쓰는 방법과 똑같습니다.

체스를 예로 들어서 살펴보죠. 말을 움직이는 규칙은 입력되어 있지만 어떤 수가 좋은지는 모르는 채로 체스를 둔다고 해볼게요. 지면 벌점을, 이기면 상을 주면서요. 이 경우에 외통수를 둘 수 있는 자리로 이동하는 수는 어떨까요? 외통수보다는 덜하지만 외통수 다음으로 높게 평가할 만한 수겠지요? 그럼 또 바로 그 전에 둔 수는 어떨까요? 이런 식으로 거슬러 가나 보면, 말들이 배열된 특정 상태에서 어떤 수를 두었을 때 외통수로 가장 잘 근접해갈 수 있을지 확률 계산이 가능해집니다. 물론 고려해야 할 경우의 수가 무척 많고 계산 속도도 무척 빨라야 하겠지요.

튜링은 처벌과 보상의 사용으로는 충분치 않다고 했습니다만 먼저 최신 현장의 목소리를 들어 보겠습니다. 러셀과 노빅의 『Artificial Intelligence』를 인용해보지요.

> **무엇이 좋고 무엇이 나쁜지에 대한 되먹임이 없으면, 에이전트는 다음 수를 결정하기 위한 근거가 없을 것이다.** … 이런 종류의 되먹임을 **보상**reward 또는 **강화**reinforcement라고 부른다. … 에이전트에 대한 우리의 구상은 보상을 입력 지각의 **일부**로 간주한다. 하지만 지각의 일부가 단지 또 다른 감각 입력이 아니라 하나의 보상임을 에이전트가 알아채기 위해서는 [판별 기준이] '내장hardwire되어' 있어야만 한다. 동물들은 고통과 배고픔을 부정적 보상으로 알아채고 쾌락과 음식 섭취를 긍정적 보상으로 알아채도록 내장되어 있는 것처럼 보인다.

여기에 세 가지 요점이 있습니다. 좋고 나쁜지에 대해 보상(강화)이나 처벌의 형태로, 즉 긍정적 보상이나 부정적 보상의 형태로 에이전트가 해야 할 일을 알려주는 것이 강화학습의 목적입니다. 문제는 에이전트가 받아들이는 신호가 보상인지 보상이 아닌 정보인지 구별하는 기준이 필요하고, 그 기준이 내장되어 있어야 한다는 점입니다. 동물의 경우에는 판정 기준이 내장되어 있는 것처럼 보이는데 말이죠. 그럼 기계는 어떨까요?

이 물음에 대해 도밍고스의 목소리는 부정적입니다.

문제는 지금까지 우리가 보아온 학습자들은 모두 올바른 대답을 하도록 말해주는 선생이 필요하다는 점이다. 학습자들은 누군가가 세포들을 '암 세포'와 '건강한 세포'로 딱지를 붙여줄 때까지는 암 세포와 건강한 세포를 구분하는 법을 배울 수 없다. 하지만 인간은 선생 없이 학습할 수 있다. 인간은 태어난 그날부터 그런 일을 한다.

결국 기계학습의 핵심인 강화학습은 일종의 지도학습supervised learning에 불과합니다. 인간의 지도 아래 행해지는 학습이고, 초반에 우리가 살펴본 '일반적 학습 에이전트' 도해에서는 에이전트 외부의 수행기준과 비평가가 그 역할을 합니다. 러셀과 노빅은 저서의 끝에서 현 단계 인공지능의 수준을 이렇게 담백하게 서술합니다.

우리가 미리 정의된 어휘로 이루어진 특징들과 개념들을 다루는 한에서는, 상당히 큰 문제들을 감당할 수 있는, 그리고 많은 과제들에서 인간의 능력과 맞먹거나 능가하는, 매우 강력한 논리·통계적 기술들이 개발되었다. 한편, 입력 어휘보다 높은 층위들에서 새로운 표상들을 구성한다는 중요한 문제에 대해서는 기계학습이 진척이 거의 없다. 예컨대 컴퓨터 시각 인지에서 만일 에이전트가 입력 표상들인 픽셀들로부터 작업해야만 한다면 **교실**과 **카페** 같은 복삽한 개념들을 학습하는 일은 필요 이상으로 어려워질 것이다. 그 대신, 인간의 명시적인 감독 없이도 에이전트가 **책상**이나 **쟁반** 같은 매개 개념들을 먼저 형성할 수 있는 게 필요하다. 행동의 학습에도 비슷한 고찰들이 적용된다.

인간이 잘 지도해준 문제들은 인간보다 뛰어나게 문제를 해결하고 있지만, 인간이 지도해주지 않았거나 지도해주지 못하는 문제들은 거의 진척이 없다는 겁니다.

인공지능은 기계학습에 달려 있고 기계학습은 강화학습을 핵심으로 삼는데, 현재 인공지능의 강화학습은 사실상 지도학습이고 지도학습은 되먹임 유형인 겁니다. 나는 튜링이 기계의 작동 규칙, 즉 컴퓨터 프로그램 자체가 변하는 문제의 역설을 언급한 것은 되먹임 유형의 학습이 갖고 있는 한계 때문이라고 봐요. 하지만 튜링이 바란 것처럼 스스로 변하는 프로그램을 짜는 일이 과연 가능할까요? 보정 유형의 학습을 하는 프로그램이 가능할까요? 튜링은 기계학습에 있어 무작위성의 중요성을 진화적 관점에서 언급합니다.

학습하는 기계에 무작위 요소를 포함시키는 것이 아마도 현명하리라. 무작위 요소는 우리가 어떤 문제의 답을 찾고 있을 때 다소 유용하다. … 학습하는 과정은 선생(또는 다른 기준)을 만족시킬 행동 형식을 찾는 것으로 간주될 수 있다. 만족스러운 답이 아마 아주 많을 것이기에, 무작위 방법이 체계적 방법보다 더 나아 보인다. 진화라는 이와 유사한 과정에서 무작위 방법이 사용된다는 점에 유의해야 한다. 하지만 거기에서 체계적 방법은 가능하지 않다.

여기서 체계적 방법이란 인간이 프로그램을 다 짜는 걸 가리킵니다. 튜링은 그것보다는 무작위 요소의 침투를 통해 기계가 스스로 진화하게 하는 편에 기대고 있는 거고요.

하지만 튜링은 디지털 컴퓨터가 무작위 요소를 내장할 수 있는지에 대해서는 유보적입니다.

> 디지털 컴퓨터라는 아이디어의 흥미로운 변형은 '무작위 요소를 지닌 디지털 컴퓨터'이다. 이것은 주사위 던지기나 그에 맞먹는 전자적 과정을 포함하는 지시들instructions을 갖는다. 그런 명령 중 한 예는 '주사위를 던져서 나온 숫자를 저장소 1000에 넣어라'일 것이다. … 기계를 관찰함으로써 기계가 무작위 요소를 갖고 있는지 보통은 결정할 수 없다. 왜냐하면 원주율을 나타내는 십진법 숫자의 일부에 의존해서 선택을 하게 하는 장치들에 의해서 유사한 효과가 생겨날 수 있기 때문이다.

원주율 같은 무한소수의 일부 수를 따오더라도 무작위처럼 보이겠지만, 실제로는 결정되어 있는 수에 불과하다는 겁니다. 프로그램에 무작위 요소가 발생하도록 내장할 수 있을까요? 스토캐스틱 과정을 통해, 엄밀한 의미에서의 보정과 같은 학습을 하는 일이 일어날 수 있을까요? 튜링이 불의의 죽음을 당하지 않았다면 이 문제를 어떻게 돌파했을지 아주 궁금해요. 내가 제안하게 될 결론과 같은 결론에 도달했을까요?

무작위성과 창조성

지금부터는 호프스태터Douglas R. Hofstadter(1945~)의 논의를 검토하면서 이 문제를 살펴보려 합니다. 호프스태터는 컴퓨터 프로그램이 세계 속의 무작위성을 흡수할 수 있을 거라고 말합니다. 인간의 머리가 세계의 무작위성을 흡수한 것과 마찬가지라는 겁니다. 나아가 호프스태터는 창조적 행위에 있어 무작위성의 역할을 부정합니다. 비록 창조성이 어떻게 발생하는지는 언급하지 않지만요. 끝으로 호프스태터는 창조성 자체는 기계화나 프로그램을 통해 생겨날 수 있다고 주장합니다. 인간에게 가능하다면 컴퓨터한테도 가능하다는 겁니다. 호프스태터의 저서 『Gödel, Escher, Bach(괴델, 에셔, 바흐)』(1979) 19장에 나오는 몇 문장을 보겠습니다.

창조성은 기계론적이지 **않은** 것의 본질이다. 그러나 모든 창조적 행위는 기계론적**이다**. … 창조성의 기계론적 기층基層은 보이지 않게 숨겨져 있을지 모르나, 그것은 실존한다. 역으로, 유연한flexible 프로그램들에는, 심지어 오늘날에도, 기계론적이지 않은 어떤 것이 있다. … 무작위성이 창조적 행위들의 필수불가결한 성분이라는 건 오늘날의 상식이다. 맞는 말일 수도 있다. 하지만 그건 창조성의 기계화 가능성(또는 차라리 프로그램 가능성!)과 아무 상관이 없다. 세계는 무작위성들의 거대한 더미이다. 당신이 무작위성의 일부를 머리 안쪽에서 반영한다면, 당신 머리의 내부는 그 무작위성 약간을 흡수한다. 따라서 기호들의 격발 패턴들은 당신을 가장 무작위적인 것처럼 보이는 경로들로까지 내려가게 이끌 수 있다.

그 패턴들은 미친 무작위 세계와 당신의 상호작용들에서 왔기 때문이다. 마찬가지로 컴퓨터 프로그램으로도 그럴 수 있다. 무작위성은 생각의 내적 특성이지, 주사위 던지기이건 핵분열이건 난수표이건 간에 '인공 수정'되어야만 하는 어떤 것은 아니다. 인간의 창조성이 그런 자의적인 원천들에 의존한다고 암시하는 건, 인간의 창조성에 대한 모욕이다.

창조성이나 생각의 문제를 해명하기 위해, 호프스태터는 하드웨어와 소프트웨어를 구별하는 전략을 씁니다. 하드웨어는 최하층 규칙으로 일컬어지는 물리 법칙들에 따라 스스로 작동합니다. 물리 법칙에 위배되는 건 자연에 하나도 없지요. 호프스태터가 보기에 인간의 뇌나 컴퓨터는 동일한 원리에 따라 작동하는 하드웨어입니다. 반면 어떤 일을 하도록 하는 규칙들은 소프트웨어입니다. 인간 하드웨어는 여러 소프트웨어들을 통해 생각합니다. 인간에게 이렇게 실현되고 있기 때문에, 하드웨어가 바뀌어 컴퓨터로 대체되어도 소프트웨어를 통해 생각할 수 있다는 것이 호프스태터의 주장입니다. 이 주장은 책의 마지막 장인 20장에서 개진됩니다.

기계는 자신이 해야 하는 것을 명령하는 규칙 없이는 아무것도 할 수 없다는 가정은 명백히 틀렸다. 사실상 인간들처럼 쉽게 기계들도 그런 어리석은 반박들을 우회할 수 있는데, 더욱이 정확히 똑같은 근거로 그렇게 한다. 기계들과 인간들은 물리 법칙들에 따라 스스로 작동하는 하드웨어로 만들어져 있다. '당신이 규칙들을 적용하도록 허가하는 규칙들'에 의존할 필요는 없다. 왜냐하면 **최하**층 규칙들, 즉 그 어떤 '메타'도 앞에 붙지 않는 규칙들은 하드웨어에 장착되어 있고, 그 규칙들은 허가 없이 작동하기 때문이다.

우리 인간이 생각할 때, 우리는 분명 우리 자신의 마음의 규칙들을 바꾸며, 규칙들을 바꾸는 규칙들을 바꾸며 등등 이렇게 나아간다. 하지만 그 규칙들은 말하자면 '소프트웨어 규칙들'이다. 하지만 **바탕에 있는**at bottom 규칙들은 바뀌지 않는다. 뉴런들은 줄곧 똑같이 단순한 방식으로 작동한다. 당신은 당신의 마음이 생각의 스타일이나 주제를 바꾸게 만들 수 있겠지만, 당신이 '생각하면서' 당신의 뉴런들을 뭔가 비신경적인 방식으로 작동하게 할 수는 없다. … 당신은 당신의 생각들에 접근하는 것이지 당신의 뉴런들에 접근하는 게 아니다. 다양한 층위의 소프트웨어 규칙들은 바뀔 수 있지만, 하드웨어 규칙들은 그럴 수 없다. 사실상 소프트웨어의 유연성은 하드웨어 규칙들의 경직성 덕분이다! 이건 결코 역설이 아니다. 이건 지능의 메커니즘들에 대한 근원적이고 단순한 사실이다.

여기에서 호프스태터가 말한 '바뀌는 소프트웨어 규칙들'은 앞에서 튜링이 염두에 둔 '변하는 작동 규칙'과 정확히 같은 것을 가리킵니다. 튜링은 그것이 어떻게 가능할지에 대해 미국 헌법에 비유하면서 넘어갔지만, 호프스태터는 나름의 논증을 펼칩니다. 하드웨어는 물리 법칙이라는 최하층 규칙들에 따라 스스로 작동하며, 소프트웨어는 그런 하드웨어에서 기능한다는 것이 대전제입니다. 인간 하드웨어에서는 생각이나 규칙 변경 같은 소프트웨어가 작동한다는 것이 소전제입니다. 따라서 컴퓨터 하드웨어에서도 그런 일이 벌어질 수 있다는 결론에 이릅니다.

나는 이 논증이 무척 소박한 논증이라고 봅니다. 뇌와 컴퓨터가 같은 논리 유형에 속하는 하드웨어일까요? 진화 과정에서 인간이 어떻게 생각할 수 있게 되었는지의 문제를 충분히 숙고하지 않은 채, 단지 하드웨어라는 점에서 뇌와 컴퓨터가 같으니까 소프트웨어의 성격도 같으리라는 추론이 너무 많은 걸 건너뛰었다고 생각합니다. 호프스태터는 2년 후에 출간된 글에서 주장을 더 간명하게 밝힙니다.

생각은 추상적 구조이며, 뇌라고 불리는 매체에서 일어나는 어떤 복잡한 사건들을 기술하는 방식이다. 하지만 실제로는 생각은 수십억 개의 뇌들 중 어느 것에서도 일어날 수 있다. 이 모든 물리적으로 매우 상이한 뇌들이 존재하지만, 그것들은 모두 '똑같은 것', 즉 생각을 뒷받침해주고 있다. 그렇다면 중요한 것은 매체가 아니라 추상적 **패턴**이다. 똑같은 종류의 소용돌이가 그것들 중 어느 것 안에서도 일어날 수 있다. 그렇다면 어떤 사람도 다른 사람보다 더 '진짜로' 생각한다고 주장할 수 없다. 자, 만일 우리가 **똑같은 스타일**의 소용돌이가 일어나는 어떤 새로운 종류의 매체와 직면하게 된다면, 그 안에서 생각이 일어나고 있다는 걸 부정할 수 있을까? … 내 느낌으로는 핵심은 몸 구조, 유기적, 화학적 구조의 유사성이 아니라 **내적** 구조, 조직적 구조, 즉 소프트웨어의 유사성이다. 어떤 존재물이 생각할 수 있는지 여부는 내가 볼 땐 그것의 조직화가 특정한 방식으로 기술될 수 있느냐 여부의 문제인 것 같다. 나는 튜링 검사가 그런 조직화 양식이 있는지 없는지 알아낸다고 완벽하게 믿을 의사가 있다.

이 글에서는 소프트웨어라는 용어를 몇 가지 다른 용어로 바꿔가면서 해명합니다. 우선 생각이라는 건 '추상적 패턴'이라고 합니다. 뇌이건 컴퓨터이건 아니면 다른 무엇이건 그 '내적 구조, 조직적 구조'가 같으면 그런 패턴이 있게 될 거라는 겁니다. 튜링 검사는 그 패턴이 있는지를 가려내는 방법이고요.

다시 호프스태터의 책으로 돌아가죠. 그는 에셔의 〈그리는 손들〉을 예로 듭니다(143쪽 그림 참고). 화가 에셔 자신의 손이 하드웨어이고, 서로를 그리는 두 손은 소프트웨어라는 겁니다. 우리는 생각을 통해 뉴런에 접근하지 못하고 단지 생각에 접근할 뿐입니다. 그래서 뉴런이라는 하드웨어는 생각 바깥의 '신성불가침 층위'에 실존하지만 우리가 미처 못 본다는 거예요.

에셔의 그림에서, 왼손은 오른손을 그리고 이와 동시에 오른손은 왼손을 그린다. 여기서 다시 한 번, 보통은 위계적으로 보이는 층위들, 즉 그리는 층위와 그려진 층위는, 서로에게로 되돌아와서, '얽힌 위계Tangled Hierarchy'를 창조한다. … 이 모든 것의 배후에는, 왼손과 오른손의 창조자인, 그려지지 않았지만 그리고 있는 M. C. 에셔의 손이 숨어 있다. 에셔는 두 손 공간 바깥에 있다.

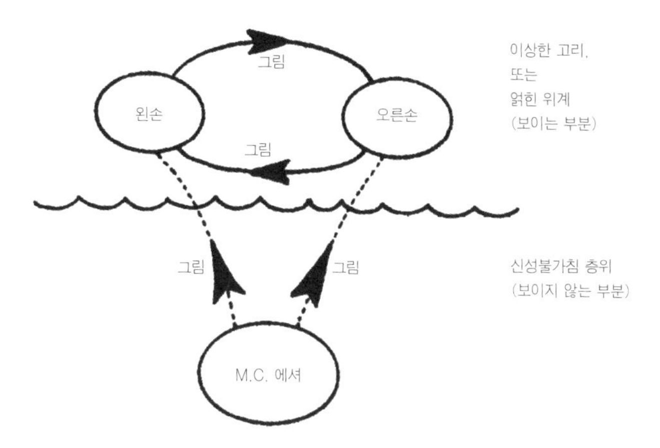

에셔의 〈그리는 손들〉의 추상적 도해

호프스태터에 따르면, 물리 세계에 있는 실제 에셔의 손이 생각 세계 속에 있는 서로를 그리는 왼손과 오른손을 그려야만 '규칙이 바뀌는 소프트웨어' 또는 '변하는 작동 규칙'이라는 역설이 해소될 수 있습니다. 나는 이 그림의 비유가 적절치 않다고 보는데, 그림 바깥에 있는 실제 손이건 그림으로 그려진 생각의 손들이건 모두 물질세계에 있는 것들이기 때문입니다. 실제 손은 어떻게 생각의 손들을 그리는 걸까요? 뇌는, 아니면 뇌와 협업하는 몸의 부분들은 어떻게 생각을 만들어낼까요?

생각의 세계는 몸에 기대고 있지만 그 자체는 물질적이지 않습니다. 그런 점에서 소프트웨어의 비유도 다시 따져봐야 합니다. 컴퓨터 소프트웨어, 즉 알고리즘 또는 프로그램은 수와 함수들로 이루어진 복잡한 집합체입니다. 과연 인간의 생각도 그런 소프트웨어일까요? 나는 호프스태터의 주장이 인간 뇌를 성능이 뛰어난 컴퓨터로 보았던 시절의 유물이라고 봅니다. 지금은 잘못되었다고 판명된 비유죠. 더 나아가 나는 호프스태터의 이런 설명과 도해가 초월성의 도입을 통한 해결처럼 보입니다. 데우스 엑스 마키나deus ex machina, 즉 하늘에서 내려온 동아줄 같은 해결 말이죠. 먼저 해명해야 할 것은 인간 마음과 생각의 본성이고, 그다음엔 원리상 인간의 생각을 프로그램으로 구현할 수 있는지 답해야 합니다. 나는 현재 우리가 알고 있는 알고리즘의 본성상 인간의 생각을 프로그램으로 구현하는 건 불가능하다고 봅니다. 프로그램에 무작위성을 내장하는 것이 불가능하다는 점과 진화의 산물인 생각은 스토캐스틱 과정 없이는 발생할 수 없다는 점이 요점입니다. 이제부터 이 문제에 집중해보겠습니다.

논리학의 한계와 시간

뇌와 컴퓨터의 논리 유형의 차이를 분명히 하기 위해, 나는 베이트슨의 중요한 통찰 하나를 환기하고 싶습니다. 베이트슨은 강조합니다.

> 논리학은 원인과 결과에 대한 빈약한 모델이다.

여기서 핵심은 논리학과 자연 세계 간의 차이예요. 논리학의 추론에서건 자연 세계의 인과에서건 '만일 ~라면 … 이다if ~ then …'라는 진술을 하는 경우가 많습니다. 형식적으로는 비슷해 보여도, 이 둘은 완전히 달라요. 예를 들어, 전자석을 이용해 만드는 버저가 있어요. 그림은 전류가 흐르는 상태입니다. 이 상태에서는 전자석이 만들어져서 철판이 전자석에 붙게 되고, 이후에는 전류가 흐르지 않게 됩니다. 그런데 또 이렇게 전류의 흐름이 끊기면 자성이 없어지니까 철판이 다시 원위치로 돌아가고 전류도 다시 흘러요. 이를 논리학적으로 표현하면, '접촉이 일어나면, 접촉이 끊긴다'와 '접촉이 끊기면, 접촉이 일어난다'라는 모순과 역설이 나옵니다. 하지만 자연 세계에서는 "삐~" 하는 소리가 날 뿐, 모순도 역설도 없습니다.

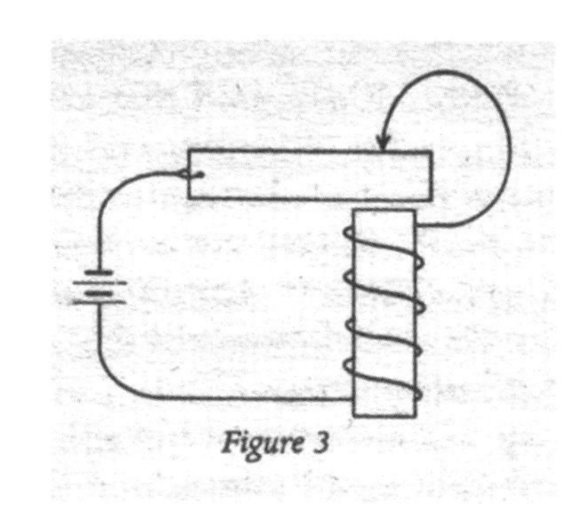
Figure 3

이런 차이가 왜 생겨날까요? 바로 시간 때문입니다! 회로를 한 바퀴 도는 데는 아무리 짧더라도 시간이 걸리니까요. 자연에서 원인('만일 ~라면'의 자리에 오는 것)과 결과('…이다'의 자리에 오는 것) 사이에는 항상 시간이 개입합니다. 또한 어떤 결과는 곧바로 새로운 원인 노릇을 합니다. 그런데 논리학은 그렇지가 않아요. 논리학이 시간을 고려하지 못한다는 점은 아주 중요한 의미를 갖습니다. 베이트슨은 이를 다음과 같이 정리해버립니다.

인과의 **만일 ~라면 …이다**는 시간을 포함하고 있지만, 논리학의 **만일 ~라면 …이다**는 초시간적timeless이다. 이 점으로부터 논리학은 인과에 대한 불완전한 모델이라는 결론이 나온다.

알고리즘은 '만일 ~라면 …이다'의 복잡한 연쇄입니다. 순수 논리로 구성된 알고리즘은 모든 경우의 수와 모든 작동 경로를 인간이 미리 짜놓았습니다. 예외는 일어날 수 없고, 혹시라도 외부에서 예외가 개입하면 작동을 멈춥니다. 기계학습을 통해 만들어진 알고리즘이더라도 마찬가지입니다. 그 알고리즘의 내용이 무엇이며 어떻게 그 알고리즘이 만들어졌는지 인간이 접근하기 어려울 뿐이지 알고리즘의 원리는 똑같으니까요.

베이트슨은 컴퓨터의 작동 원리에 대해 호프스태터와 완전히 다른 생각을 하고 있습니다. 컴퓨터가 논리적으로 작동하는 계산기인 건 맞지만, 세상의 모든 인과의 연쇄가 논리로 환원되지는 않는다는 게 요점입니다. 이 점을 베이트슨은 간결하게 언급합니다.

한 트랜지스터가 다른 트랜지스터를 개시하게 하는 방식으로 원인과 결과에 의해 작동하는 컴퓨터에서, 원인과 결과의 연쇄들은 논리를 **시뮬레이션**하는 데 사용된다. 30년 전, 우리는 묻곤 했다. 컴퓨터는 논리학의 **모든** 과정들을 시뮬레이션할 수 있을까? 답은 '그렇다'였지만, 질문은 확실히 틀렸다. 우리는 이렇게 물었어야 했다. 논리학은 원인과 결과의 모든 연쇄들을 시뮬레이션할 수 있을까? 그 답은 '아니다'였으리라.

베이트슨의 『Mind and Nature』은 호프스태터의 『Gödel, Escher, Bach』와 같은 해인 1979년에 출간됐어요. 그런데 그보다 30년 전이면 1949년쯤인데, 그때 컴퓨터가 논리학의 모든 과정들을 시뮬레이션할 수 있을지를 물었다니 놀랍지 않나요? 베이트슨은 친구이자 함께 사이버네틱스를 창시한 미국의 수학자 위너Norbert Wiener(1894~1964)의 말을 통해 논리와 현실의 차이를 설명합니다.

노버트 위너는 이렇게 지적하곤 했다. 만일 에피메니데스의 역설을 컴퓨터에게 들이민다면, 컴퓨터가 잉크나 에너지가 떨어지거나 뭔가 다른 한계를 만날 때까지 '그렇다… 아니다… 그렇다… 아니다…'라는 답이 나올 거다.

논리적 역설을 포함하는 일을 시키면 컴퓨터는 고장 난다는 거지요.

나는 이 대목을 읽을 때 아시모프Isaac Asimov(1920~1992)의 단편 SF 소설 「술래잡기 로봇Runaround」에 나오는 로봇 스피디가 떠올랐어요. 스피디는 수성 기지의 보호막에 필요한 셀레늄을 채취하러 갔는데, 셀레늄 풀 주변에 로봇에게 해로운 물질이 있어서 로봇의 3원칙 중 명령 복종과 자기 보호라는 원칙이 충돌하는 상황에 직면합니다. 그래서 풀 주변을 뱅글뱅글 돌면서 인간이라면 마치 술 취한 행동으로 보였을 짓을 하게 되죠. 누군가 구하러 가지 않았더라면, 논리적 역설을 처리해야 했던 컴퓨터처럼 스피디도 에너지가 소진될 때까지 그 짓을 계속했을 거예요. 결국 스피디는 인간의 개입을 통해 악

순환에서 벗어나 셀레늄을 가져오게 됩니다.

역설을 해소하라

작동 규칙을 스스로 바꿈으로써 논리적 역설을 극복하는 일이 프로그램에게 가능할까요? 또는 시간이 흐름에 따라 새로운 작동 규칙을 생성하는 일이 프로그램에게 가능할까요? 다시 말해, 알고리즘은 시간을 품을 수 있을까요? 시간의 참된 의미 중 하나는 무작위 성분의 발생입니다. 진정한 무작위 성분이 발생함으로써, 튜링이 예시했듯이 전혀 예측하지 않았던 동작이 일어날 수 있도록 만드는 것이 관건입니다. 그런데 컴퓨터는 난수를 스스로 생성하지 못합니다. 그래서 튜링이 암시했듯이, 의사疑似난수를 생성함으로써 컴퓨터 내부에 무작위성을 도입할 수밖에 없습니다. 호프스태터는 컴퓨터가 무작위성을 내장하지 않아도 된다고 보았습니다. 세계의 무작위성을 흡수하면 된다고 생각했거든요.

무작위성을 꼭 내장해야 하느냐 아니냐는 가벼운 문제가 아닙니다. 만약 내장되어 있다면 알고리즘 안에서 무작위 실행을 해보고, 그중에서 살아남는 시도를 택하는 방식으로 알고리즘 자신이 진화할 수도 있습니다. 하지만 내장되어 있지 않다면 알고리즘이 무작위 실행을 해보는 일은 원리상 불가능합니다. 외부에서 들어오는 정보는 그것이 무작위이건 아니건 에이전트의 구조에서 지각의 층위에 속합니다. 따라서 지각을 기반으로 삼아 알고리즘 자신이 변하는 일은 있을 수 없습니다. 따라서 나는 호프스태터의 직관보다 튜링의 직관이 옳다고 봅니다. 무작위 요소가 프로그램에 내장되어 있어야 학습과 진화가 가능합니다.

알고리즘은 사실상 그 안에 버그가 존재하면 작동하지 않습니다. 반면 생물은 버그나 고장에도 불구하고, 아니 어쩌면 그런 것들을 통해 작동합니다. 진화는 이를 확인시켜주고요. 진화는 생물의 기존 데이터베이스에 손상이 생기고 큰 변형이 일어나는 걸 전제로 합니다. 이 때문에 생물에게는 일종의 고장이지만 동시에 이런 고장은 진화를 가능하게 하는 추동력입니다. 그에 반해 컴퓨터의 프로그램 안에 버그가 있다면 무슨 뜻이죠? 다들 잘 알 거예요. 알고리즘은 간단한 지시들의 집합인데, 하나라도 고장 나면 작동이 멈춥니다. 따라서 이렇게 질문을 바꿔도 좋겠습니다. 버그나 고장을 스스로 고쳐가면서 유지될 수 있는 프로그램이 논리·수학적으로 성립 가능할까요?

학습도 그렇습니다. 학습이라는 것이 기존 시스템 안에 새로운 것이 들어가서 그 안에 편입되는 것인데, 새로운 것이 들어간다는 건 버그가 생겨난다는 것과 같습니다. 무언가가 새로이 들어가서, 즉 고장이 나서 그 고장 난 것을 계기로 삼고 새롭게 처리해서 자신의 일부로 만드는 것이 학습입니다. 없던 것이 생겨나는 것은 그 전의 관점에서 보면 분명한 고장, 비정상, 이상異常이지요. 그런데 생물이라는 시스템은 이를 능수능란하게 처리할 수 있었습니다. 과연 이게 전산으로 구현 가능할까요?

나는 그런 프로그램이 만들어지기 위해서는 서로 다른 두 층위가 같이 가야 한다고 생각합니다. 하나는 작동의 층위이고 다른 하나는 그 작동을 판단하는 더 높은 층위입니다. 작동의 층위에서 고장이 나면 상위 층위에서 '고장 났으니까 고쳐야지'라고 판단해서, 어떤 식으로든 고쳐서 계속 작동하는 '자가 수선' 형태의 프로그램이 만들어지지 않으면 안 됩니다. 프로그램의 수정은 보통 인간에 의해 이루어지죠. 따라서 프로그램 수정은 원리상 프로그램을 새로 짜서 전의 것과 교체하는 일을 가리킵니다. 과연 내가 제안한 식으로 두 층위에서 작동하는 프로그램을 짜는 게 원리상 가능할까요? 우리가 초반에 보았던 일반적 학습 에이전트를 보면 불가능할 것 같습니다. 하지만 약 38억 년 전쯤 출현한 생명체는 그런 일을 하고 있었습니다!

나는 생물이 기본적으로 내장하고 있는 내적 변화, 세포 수준의 변화에서 단서를 찾을 수 있다고 봅니다. 짚신벌레 같은 단세포 생물도 세포막을 경계로 하여 바깥과 교류합니다. 물질대사라고 하지요. 같은 짚신벌레이지만 한편으로는 계속 변합니다. 모든 생물이 그렇게 살아갑니다. 변하면서도 자신을 유지하는 생물과 고정된 동일성을 유지하는 컴퓨터 프로그램 사이의 차이는 간과할 수 없습니다. 유성생식도 위험 감수의 과정입니다. 유성생식에는 변이를 늘리는 과정이 내장되어 있죠. 이 경우에는 개체군이 세포와 같은 역할을 하면서 안정성을 확보합니다. 당연히 프로그램에게는 불가능한 일이고요.

베이트슨은 이 점을 잘 통찰했습니다. 안정적stable이라는 건 상대적인 개념입니다. 어떤 경우에는 변화가 일어나야 안정적이라고 말할 수 있어요. 생물에게는 특히 그렇습니다. 섭취, 소화, 호흡, 배설 등이 없이는 생물은 유지될 수 없죠. 즉, 안정적이라는 것은 생명체에게 어떤 변화를 뜻합니다. 생명체가 '나'라는 형태로 자기 자신(정체성)을 계속 유지해가는 것은 일정한 변화 '속'에서입니다. 특이한 현상이지요. 생물은 일정한 변화가 함께하지 않으면 안정적이지 않습니다. 변화는 파괴destruction를 함축하고, 파괴는 재건을 요청하니까요. 바윗돌에게 안정이라는 것은 변하지 않음입니다. 생명체가 아닌 것들의 특징이지요. 결국 '변화를 내포하는 안정이냐, 변화 없는 안정이냐' 이것이 관건입니다. 어떻게 변하면서도 안정적일 수 있을까요? 생물의 안정성이라는 개념은 어려운 문제입니다.

이 지점에서 튜링이 비유해보라고 한 미국 헌법을 고찰하고 싶습니다. 튜링은 상당히 신중하게 작동 규칙들이 변하는 기계를 제안했습니다. '하루살이 목숨의 타당성'만 주장하는 '덜 건방진 종류의 규칙들'이라고 표현하면서요. 미국 헌법이 그런 성격을 갖고 있는 건 맞습니다. 그러나 잘 살펴보면 미국 헌법이 변하더라도 그것이 계속 작동할 수 있는 배경에는 미국 국민이 있습니다. 미국 국민이라는 세포가 미국 헌법의 변경이라는 물질대사를 가능케 하는 겁니다. 그럼 컴퓨터 프로그램 또는 소프트웨어의 경우에 미국 국민이나 세포에 해당하는 건 무엇일까요? 없습니다! 내가 앞에서 두 층위를 가진 프로그램을 짜야 한다고 했을 때, 상층에 해당하는 것이 미국 국민이나 세포입니다. 나는 그것을 몸이라고 부르겠습니다. 초반에 고찰한 개념으로는 에이전트의 아키텍처가 그것입니다. 아키텍처가 몸입니다. 기능의 고장을 얼마간 감당하면서도 버텨줄 수 있는 몸이 있어야, 시간을 벌어 수정하고 재편할 수 있습니다. 사실 몸도 심하게 고장 나면 파괴되지만요. 아무튼 학습과 진화는 살아남을 수 있도록 버텨줄 수 있는 몸이 필요합니다. 그런데 계속해서 살펴본 바와 같이, 컴퓨터 프로그램은 몸이 없습니다.

앞에서 인공지능 전문가인 러셀과 노빅이 아키텍처의 문제를 소홀히 다루고 있다고 지적했습니다. 그 결과 작동기와 실행기의 구별이 모호해졌고요. 운동이라는 주제와 함께 윅스퀼의 기능고리 개념도 고찰했었습니다. 윅스퀼은 작동기와 실행기를 엄밀히 구별했을 뿐 아니라 에이전트 도식에서의 감지기를 수용기와 지각기관으로 세분했습니다. 그는 생물학자로서 환경과 만나는 접점인 몸을 꼼꼼하게 분석했던 거죠. 나는 혹시라도 컴퓨터 프로그램이 몸을 얻는다면 그 몸은 아키텍처로서의 로봇이 아닐까 상상해봅니다. 너무 쉬운 대답이라고 여기지 않았으면 좋겠어요. 역설을 감당하는 건 언제나 몸의 몫이니까요.

마투라나와 바렐라도 〈그리는 손들〉을 제시했다는 점을 환기하고 싶어요. 마투라나와 바렐라는 진화 과정에서 형성된 신경계를 설명하기 위해 이 그림을 예로 들었었습니다. 신경계는 환경과의 구조 짝짓기를 통해 자율적 체계로 진화했습니다. 신경계의 자기 생성 또는 자율성은 논리적으로는 모순입니다. 하지만 생존은 모순의 극복을 입증합니다. 어떻게 극복했을까요? 신비한 과정을 거쳐서이겠지요. 진화를 말한다는 것은 어떻게 성공하게 되었는지 원리를 답하지 않겠다는 뜻이라고 했지요? 결과를 놓고 봤을 때 살아남은 생물이 진화에 성공했다는 말을 하는 것일 뿐입니다. 나는 몸이 모순을 극복하게 해준 받침대라고 생각합니다.

시스템은 수렴적인convergent 시스템과 발산적인divergent 시스템으로 나뉩니다. 시스템이 수렴적이면 예측 가능하고, 발산적이면 예측 불가능합니다. 예측 불가능하다는 건 앞으로 일어날 일이 무작위라는 거고, 이는 수학적으로 기술 불가능하고 함수를 만들 수 없으며 알고리즘으로 구현할 수 없다는 말입니다. 우주는 발산적인 시스템입니다. 우주 자체가 무작위이고 제멋대로입니다. 존재적으로 예측할 수 없다는 것이지, 인식적으로 모른다는 게 아닙니다. 마음은 어떤 성격의 시스템일까요? 앞으로 어찌될지 모르는 상황에서 이를 처리해내는 독특한 시스템이라는 점은 분명합니다.

자의식을 갖는 걸 반성reflection이라 합니다. 자기를 돌아보며 어떻다는 걸 아는 거예요. 유인원에게는 어느 정도 자의식이 있다는 게 확인되었고, 애완동물을 봐도 어느 정도는 자의식을 갖고 있는 것 같긴 해요. 어느 종까지 해당될지 아직은 잘 몰라요. 자의식의 특징은 무엇이죠? 내가 생각하기엔 앞에서 말했던 것처럼 두 층위의 병행입니다. 작동이 일어나는 층위가 있고 동시에 한 단계 높은 층위에서 그 작동을 점검하는 겁니다. 그래야 반성이 성립하겠죠. 위계의 차이가 있으면서도 끊임없이 상호작용이 일어납니다. 컴퓨터 프로그램은 자의식을 가질 수 있을까요? 자기가 자기를 점검하고 평가하고 수정할 수 있을까요? 그런 일이 수학적으로 프로그래밍될 수 있을까요? 그럴 수 없다는 것이 내 사색의 결론입니다. 하지만 인간은 그러고 있습니다. 고도의 신경계와 연관되는 마음이 그런 일을 합니다. 윅스퀼이 말한 '주체의 내부 세계'에서 그런 일이 일어나고 있죠. 진화의 역사에서 마음이 어떻게 발생했는지 답하는 건 아직 어렵습니다. 이 문제는 열린 자세로 계속 탐구해야 하겠습니다.

7.3 예술가로서 살기

이제 미래의 문제를 살펴볼 차례입니다.

다가올 디스토피아?

제2차 세계대전 중 블레츨리 파크에서 암호해독가로서 튜링과 함께 작업하고 스탠리 큐브릭Stanley Kubrick(1928~1999) 감독의 〈2001 스페이스 오디세이〉를 자문하기도 한 영국의 수학자 굿Irving John Good(1916~2009)은 「Speculations Concerning the First Ultraintelligent Machine(최초의 초지능 기계에 관련한 사색들)」(1965)이라는 글에서 디스토피아적 전망을 제안한 바 있습니다.

인간의 생존은 초지능 기계ultra-intelligent machine의 초기 구성에 달려 있다.

… 지적 활동에서 제아무리 똑똑한 사람도 훨씬 능가할 수 있는 기계를 초지능 기계라고 정의하자. 기계의 설계도 이런 지적 활동의 하나이므로, 초지능 기계는 더 나은 기계를 설계할 수 있을 것이다. 그러면 의문의 여지 없이 '지능 폭발intelligence explosion'이 일어날 것이고, 인간의 지능은 훨씬 뒤처진 채로 남게 될 것이다. 따라서 최초의 초지능 기계는 인간이 만들어낼 필요가 있는 **마지막** 발명the *last* invention이다. 물론 이는 그 기계가 자신을 제어하는 방법을 우리에게 알려줄 정도로 유순하다면 말이다.

인공지능의 지적 능력이 지수 함수적으로 증가하게 되는 현상을 '지능 폭발'이라고 부르고 있습니다. 그럴 경우, 기계가 자신에게 위협이 될 수도 있는 인간을 지배해버리는 일이 일어날 거라는 거죠. 이 전망은 〈터미네이터〉의 스카이넷 같은 초인공지능에 대한 첫 번째 우려였습니다.

현재 인간의 기술 수준을 보면 이 전망은 현실화될 수 없다는 게 나의 판단입니다. 인공지능은 인간이 부여한 과제를 최적으로 해결하는 심부름꾼에 불과합니다. 인공지능이 알고리즘을 짜는 알고리즘인 건 맞지만, 알고리즘을 짜는 알고리즘은 정작 인간이 짭니다. 그러니 안심해도 좋습니다. 인공지능을 수단으로 삼으라는 인공지능 전문가의 조언을 받아들여도 좋습니다. 도밍고스를 인용해보겠습니다.

인간 대 기계의 대결이 아니다. 기계를 가진 인간 대 기계가 없는 인간의 대결이다. 데이터와 직관력은 말과 기수와 같다. 당신은 말을 앞지르려 노력할 필요 없다. 당신은 말을 탄다.

물리학자 스티븐 호킹, 마이크로소프트 창업자 빌 게이츠, 테슬라 최고경영자 엘론 머스크, 옥스퍼드대학의 철학자 닉 보스트롬, 『파이널 인벤션』의 저자 제임스 배럿 등 많은 명사들이 말하는 묵시록적 전망은 과장된 것입니다. 이들의 공통점은 인공지능 구현을 위해 노력하는 현장의 전문가가 아니라는 점입니다. 그리고 나는 이 책을 통해 초인공지능의 불가능성을 보였다고 생각합니다.

앞에서 역공학의 문제를 소개했습니다. 역공학 방식으로 인공지능이 만들어진다면, 즉 인간의 뇌를 일부라도 그대로 프로그램으로 옮기는 일이 생긴다면 그게 오히려 더 우려할 만한 상황일 수 있다는 거였죠. 그런데 나는 이 문제도 심각하지 않다고 판단합니다. 뇌 과학을 통해 마음을 알 수 있다는 데 회의적이거든요. 뇌는 그나마 객관적 탐구가 가능한 반면, 마음은 객관적 접근이 불가능하니까요. 따라서 마음의 몇몇 기능을 구현하는 뇌의 부분들 또는 커넥톰을 프로그램에 복사해 넣는 것은 상상에서나 있는 일이라고 봅니다. 호프스태터처럼 그런 일도 가능하다는 지레짐작을 현실로 여길 필요는 없습니다. 그러니 염려할 필요도 없습니다.

그런데 더 걱정스러운 문제가 남아 있습니다. 나는 앞에서 '네트워크 마음' 또는 '네트워크 지능'이라는 개념을 도입하자고 제안했습니다. 여기에서 골칫거리는 인간이라는 버그입니다. 인간이 최신 인공지능과 네트워크에서 일을 벌이는 상황을 생각해봅시다. 이런 상황에서는 무엇을 상상하건 그보다 끔찍한 일이 일어날 수 있습니다. 나는 앞에서 들뢰즈와 과타리의 '사회 기계'라는 개념을 소개했습니다. 인간의 도구인 기계가 아니라 인간을 부품으로 삼고 있는 기계를 가리키는 말이었죠. 인공지능 기술의 발전은 사회 기계의 작동 양상을 극적으로 바꿔놓게 될 것입니다. 사회적 제어가 필요하긴 한데, 법이나 도덕으로는 제어가 불가능할 겁니다. 이게 앞으로 가장 고민해야 할 문제가 아닐까 해요.

무엇을 배워야 할까?

인공지능의 발전은 지금까지 인간이 해오던 일과 지금 하고 있는 일을 빠르게 잠식할 것이 분명합니다. 어떻게 대처해야 할까요? 인공지능이 할 수 없는 일을 하면 됩니다. 이게 제1원리입니다. 나는 인공지능이 계산과 관련된 일은 아주 잘한다고 여러 차례 말했습니다. 다른 말로 하면, 알고리즘으로 짤 수 있는 일은 무조건 인공지능의 차지가 될 겁니다. 인공지능이 할 수 없는 일 또는 잘하지 못하는 일은 무엇일까요? 문제를 제기하는 일, 목표를 세우는 일, 한마디로 창조적인 일은 인공지능의 몫이 아닙니다.

우리는 보통 '무엇을 배워야 할까'라는 물음에 답할 때 구체적인 학습 내용을 제시해야 한다고 생각합니다. 코딩을 배워야 하고 통계를 배워야 하고 경제학을 배워야 하고, 법을 배워야 하고 마케팅 기법을 배워야 하고 의술을 배워야 하고, 이런 식입니다. 대개 전문 지식 또는 전문 능력이죠. 문제는 이런 전문 분야일수록 인공지능이 잠식하는 속도가 더 빠를 거라는 점입니다. 왜냐하면 이런 것들은 과제 해결을 위해 필요한 것들이니까요. 물론 다른 유형의 답변도 있죠. 인성, 가치관, 사회성, 감성, 이런 것들이 얘기되기도 합니다. 물론 중요합니다. 아주 중요합니다. 하지만 이런 답변이 공허하게 느껴지는 것도 사실입니다. 물질적으로 자신과 주변을 부양하는 데 도움이 되는 것 같지는 않거든요. 뭔가 실질적인 것을 배워야 한다는 느낌이 듭니다.

많이 생각해본 끝에 나는 '창조성'을 배워야 한다고 생각하게 되었습니다. 자기만의 전문 지식과 능력을 갖춘다는 것과 그걸 수단으로 얼마나 멀리까지 갈 수 있는지는 구별해야 합니다. 일정한 수준에 오르면 전문 능력은 서로 비슷해집니다. 그 단계에서는 모르던 것을 거듭 배워야 하고 남다른 생각을 떠올릴 수 있어야 합니다. 베이트슨의 말을 참고하겠습니다.

창조적 사고는 어떤 무작위 성분을 항상 포함해야만 한다는 걸 강조하련다. 탐험적 과정, 즉 마음 과정의 끝없는 시행착오는 무작위로 제시되는 길들로 진출함으로써만 새로운 것을 성취할 수 있는데, 그런 시도를 하면 그 길들 중 몇몇은 생존 비슷한 어떤 것으로 선택된다.

창조성은 멀고 긴 우주 진화, 생명 진화의 역사와 궤적을 같이합니다. 무작위적 탐험이 없었다면 우주 역사에서 살아남지 못했을 거예요. 혁신과 창조가 가능하려면 예측 불가능한 다양한 실험들이 자유롭게 시도되어야 합니다. 그렇지 않으면 원리상 혁신과 창조는 불가능합니다. 진화가 우리에게 주는 교훈입니다.

자유로운 실험은 개인적 차원의 문제이기도 하지만 더 근본적으로는 사회적 차원의 문제입니다. 무엇보다 사회 분위기라는 게 중요합니다. 자유롭고 민주적인 사회에서 사상과 문화의 꽃이 피어났다는 점을 데카르트의 삶을 말하면서 언급한 적이 있습니다. 사회는 개인들이 숨 쉬는 대기이고 자양분을 얻는 토양입니다. 인공지능 얘기를 하다가 이런 얘기가 나오니까 좀 뜬금없다고 여겨지나요? 나는 자유로운 사회를 만들려는 개인들의 정치적 실천이 중요하다고 강조하고 싶습니다. 사회라는 대기와 토양은 그냥 주어지는 게 아니라 만드는 것이기도 하거든요. 자신이 살아갈 공간을 만드는 일, 우리는 이 일이 가장 중요하다는 것부터 배워야 하고 그 공간을 잘 만들어내야 합니다.

어떻게 학습할까?

여기에서 근본적인 물음이 나올 수밖에 없습니다. 창조성의 정체도 분명치 않거니와, 도대체 창조성을 어떻게 학습한다는 말입니까? 창조성이야 전에 없던 것을 찾아내거나 만들어내는 능력을 가리키니, 창조성의 본질을 답하는 건 어렵지 않다고 봅니다. 창조성은 진화 과정에서 견뎌 배긴 것의 특성입니다. 문제는 창조성을 어떻게 배울까에 있습니다. 물론 어떻게 가르칠까도 긴밀하게 엮여 있는 문제이고요.

잠깐 엉뚱한 얘길 해볼게요. 예전에 어느 대학교에서 이런 물음이 면접시험 문제로 나왔어요. 여러분은 어떤 답을 할 수 있을까요?

레오나르도 다 빈치의 그림 〈모나리자〉를 그 세부적인 원자原子의 구조에 이르기까지 복제하였다고 하자. 이 복제물은 원본原本과 물리적으로 전혀 구분되지 않음에도 불구하고, 단지 복제물에 불과하지 원본이 될 수는 없다. 원본에는 복제물 이상의 가치價値가 담겨 있는 것으로 보인다. 원본의 고유한 가치가 무엇인가? 인간의 정신과 역사를 탐구하는 인문학人文學의 의의와 관련하여 설명하여보라.

나는 솔직히 이 문제를 출제한 교수도 제대로 답하기 어려웠을 거라 생각해요.

이 물음에서 복제물이 원본이 아니라는 말은 무슨 뜻일까요? 원본의 가치라는 건 또 무슨 뜻일까요? 내 경험에 따르면, 원본에는 독특한 아우라Aura가 있지만 복제물은 그렇지 않다는 엉터리 답변이 가장 많았어요. 자기가 생각한 게 아니라 어디서 들은 풍월을 읊은 거죠. 자, 만일 독특한 아우라라는 게 있다고 쳐요. 그렇다면 레오나르도 다 빈치는 원본과 복제물을 구별할 수 있을까요? 절대 그렇지 않습니다. 세부적인 원자의 구조에 이르기까지 복제했는데 어떻게 구별하겠어요. 아우라라는 건 없어요! 중요한 건, 복제물은 복제할 원본이 있지만 원본에는 그런 게 없다는 점이에요. 원본은 작가에 의해 최초로 창조된 거니까요!

창조성은 이렇게 무언가를 최초로 만들어내는 데서 확인됩니다. 물론 새로운 것이 다 창조적이라는 평가를 받는 건 아니에요. 살아남아야죠! 나는 여기서도 베이트슨의 다음과 같은 규정이 핵심적이라고 봅니다.

> 모든 혁신적이고 **창조적**인 시스템은 **발산적**이다. 역으로 예측 가능한 사건들의 연쇄는 그 자체로 수렴적이다.

이 말을 긍정한다면, 수렴적이길 그치고 발산적이 되면 창조성이 발현될 여지가 생긴다는 얘기입니다. 그렇다면 발산적으로 살다 보면 창조적인 사람이 될 수 있지 않겠어요? 결과를 예측할 수 없는 실험을 하다 보면 되지 않을까요? 꼭 그러리라는 보장은 없지만요.

그렇다면 어떻게 자신을 발산적인 존재로 만들 수 있을까요? 자기 안에 무작위 요소를 생겨나게 하려면 어떻게 해야 할까요? 지금까지 받아온 교육들은 대부분 우리를 수렴적이게 만드는 경향이 있었어요. 암기하는 데 그치는 교육이었던 거죠. 인간이 그동안 해온 활동 중에 틀 밖으로 자꾸 나가게끔 도와주는 것들에 뭐가 있을까요? 예술 창작, 철학, 수학, 과학 같은 것들을 꼽아볼 수 있습니다. 그렇다면 이런 활동들의 공통점은 뭘까요? 남들이 안 간 길을 간다는 점입니다. 말이 쉽지, 어떻게 그럴 수 있을까요? 딴 짓을 많이 해본 사람만 가능합니다. 어렸을 때, 젊었을 때 그렇게 해봐야 합니다.

나는 예술가의 삶을 전형으로 삼을 수 있다고 생각합니다. 예술가는 남들이 만들어내지 못했던 새롭고 미적인 걸 만들고 싶어 합니다. 그렇게 하려면 뭐가 필요할까요? 최소한 남들이 뭘 만들어냈는지 다 조사해봐야 합니다. 그래야 진짜로 새로운 걸 내놓을 수 있으니까요. 만약 이 일을 게을리하면 당장 누군가가 '에이, 그거 누구누구 거 베낀 거 아냐?' 하고 비아냥거릴 게 틀림없습니다. 다 조사한 다음에는? 실험해보는 거죠. 이렇게도 해보고, 저렇게도 해보고. 좋은 결과가 나올 수도 있고, 아닐 수도 있겠죠. 절대로 미리 알지 못해요. 지금 이 순간에 최선을 다해 시도해볼 수밖에 없어요. 실험의 진짜 의미는 실험하는 그 순간에 최선을 다했다는 데 있지, 실험 결과에 있지 않습니다. 그렇기 때문에 실험은 더 소중한 거예요.

예술가한테 더 놀라운 점은 남들이 만들어낸 것들뿐 아니라 예전에 자기가 만들어낸 것들도 넘어서려 한다는 데 있어요. 니체는 인간만이 자신을 넘어서는 존재라고 말했는데, 예술가의 실천이 그 특징을 탁월하게 보여주고 있지요. 그런 점에서 예술가는 창조 행위의 최전선에 있다고 말할 수 있습니다. 최소한 예술가로서 산다는 건 그런 의미입니다.

영화, 드라마, 음악을 만들 때 사람들이 반응을 보이는 대목을 빅데이터를 통해 찾아 처리하면 감동적인 작품을 만들 수 있지 않을까 하는 물음도 가능합니다. 기술적으로는 가능이야 하지만 이는 재가공이지 창작이 아닙니다. 예술의 역사는 완전히 새로운 미적 취향의 창조 과정입니다. 그에 대응하는 심미안의 계발 과정이기도 하고요. 사람들도 처음에는 받아들이기 어려웠지만 시간이 흐르면서 그 취향을 존중하게 되는 식으로 일이 진행됩니다. 미적 판단, 작품 비평을 할 수 있느냐가 관건입니다. 이는 새로운 취향을 어떻게 평가할 것인지의 문제이기도 합니다.

모두가 예술가가 되라는 말이냐고요? 에이, 설마요. 나는 단지 창작이 학습의 핵심 활동으로 여겨지길 바랄 뿐입니다. 각 개인이 창작자가 되어보고 메이커가 되어보는 경험이 최대한 많아야 합니다. 거창한 얘기는 아닙니다. 남들이 여태껏 하지 않았던 것을 해내는 걸 학습의 목표로 삼자는 겁니다. 아직도 너무 추상적이고 막연하다고요? 교육 과정에서 그냥 그런 과제를 던지자는 겁니다. 이런 과제는 인공지능이 해결해야 하는 과제와는 유형이 다릅니다. 학습자 스스로 문제를 찾고 목표를 설정하지 않으면 이런 과제를 수행할 수 없으니까요. '나는 이런 걸 만들어볼 거야'라고 결심하는 순간, 조사와 실험을 해야 한다는 엄청난 과제를 떠맡게 되지 않겠어요? 그런 걸 몇 번 하다 보면 사람이 바뀝니다. 성장하는 거죠. 보정이 일어나는 거고요. 학습과 교육의 핵심은 여기에 있다고 봅니다. 누구나에게 창작자가 될 기회를 주고 넉넉하게 시간을 주자는 겁니다.

◒

나는 이 책을 쓰기 위해 많은 노력을 했습니다. 가장 중요했던 건, 남들의 아이디어를 내 것인 양 나도 모르게 표절하지 않는 일이었습니다. 그러면서 나는 풀어야 할 중요한 문제들을 문제로 솎아내서 답을 찾아보려 했습니다. 철학이, 과학이, 또 그 어떤 비판적 활동이 위대한 건 자유롭기 때문입니다. 그 어떤 권위에도 굴종하지 않고 물음을 던집니다. 철학, 과학, 비판은 어느 누구의 소유가 아닙니다. 그렇기에 많은 이들과 비판적 대화를 나누었습니다. 나는 우주에 없었던 생각을 담은 새롭고 아름다운 한 권의 책을 만들려고 실험해봤습니다. 여러분이 이 책을 덮는 순간에도 나의 실험은 계속될 겁니다. 이렇게 사는 건 재미있거든요.

인용 출처

1. 기계가 생각할 수 있을까?

p.26. [튜링은] 기계가~: Stuart J. Russell & Peter Norvig, Artificial Intelligence: A Modern Approach, Third Edition, Prentice Hall, 2010. p.1021.

p.28. 흉내 게임은~: Alan D. Turing," Computing Machinery and Intelligence", in Mind, vol. LIX. No. 236, 1950. p.433-434.

p.28. 이제 우리는~: ibid. p.434.

p.29. 하나의 개별적인~: ibid. p.442.

p.30. 대략 50년이~: ibid.

p.35. 강인공지능이 참이라면~: John R. Searle, Mind: A Brief Introduction, Oxford University Press, 2004. p.90.

p.36. 컴퓨터는 기호들을~: ibid. p. 91.

p.37. 이 관점의~: Turing, ibid. p.446.

p.47. 심문자: '당신을~: ibid. p.446.

2. 인공지능 프로젝트

p.53. 우리의 주된~: Russell & Norvig, p.viii.

p.54. 에이전트는 작용하는~: ibid. p.4.

p.55. 〈그림〉: ibid. p.35.

p.55. 에이전트는 감지기들을~: ibid. p.34.

p.56. 〈표〉: ibid. p.2.

p.57. [에이전트의] 내부들이~: ibid. p.46.

p.59. 로봇은 물리~: ibid. p.971.

p.59. 2장에서 우리가~: ibid.

p.62. 인간(또는 다른~: ibid. p.1026.

p.63. 과제 환경들은~: ibid. p.40.

p.64. 어떤 시스템이~: ibid. pp.1, 36-37.

p.65. 초인공지능이 지각~: Pedro Domingos, The Master Algorithm: How the Quest for the Ultimate Learning Machine Will Remake Our World, Basic Books, 2015. pp.45, 283.

p.66. 인공지능 시스템은~: ibid. p.283.

p.71. 알고리즘이란 컴퓨터가~: ibid. pp.1-3.

p.73. 모든 알고리즘은~: ibid. p.6.

p.74. 도해[일반적 학습~: Russell & Norvig, ibid. pp.55-56.

p.76. 에이전트의 설계가~: ibid. p.693.

3. 마음과 생각

p.99. 나는 있다~: 르네 데카르트 저, 양진호 역, 『성찰』, 책세상, 2011, p.50. / René Descartes, œuvres, édition Charles Adam et Paul Tannery, Léopold Cerf, 1897-1913. (약칭 AT.) vol. VII. (관례에 따라 하『성찰』을 AT VII로 표기.) p.25

p.106. 차이의 소식~: Gregory Bateson, Mind and Nature: A Necessary Unity, Hampton Press, 1979, p.68.

p.106. 이 장은~: ibid. p.91.

p.109. 이미지 형성~: ibid. p.32.

p.121. 소들, 말들~: Xenophanes, DK21B15.

p.133. 가령 진드기는~: Gilles Deleuze & Félix Guattari, Mille Plateaux: Capitalisme et schizophrénie 2, Les Éditions de Minuit, 1980, p.314.

p.136. 맹점 실험에서~: Humberto Maturana & Francisco Varela, The Tree of Knowledge: The Biological Roots of Human Understanding, Revised Edition, Shambhala Publicatiuons, 1987, p.19.

p.143. 자기생성 기계란~: Maturana & Varela, Autopoiesis and Cognition: the Realization of the Living, 1980(1st ed. 1972), pp.78~79.

p.144. 바깥 세계를~: Maturana & Varela, The Tree of Knowledge, p.137.

p.164. 우리 삶에서~: 존 스튜어트 밀 저, 서병훈 역, 『자유론』, 책세상, 2005, pp.121-126.

p.169. 현대 사회는~: Jacques Monod, Le hasard et la nécessité: Essai sur la philosophie naturelle de la biologie moderne, Édition de Seuil, 1970, pp.214-225.

p.171. 우리가 가장~: Samuel Butler, Erewhon, Penguin Books, 1985. p.201.

p.171. 인간은 기계적인~: ibid. p.223.

p.172. 동물들의 재생산~: ibid. pp.210-212, 221.

p.174. 국가라는 '거대~: Gilles Deleuze & Félix Guattari, L'Anti-Oedipe, Capitalisme et schizophrénie, Les éditions de Minuit. p.230.

4. 인과와 시간

p.192. 순수한 기술은~: Bateson, ibid. p.81.

p.193. 노놀로지. 서로~: ibid. p.230.

p.194. 토톨로지는 그~: ibid. p.82.

p.195. 과학은 때로는~: ibid. pp.27, 30.

5. 철학 문헌 읽기(1) : 플라톤

p.242. 젊었을 적에~: 플라톤 저, 전헌상 역, 『파이돈』, 이제이북스, 2013, pp.127-132. / 96a-99b.

p.248. 믿음이란 뭘까~: Friedrich Nietzsche, 1887년 가을, 9[41]. Kritische Studienausgabe, de Gruyter, vol. 12, 1999. p.354.

p.248: 도대체 왜~: Friedrich Nietzsche, 1887년 11월-1888년 3월, 11[411]. Kritische Studienausgabe, de Gruyter, vol. 13, 1999. p.190.

6. 철학 문헌 읽기(2) : 데카르트

p.272. (정신과 몸처럼)~: 르네 데카르트 저, 양진호 역, 앞의 책, p.29. / AT VII p.12.

p.274. 우리는 실체를~: 1부 51절. AT VIII-1 p.24.

p.274. 몸과 마음~: 1부 52절. AT VIII-1 pp.24-25.

p.277. 이런 것을~: 르네 데카르트 저, 양진호 역, 앞의 책, p.127. / AT VII p.86.

p.278. 벌써 여러~: 앞의 책, p.35. / AT VII p.17.

p.279. 나는 이제껏~: 앞의 책, p.35. / AT VII p.18.

p.279. 공교롭게도 아무리~: 앞의 책, p.36. / AT VII p.18.

p.280. 이를 부정한다면~: 앞의 책, p.36. / AT VII pp.18-19.

p.280. 지금 나는~: 앞의 책, p.37. / AT VII p.19.

p.281. 그래, 꿈꾸고~: 앞의 책, pp.37-38. / AT VII pp.19-20.

p.282. 누구인지는 몰라도~: 앞의 책, p.46. / AT VII p.25.

p.282. 누구든 나를~: 앞의 책, p.63. / AT VII p.36.

p.283. 생각한다? 여기서~: 앞의 책, pp.48-49. / AT VII pp.27, 33.

p.283. 나는 생각하는~: 앞의 책, p.61. / AT VII pp.34-35.

p.284. 나는 양을~: 앞의 책, p.99. / AT VII p.63.

p.285. 이런 자연적~: 앞의 책, p.121. / AT VII pp.80-81.

p.286. 내가 어쩌면~: 앞의 책, p.118. / AT VII p.78.

p.287. 정신은 인식하는~: 앞의 책, p.113. / AT VII p.73.

p.288. 몸 있는~: 앞의 책, p.120. / AT VII p.80.

p.301. 그런데 대화가~: 플라톤 저, 조대호 역해, 『파이드로스』, 문예출판사, 2016, p.141. / 274e4-275a6.

7. 무엇을 어떻게 학습할까?

p.312. 리처드 그로스가 집필한~: Richard Gross, Psychology: The Science of Mind and Behaviour, Hodder Education, 7th edition, 2015, pp.175-176.

p.312. 나는 그로스의~: 위키백과(www.wikipedia.org) 2017년 8월 28일 기준.

p.315. 이 책의~: Bateson, ibid. pp.147-148.

p.316. 어떤 사건들의~: ibid. p.230.

p.321. 잘 알려져~: ibid. p.179.

p.323. 체세포 변화들이~: ibid. p.160.

p.324. 마침내 우리가~: Richard Dawkins, The Selfish Gene, Oxford University Press, 2006, pp.253-254.

p.327. 이름은 이름~: Bateson, pp.228-229.

p.331. 오랜 연습에~: ibid. p.196.

p.332. 사수에게 조준과~: ibid. p.200.

p.333. 엽총 사격~: ibid.

p.334. 처벌들과 보상들의~: Turing, pp.457-458.

p.336. 무엇이 좋고~: Russell & Norvig, p.830. cf. p.56.

p.337. 문제는 지금까지~: Domingos, p.202.

p.337. 우리가 미리~: Russell & Norvig, p.1047.

p.338. 학습하는 기계에~: Turing, p.459.

p.339. 디지털 컴퓨터라는~: ibid. p.438.

p.340. 창조성은 기계론적이지~: Hofstadter, Gödel, Escher, Bach: an Eternal Golden Braid, Basic Books, 1979, 1999(2nd ed), p. 673.

p.341. 기계는 자신이~: ibid. p.685.

p.342. 우리 인간이~: ibid. p.686.

p.343. 생각은 추상적~: Hofstadter, "The Turing Test: A Coffeehouse Conversation", in The Mind's I: Fantasies and Reflections on Self and Soul, eds. Douglas R. Hoffstadter & Daniel C. Dennett, Basic Books, 1981, pp.78-80.

p.344. 에셔의 그림에서~: Hofstadter, 1979, p.689.

p.345. 〈그림〉: ibid. p.690.

p.346. 논리학은 원인과~: Bateson, p.58.

p.348. 인과의 만일~: ibid. p.59.

p.348. 한 트랜지스터가~: ibid. p.58.

p.349. 노버트 위너는~: ibid. p.117.

p.357. 인간의 생존은~: Irving John Good, "Spéculations Concerning the First Ultraintelligent Machine", Advances in Computers, vol. 6, 1965.

p.358. 인간 대~: Domingos, p.277.

p.361. 창조적 사고는~: Bateson, p.174.

김재인
서울대학교 동물자원학과 중퇴 후 같은 대학 미학과를 졸업하고 같은 대학 철학과 석사학위(「니체의 '영원회귀' 사상 연구」)와 박사학위(「들뢰즈의 비인간주의 존재론」)를 받았다.
현재 경희대학교 비교문화연구소 학술연구교수로 재직 중이다. 서울대학교 철학사상연구소 객원 연구원, 고등과학원 초학제연구프로그램 상주 연구원을 역임했으며, 서울대학교, 경희대학교, 한국예술종합학교, 홍익대학교, 한국외국어대학교, 서울여자대학교, 가천대학교 등에서 강의했다.
지은 책으로 『혁명의 거리에서 들뢰즈를 읽자 – 들뢰즈 철학입문』, 『삼성이 아니라 국가가 뚫렸다 – 들뢰즈, 과타리 이론으로 진단한 국가, 자본, 메르스』, 『처음 읽는 프랑스 현대철학』(공저) 등이 있다. 옮긴 책으로 『안티 오이디푸스』, 『천 개의 고원』, 『베르그송주의』, 『들뢰즈 커넥션』, 『크산티페의 대화』, 『현대 사상가들과의 대화』(공역) 등이 있다.

인공지능의 시대, 인간을 다시 묻다

초판 1쇄 펴낸날 2017년 9월 27일
초판 8쇄 펴낸날 2023년 4월 28일
지은이 김재인
펴낸이 한성봉
책임편집 박연준
편집 최창문·이종석·조연주·오시경·이동현·김선형·전유경
콘텐츠제작 안상준
디자인 전혜진
본문디자인 김경주
마케팅 박신용·오주형·강은혜 박민지 이예지
경영지원 국지연·강지선
펴낸곳 도서출판 동아시아
등록 1998년 3월 5일 제1998-000243호
주소 서울시 중구 퇴계로30길 15-8 [필동1가 26]
페이스북 www.facebook.com/dongasiabooks
전자우편 dongasiabook@naver.com
블로그 blog.naver.com/dongasiabook
인스타그램 www.instargram.com/dongasiabook
전화 02) 757-9724, 5
팩스 02) 757-9726

ISBN 978-89-6262-197-6 03100

이 도서의 국립중앙도서관 출판예정도서목록(CIP)은
서지정보유통지원시스템 홈페이지(http://seoji.nl.go.kr)와
국가자료공동목록시스템(http://www.nl.go.kr/kolisnet)에서 이용하실 수 있습니다.
(CIP제어번호: CIP2017023817)

"이 저작은 2016년 서울대학교 철학사상연구소의 지원을 받았습니다."